상상력의 유혹

우리 시대의 삶과 문화, 사유하고 글쓰기

상상력의 유혹

지은이 · 추태화

초판 1쇄 찍은 날 · 2001년 12월 12일

초판 1쇄 펴낸 날 · 2001년 12월 18일

펴낸이 · 김승태

편집장 · 최창숙

편집 · 선한이웃

표지디자인 · 황수진

등록번호 · 제2-1349호(1992. 3. 31)

펴낸곳 · 예영커뮤니케이션

　　　　110-616 서울 광화문우체국 사서함 1661

　　　　유통사업부　T. (02)766-7912 F. (02)766-7913

　　　　출판사업부　T. (02)766-8931 F. (02)766-8934

　　　　E-mail : jeyoungedit@chollian.net

ISBN　89-8350-233-9　　03230

copyright ⓒ 2001, 추태화

값 8,000 원

■잘못 만들어진 책은 언제든지 교환해 드립니다.

상상력의 유혹

우리 시대의 삶과 문화, 사유하고 글쓰기

예영커뮤니케이션

차 례

상상력과 문체, 그리고 글쓰기

인간은 무엇으로 사는가? 이런 질문에 답하기는 쉽지 않다. 인간이 살아가려면 의지해야 할 것이 너무 많기 때문이다. 그러나 인류의 문명과 관련하여 생각해 본다면 단연 상상력(Imagination)을 지나칠 수 없을 것이다. 인간은 상상력을 기반으로 엄청난 발전을 이루며 살아왔다. 만약 인간이 상상을 하지 않았다면 인간은 문명을 발전시키지도 못했을 것이며, 지금까지도 원시시대를 반복하지 않을 수 없었을 것이다. 다행히 인간은 상상을 할 수 있었고, 그 상상 덕분에 고도의 문화적 혜택을 누리며 살고 있다. 바퀴를 굴리는 것도, 비행기를 타는 것도, 컴퓨터와 핸드폰을 사용하는 것도 모두 상상의 덕분이다. 상상은 분명 하나님의 선물이라 아니할 수 없다. 인간은 상상으로 살아간다고 할 수 있다.

이 책은 그 제목에서 "상상"을 거론하고 있지만 상상에 관한 역사적, 기술적 연구서가 아니다. 이 책의 목적은 상상에 대한 경이로움에 관심을 가져보자는 소박한 바람에서 출발한다. 또한 우리 크리스천들에게서 상상이 얼마나 도외시되고 있는가 하는데 대한 안타까움이 그 기저에 흐르고 있다. 이성위주의 시대를 지나오면서 많은 신앙인들이 풍부한 내면의 세계를 잃어버리고 건조한 합리주의에서 허덕이게 되는 문화병을 앓고 있다.

현대 문화를 들여다보면 그와는 반대로 얼마나 허황된 상상이 난무하고 있는지 모른다. 상업주의, 그리고 본능적 욕망과 결탁한 상상은 무서운 힘을 발휘하면서 세인들을 미혹하고 있다. 정작 상상에 관심을 기울여야 할 곳에서 상상은 무시되고, 절제되어야 할 곳에서는 상상이 마구잡이로 악용되고 있으니 이러나 저러나 상상은 우리의 관심사가 되지 않을 수 없는 것이다.

문제는 상상은 사람마다 다르고 상상의 기준을 세우기가 보통 힘든 게 아니라는 점이다. 각자의 분위기가 다르듯 상상을 촉발하는 동기도 모두 다르다. 상상은 각자의 체험을 바탕으로 형성되므로 다양하고 무한하다. 하지만 상상에도 유형은 있다. 어떤 방법으로 상상을 불러오는가에 따라, 어떤 방향으로 상상을 나아가게 하는가에 따라 스타일이 정해진다.

이 책에 제시된 일곱 가지 상상력은 크리스천들이 신앙생활하면서 활용하게 되는 상상의 방법과 방향을 고려하여 선별하였다. 무한하게 명명될 수 있는 상상의 분류에 비하면 극히 일부분에 불과하다.

이 책이 소망하는 것은 상상을 활용하면 은혜 체험에 큰 도움을 받을 수 있다는 것이다. 책임 있는 신앙인으로서 다양하고 균형 잡힌 시각을 가지려면 상상력이 살아나야 한다. 상상은 무조건적인 경우가 많다. 어떤 대상과 부딪치게 되면 상상은 반사적으로 활동한다. 그것을 연상작용이라고 부른다. 이 경우 상상은 고삐 풀린 말과 같이 이리저리 방향 없이 뛰어다닌다. 한 순간에도 상상은 서로 다른 상념의 끄나풀을 따라 요동친다. 상상은 그러기에 정리될 필요가 있다. 이 책에 시도된 일곱 가지 상상력은 글쓰기와 연관하여 정리한 대표적인 상상력이다.

"문체는 곧 사람이다"란 말이 있듯 상상은 곧 사람이라 할 수 있다. 어떻게 상상하느냐에 따라 문체가 결정된다. 무겁고 어두운 그림으로 상상하는 사람은 문체가 회색빛으로 보일 것이요, 밝고 가볍게 상상하는 사람은 문체가 화려할 것이다. 또한 허구의 세계에서 진실을 그려보고자 하는 상상은 문예적인 문체를 이룰 것이며, 현실의 세계에서 진실을 구하는 상상은 사실적인 문체를 이룰 것이다. 상상이 진실을 향할 때 그는 은혜로운 길로 꿈꾸는 자를 인도할 것이다.

은혜로운 상상과 결합된 기독교적 글쓰기는 상상이 난무하는 세상을 살아가는 크리스천들에게 은혜의 통로가 되어 영적 성숙을 이루게 하리라 믿는다. 이는 글쓰기가 자신을 표현하는 차원에 머물지 않고, 세상을 향한 소명과 개혁까지도 가슴에 품게 할 것이기 때문이다.

이 책은 은혜로운 상상과 글쓰기를 연관시켜, 기독교적인 글쓰기의 샘플을 제시해 본 것이다. 이러한 글쓰기를 통하여 독자 여러분들이 상상을 회복하고 영적인 힘을 얻으며, 하나님 나라에 소명을 확인하는 데 이 책이 조그마한 길잡이가 된다면 더 없이 기쁘겠다.

2001년 11월 북한산 자락에서
추태화

상상과 은혜가 무슨 상관인가?

상상은 은혜의 한 가지

상상과 은혜라는 말이 과연 무슨 연관을 가질 수 있는가. 일반적으로 상상은 황당무계한 생각을 이르는 말이고, 은혜는 신적인 능력을 체험하는 것을 이르는 말로서 서로 무관하다고 생각한다. 이는 편협한 생각이 아닐 수 없다. 우리 시대의 크리스천들은 은혜라는 말에 대해서는 대단히 민감하고, 누구보다 잘 알고 있다고 자처한다. 은혜받는 데에 있어서는 타의 추종을 불허한다고 말할 수 있을 정도이다. 은혜! 그러면 얼마나 호들갑을 떨고 사족을 못 쓰는가. 하지만 유감스럽게도 상상이 그 은혜에 속하는 하나의 귀한 보배라는 생각은 미처 하지 못하고 있다.

우리 시대의 크리스천들이 은혜를 받는다고 말할 때 방법은 크게 두 가지로 나뉘어진다. (원래 하나님의 은혜는 성찬과 성례를 통하여 얻는 것이나 지금은 이 말이 하나님의 임재를 체험하는 감정 중심의 주관적인 상태를 표현하는 말로 변질되어 사용하는 경향이 있다.) 하나는 하나님의 말씀인 성경과의 만남을 통하여서이고, 다른 하나는 기도, 금식, 노동 등과 같은 영성 활동을 통해서이다. 말씀으로 은혜를 받는 방법은 다시 성경 읽기, 설교, 성경공부 등과 같은 시간을 통해서 이루어진다. 하지만 이렇게 은혜를 받는 방법에 뭔가 석연치 않은 점이 발생한다는 지적이 일고 있다.

지성주의와 신비주의

그 지적은 말씀과 영성 모두 해당되어 우리를 염려스럽게 한다. 말씀으로 은혜를 받으려는 측에 해당되는 지적은 사람들이 극단적인 지성주의에 빠지기도 한다는 것이다. 이는 하나님의 말씀을 하나님이 주시는 말씀으로 받기보다는 성경독자가 하나님의 말씀을 자신이 해석의 주도권을 쥐고 있는 것을 말한다. 우리 시대의 성경독자는 한마디로 유식하다. 성경도 많이 읽고, 해석서과 주석서도 여러 권 통달한 경우도 있다. 그리고 수준 높은 설교를 통하여 얼마나 많은 훈련을 받았는가. 이런 신앙생활이 한 해 두 해 지나다 보니 자신도 모르게 말씀을 위에서 내려다보는 우를 범하게 된다. 웬만한 성경 구절은 내 손에 있다는 식으로 말씀을 대하는 경우가 생기는 것이다.

게다가 이성을 강조한 합리주의가 우리 시대의 크리스천을 병들게 한다. 달리 말하면 하나님의 말씀은 생명의 말씀으로 받아야 하는데, 주어와 동사, 아니면 원어와 역사성, 또는 조직신학적 개념 등으로 성경을 쪼개는 것이다. 물론 성경을 '덮어놓고' 믿을 수는 없다. 그렇다고 해서 이성을 무기로 성경을 분해하려는 방식은 옳은 접근이 아닌 것이다. 그것은 마치 학교에서 주입식, 암기식 학습방법에 익숙한 학생들이 결국에는 죽은 지식 속에서 헤매는 것과 같다. 설교도, 성경공부도, 성경읽기도, 모두 유익하다. 그러나 중요한 것은 말씀을 말씀으로 존중하고 대해야 하는데, 우리는 어느 사이 지성주의에 빠져들 위험에 처해 있는 것이다. 지성주의는 성경을 무미건조한 구조물로 만들어 버릴 가공할 힘이 있으므로 경계해야 한다.

이와는 반대로 신비주의가 또한 극성이다. 이를 추구하는 자들은 성경을 덮어놓고 믿어야 한다고 야단이다. 지성주의를 비판하는 신비주의자들은 지성주의자들이 더듬더듬 기도할 때, 술술 기도를 잘한다. 방언, 예언까지도 주저하지 않고 땀까지 뻘뻘 흘려가면서 토해낸다. 희안한 일은 이들에게 말씀의 능력이 없다는 것이다. 믿음의 기준이 자신의 감정이다 보니 그런 현상이 생긴다. 기분에 맞으면 은혜가 되고, 제 배짱에 안 맞으면 은혜가 안 된다고 등을 돌린다. 어찌보면 지성주의보다 더 무서운 부류가 이들이다.

소위 극단적인 영성주의자들은 성경을 제쳐놓고 믿는다. 성경은 한 두 구절, 그것도 제 맘에 드는 것만 골라 읽고는 금식기도에 돌입한다. 성경이 어떻게 말씀하시는지는 관심도 없다. 자신의 기분과 감정이 우선이다. 그리고는 방언이라도 터지면 은혜받았다고 온통 야단을 떤다. 그렇게 몰려다니는 사람들은 조금 지나면 예언기도를 한다는 둥, 신유은사가 있다는 '용한 권사님' 찾아서 사방팔방 다니는 둥, 부산을 떤다. 그러나 실제로 말씀대로 실천하고, 복음에 합당한 생활에 대해서는 딴전을 피운다. 신비주의자들이 스스로 알아채지 못하는 치명적인 약점이 거기에 있는 것이다.

상상은 하나님의 선물

지성주의와 신비주의를 반반씩 섞어서 균형잡힌 신앙을 만들 수 있다면 그보다 더 멋진 믿음의 스타일이 없을 것 같은 생각이 든다. 지성주의와 신비주의 사이에 위치해 있는 것이 바로 상상력이다. 상상은 하나님이 인간에게 주신 특별한 은혜이다. 인간만이 상상할 수 있고, 상상을 통하여 새로운 세계를 창조해 나간다.

지성주의와 신비주의는 이 상상을 잘못 이해하고 사용해 왔다는 증거가 된다. 지성주의는 상상을 무시하고, 억압하고, 엉뚱한 잠꼬대라고 폄하하였다. 그 결과 말씀의 살아있는 생명력을 사라지게 하고, 성경을 도덕 교과서 내지는 윤리학 저서처럼 말라비틀어지게 하였다. 이와 반대로 신비주의는 상상을 과도하게 사용함으로써 상상으로 하여금 제 자리를 넘어서게 했다. 묵시록을 상상으로 풀어내고, 종말을 허황되게 꿈꾸므로써 성경을 공상과학 소설처럼 비틀어버렸다. 모두가 상상을 제대로 사용하지 않고 왜곡한 결과요 비극이었던 것이다.

상상은 거듭 강조하지만 하나님의 선물이다. 상상은 인간으로 하여금 인간의 고귀한 자리를 차지하게 하고, 만물을 아름답게 가꿀 수 있는 능력을 확인하게 한다. 상상할 수 없다면 인간은 하나님의 문화명령을 이룰 수 없을 것이다. 따라서 상상이 허황된 욕망과 결탁하여 엉뚱한 세계로 전락하지 않도록 해야 할 책임이 우리 크리스천들에게 있다. 나아가 하나님의 말씀과 지혜에 뿌리내린 상상을 훈련하고 숙달하여 이 땅에 하나님의 나라를 세워지도록 노력을 기울여야 할 것이다.

상상에 관한 아포리즘

다음에 소개되고 있는 아포리즘은 상상이 어떤 것인가 하는 이해를 돕는 좋은 길잡이가 될 것이다.(『상상이 담긴 설교』에서 재인용. 워렌 W. 위어스비, 요단출판사, 1997)

- "상상은 모든 사람이 어느 곳에서든지 할 수 있는 인간의 기본적 자질이다." (필립 킨)
- "상상은 영혼의 눈이다." (조세프 쥬베르)
- "상상은 지식보다 더 중요하다." (알버트 아인쉬타인)
- "상상력은 어떤 일을 촉발시키는 원동력이다." (에밀리 디킨슨)

- "상상력은 신앙을 성장시키는 본질적인 사역 중 하나이다." (유진 피터슨)
- "모든 사고는 은유적이다." (로버트 프로스트)
- "이성은 차이점을 존중한다. 그리고 상상은 유사성을 존중한다." (퍼시 B. 쉘리)
- "내 상상력은 내가 보고 듣고 배우고 느끼고 또 살아있는 세계를 기억하는 데 방향을 잡아주고 상상에 힘을 더해 준다." (유도라 웰티)
- "하나님의 영광을 드러내고 인간을 교육시키는 데 있어서 상상은 진리를 독특한 방법으로 표현하게 한다." (릴랜드 라이켄)
- "인간이 거대한 돌덩이 안에서 대사원의 이미지를 보는 순간 돌덩이는 더 이상 돌덩이가 아니다."(안토니 드 생텍쥐페리)
- "자연에서 발생하는 모든 것을 - 일출과 일몰, 태양과 별들, 바뀌는 계절들 속에서 - 하나님의 존귀하심과 함께 생각하여 발전시켜라. 그러면 당신의 상상은 충격을 느끼는 정도에서 멈추는 것이 아니라, 항상 하나님을 섬기는 수준에 있게 될 것이다." (오스왈드 챔버스)
- "우리 모두는 매우 과학적이었기에 상상할 수 있는 여백이 전혀 없다. 이는 내게 매우 유감스런 일이다. 왜냐하면 설교에 있어서의 상상은 가장 중요하고 가장 큰 도움을 얻을 수 있기 때문이다. 나는 이러한 상황이 위험하다는 것에 전적으로 동감한다. 하지만 상상은, 하나님의 선물이라는 것을 잊지 말아야 한다." (마틴 로이드 존스)
- "많은 설교들이 그림으로 묘사하기보다는 개념들로 꽉 차있기에 안타까울 뿐이다." (조지 버트릭)
- "하나님의 진리를 표현하는 성경의 가장 일상적인 방법은 설교나 신학적 진술이 아니라, 스토리이며 시이며 환상이며 편지이며 또는 문학형태의 상상력의 산물이다." (릴랜드 라이켄)

- "학교생활과 과학연구의 대부분은 인내어린 반복과 증명들뿐이며 은유 사용은 전무하다." (케네스 버크)
- "이야기로 만들어진 사회는 … 모든 대답을 가지고 있다고 확신할 수는 없다. 그렇지만 그 사회는 놀라움과 기이함에 귀를 기울이고, 상상력이 넘치는 새로운 생각에 귀를 기울일 것이다." (필립 킨)

상상은 은혜를 배가시킨다

위에 열거한 상상에 관한 아포리즘을 잘 음미하면 우리의 작은 목표에 도달하게 된다. 즉, 상상이 풍부한 사람은 삶도 풍부하게 만들 수 있다는 것이다. 믿음과 상상이 연결된다면 얼마나 아름다운 세계를 이루어 가게 될 것인가. 하나님의 광대하심을 좁디좁은 인간의 머리 속에다만 가두지 말고 눈을 떠서 우주와 자연을 바라보게 하라. 거기에 상상이 필요하다. 하나님이 소유하고 계신 창조의 지혜를 맛보도록 상상력을 총동원해 보라. 그러면 우리의 이성과 감성 한 면만으로 느낄 수 없었던 새로운 세계를 맛볼 수 있을 것이다. 이것이 우리가 기대하는 은혜로운 상상력의 힘이다.

성경 말씀 속에 펼쳐진 광활한 역사를 체험하기를 원한다면 원어사전과 주석 외에 필요한 것이 또 있다. 우리 자신의 상상력이다. 당시 아브라함의 심정이 어땠을까, 당시 요셉의 마음이 어땠을까, 당시 다윗이 어땠을까 등등 상상이 요구되지 않는 부분은 없다. 예수 그리스도의 마음은 어땠을까, 제자들의 마음은 어땠을까 등등 성경 구석구석이 우리의 상상과 더불어 그 상황을 재연하게 된다. 물론 성령의 감동이 전제되어야 하리라.

설교에 관해서도 마찬가지이다. 지성주의에 영향을 받은 현대 설교는 너무 논리위주이고, 도덕주의적 설교가 된다고 지적을 받는다. 설교가 성령의 감동이 아니라, 점점 이성적 강요로 둔갑하는 경우가 많다는 것이다.

그것을 상상력과 연관지어 말하자면 설교자나 청중에게 모두 상상이 부족해서 오는 결과이다. 성경이 신학서적과 같이 논술되지 않고 이야기와 같이 서술되었다는 것을 인정한다면 상상이 어디에 어떻게 필요한가 하는 점을 알게 될 것이다. 예수께서 신학논리로 자신을 드러내지 않고, 비유와 일상의 언어로 진리를 말씀하신 사실은 왜 상상이 필요한가 하는 것을 깨닫게 한다.

상상은 구상적이고 물리적인 현실세계에서 영적인 세계로 나아가기 위한 하나의 관문이 된다. 영적인 세계는 언어만으로는 묘사하기가 어렵기 때문이다. 보이지 않는 영적인 세계를 그나마 가장 가깝게 느끼고 그릴 수 있는 언어가 인간에게 있다면 바로 상상이다. 그래서 상상은 고귀하다.

상상은 영적인 세계를 바라볼 수 있는 창이기에 소중하게 다루어야 한다. 은혜는 말씀을 통하여, 감동을 통하여 우리에게 전달된다. 은혜가 말씀으로 우리에게 육화되어 다가올 때 이를 수용하는 기능은 상상이다. 말씀에 자극받은 이성과 감성이 동시에 상상 안에서 융합되어야 영적인 체험이 느껴질 수 있는 것이다. 만약 한쪽만 강조된다면 위에서 언급한 것처럼 지성주의나 신비주의로 빠질 위험이 있다. 초월적인 성령의 감동이 은혜로 우리에게 임할 때 상상은 귀히 쓰임받게 된다. 그러므로 상상이 크리스천의 내면에서 어떻게 활동하도록 하느냐에 따라 은혜의 질량은 다르게 느껴질 수 있다. 같은 은혜라고 할지라도 상상이 살아있는가, 그렇지 않은가에 따라 은혜를 느끼는 질량의 차이는 다를 것이다. 상상과 은혜는 정비례한다고 볼 수 있다.

상상력의 속죄

상상력의 속죄

　우리는 상상이 난무하는 시대에 살고 있다. 지금 시대는 상상력이 없어서가 아니라 너무 혼란스러워 문제이다. 우리 시대의 문화를 들여다보면 명확하게 드러난다. 영화, 연극, CF 등 시각이미지를 활용하는 분야일수록 상상은 화려하고 현란하다.

　상상은 가치관에 큰 영향을 미친다. 자유연애와 사랑을 꿈꾸는 상상력은 전통 사회와 가정을 해체시키는데 이르기도 하고, 청소년들을 잘못된 길로 유혹하기도 한다. 확산 일로에 있는 이혼율의 증가, 주부매춘, 원조교제 등은 경제적 이유도 한 원인이 되지만, 사랑과 섹스에 대한 무절제한 상상이 배후에서 조종하고 있는 것이다.

　TV나 인터넷 등으로 일상생활에까지 파고든 대중매체는 기발하고 엽기적인 상상력을 동원하여 사람들을 사로잡으려 하고 있다. 이미지의 시대를 살아가고 있는 현대인들은 자신도 모르는 사이에 조작된 이미지에 사로잡히고, 조작된 상상의 현실을 살아가게 되는 것이다. 문명이 이런 상태로 진행되어 간다면, 인류사회는 상상의 이데올로기에 의해 쉽사리 통제되고 지배될 수 있는 위험에 떨어지게 될 것이다.

　여기에 상상력이 새롭게 변화되어야 하는 이유가 있다. 예술적 상상력이던지, 문학적 상상력이던지, 역사적 상상력이던지, 어떻게 분류되고 명명되더라도 새롭게 변화되지 않으면 인류의 미래가 불안하게 된다. 상상은 그래서 거룩해져야 한다. 종교개혁가들이 지적한대로 상상력도 거룩해져야 한다.

영자가 예수님을 알았더라면

문학의 속죄를 위하여

그 날도 나는 대낮부터 '할머니집'으로 향했다. 아침 수업은 듣는 둥 마는 둥 하고 어제 밤 내내 써 내려갔던 원고뭉치를 들고 선배를 찾아갔다. 선배는 문학이라는 열병을 앓는 우리 현대문학부의 아지트격인 허름한 주막에서 언제나 만날 수 있었다. 여러 명의 문학동지들이 벌써 모여 앉아 이야기에 열중하고 있었다. 선배는 언제나 대화의 중심이 되었다. 그는 현대문학부라는 서클의 영웅이었다. 군대에서 복학하자마자 자신의 병영체험기를 어느 굵직한 일간지에 기고했다. 신인작가 창작대상(大賞)이라는 과정을 그는 당당히 통과했다. 입상으로 선배는 문단등단의 영예와 돈 그리고 약간의 인기를 소유하게 되었다. 그는 선망의 대상이었다.

한동안 말없이 원고를 읽더니 선배는 급작스럽게 변하는 얼굴로 소리질렀다.

"파국(破局)! 파국(破局)! 여기서는 대파국이 필요해, 깨어버려, 깨어버려!"

나는 대꾸했다. "뭘 깨란 말입니까?"

"넌 아직도 문학을 모르고 있구나. 아직 비극이 뭔지도 모르고 있어. 우리 삶 속에 거머리처럼 달려 붙어 있는 비극을 아직도 모르고 있어, 너 왜 애를 아직도 안 죽여? 벌써 끝장을 냈어야 했는데."

"죽일 수 없습니다. 걔가 죽는 것만이 제 소설에 도움이 된다고 보지 않습니다."

"바보 같은 놈! 당장 물 속에 쳐넣던가 열차에라도 몰아넣어 버려. 아니면 강간이라도 당하게 해, 그래야 살 수 있어. 그래야 마음에 있는 소리 한 번 하게 되는 게 인간이야, 가면을 벗겨라. 처참한 운명을 만나게 해. 네 인물들의 얼굴을 벗겨!"

그는 무엇인가 생각하는 듯이 침묵을 지켰다. 그리고 깊이 숨을 들이켰다. 그가 다시 얼굴을 들고 입을 열 때 나는 놀라지 않을 수 없었다. 왜냐하면 그의 말과 동시에 그는 나의 원고뭉치를 불 속에 쑤셔 넣고 있었다. 돼지기름이 흘러 떨어지는 숯불 속에서 내 소설은 무자비하게 재로 변해 갔다. 그것은 참기 어려운 냄새를 동반하였다.

"너의 종교라는 가면, 너의 윤리라는 가면, 너를 꽉 누르고 있는 껍데기를 버리지 못하면 네 소설은 한 명의 독자도 얻지 못할 것이다. 너의 예수, 네가 겁먹고 벌벌 기는 그 완벽한 윤리의 대명사, 예수를 버리지 못한다면 너에겐 문학도, 예술도, 진실까지도 허상 속에 있을 것이다. 문학은 언제나 먼 꿈에 지나지 않아."

나는 불 속에 타 들어가는 원고뭉치를 바라보면서 아무 말도 하지 못했다. 거나하게 한잔 걸친 문학부 동기들은 할머니집을 떠났다.

해가 마포나루에 걸려 한강은 붉게 물들어가고 있었다. 그 빛깔이 한강대교까지 번져 왔다. 나는 바람이 일지 않는 강변에 서서 떠내려가는 강물을 바라보고 있었다. 그렇다. 내가 아직 파괴하지 못한 것이 분명히 있기는 있었다. 문학 수업을 시작한지 몇 년이 흘렀지만 이렇다할 작품 하나 건지지 못했다. 무엇이 문제였는가. 선배의 말대로 종교로 인한 강박관념 때문인가? 내 윤리의식이 나를 속박하고 있단 말인가? 나는 문학의 이름으로 많은 것을 파괴시켰다. 때로는 믿음까지 의심에 던지기도 하였다. 휴머니즘의 기치아래 신앙에 도전하는 자신을 부담없이 허용하기도 했다. 어느덧 예수의 편이 아니라 예술의 편에 서있는 나를 보게 되었다. 그러나 끝내 예수를 부정할 수는 없었다. '난 예수를 부정할 수 없습니다' 라고 외쳤다. 그 소리는 입가에 맴돌기만 했다. 선배의 귀에 들리기에는 너무나 작은 소리였다.

나는 이름하자면 양다리 걸치기를 하고 있었다. 마치 낮에는 교회를 다니고, 밤에는 문학을 찾아다니는 모습이었다. 문학은 나에게 인간이 진실을 찾아다니는 처절한 몸부림의 다른 이름이었다.

그래, 나는 교회에 속한 자이면서 생의 이면을 알아야 한다고 어둠을 기웃거렸다. 그들과 자리를 함께 할 수밖에 없는 것은 그 때문이다. 나의 눈으로, 나의 손으로, 나의 발로 행한 것 때문에 내가 주일예배에 죄책감 없이 설 수 있는 날은 한번도 없었다. 새벽기도를 가면서도 저녁에는 작품의 소재를 구하기 위해 어두운 밤거리로 어슬렁거리며 다니기도 하였다. 찬송을 부르던 내 입에서 소설의 구성을 위해, 소재를 살리기 위해 거짓을 말하기도 하였다. 나는 이렇게 고백하였다. 예수는 나의 생명, 나의 구원자이십니다. 그러나 한편에서는 문학은 나의 존재이유라고 말하기도 하였다.

강물이 흘러가는 것이 어느 때부터인지 무서워졌다. 저녁놀에 비쳐 그렇게 안정감으로 보이던 강물이 점점 마력을 가지고 사람을 끄는 것 같았다. 내가 어떤 의식 상태에 있었는지는 명확지 않았다. 다만 멀리서 들려오는 소리는 작은 스피커를 통해서 흘러나오는 째지는 듯한 소음에 가까운 찬송가였다. 그 소리를 듣지 못했더라면 아마 끌어당기는 듯한 흡인력을 발휘하는 강물에 빠져들었을지도 몰랐다. 나는 정신을 차리고 굽혔던 몸을 일으켰다.

그러자 또 어떤 환영과 같이 나를 당기는 것이 있었다. 문학이었다. 써야
한다. 써야한다. 무엇인가 써야 한다.

나는 강변을 건너 버스 정류장으로 갔다. 어디론가 가야하는 운명을 지
닌 자들처럼 사람들은 소음을 내며 날려 나갔다. 내가 탄 버스는 문학부원
들이 창작연습을 위해 간다고 하던 그곳으로 향하고 있었다.

선배는 조르지오 망가넬리라는 이태리 작가를 자주 인용하였다. "아직
도 이 땅에 기아로 죽어 가는 아이들이 있는 한 문학이라는 행위를 한다는
것은 죄악이다." 우리는 그의 주장에 동감하였다. 죄악인 줄 알면서도 선
배님은 왜 문학을 하십니까? 선배님은 돈까지도 벌지 않았습니까? 모순을
느끼지 않습니까? 그는 심각하게 질문을 받아들였다.

그의 대답은 이러했다.

"그러나 쓰지 않을 수 없다. 무엇인가 가슴속에서 북받쳐 오르는 것을
쓰지 않고는 배길 수 없다. 그것을 쓰지 않는다면 금방이라도 숨이 막혀 죽
을 것만 같다 … 망가넬리의 휴머니즘에 의하면 우리의 문학행위는 죄악이
다. 나도 안다. 그것이 위선 가득찬 죄악이라는 것을 인정한다. 그러나 스
스로 죽어 가는 것을 알면서도 죽게 내버려두는 것은 또 다른 죄악이 아닌
가?"

다시 묻겠습니다. 왜 쓿니까?

"쓴다는 것은 내게 있어서 노동과 같다. 막노동자가 새벽부터 밤늦게까
지 모래통을 지고 삽을 들고 일하는 것과 같이, 회사원들이 밤샘을 해가면
서 일에 몰두하는 것과 같다. 그러나 집안식구들을 생각하면 모든 고통과
시름을 잊게 되듯 창작은 그와 같다. 또는 어느 화가가 화폭 앞에서 고뇌하
며 씨름하는 것과 같다. 고통을 통하여 고통을 넘어서는 것과 같은 과정이

창작이다. 그것은 하나의 신성한 노동이다."

그러더니 나를 쳐다보던 선배는 씨익 웃었다. 묘한 의미의 웃음이었다.

"그것은 너희들이 버리지 못하는 기도와도 같다. 그래 쓴다는 것은 기도와도 같다. 기독교인들이 기도를 통해 하나님과 대화한다고 하는 것처럼, 나는 문학을 통해 진실과 대화한다. 문학은 진실의 시녀다. 아주 충직한 시녀다. 아니 문학은 진실 그 자체다."

나는 속으로 저항감이 솟아오르는 것을 느꼈다. 나는 이렇게 말했어야 했다. 진실은 예수 한 분이십니다. 그러나 선배의 미학은 나를 압도했다. 선배가 추구하는 진실에의 열정은 인정하고 있었다. 그것은 아픔에의 도전이었다. 나에게는 그 용기가 없었다. 왜냐하면 때로 그런 생각의 끝에는 자기파괴, 때로는 죽음에의 유혹이 도사리고 있었기 때문이었다. 그는 말의 초점을 은근히 내게로 돌렸다.

"문학이 진실에 봉사한다는 점에서 문학은 자유다. 문학이 그 어떤 색깔을 띄울 때 그것은 진실하지 못하다. 문학은 도구로 전락해 버린다.

이제 문학은 상업성으로 만신창이가 되어버렸다. 영자란 여인을 보자. 그 여인이 등장하는 소설, 영화를 보라. 영자는 몸값도 안 되는 싸구려에 팔려 버렸다. 소설가라는 놈들은, 영화를 찍는다는 놈들은 우리의 귀여운 누이와도 같은 여인을 현실이라는 이름으로 벗기고, 농락하더니 드디어는 우리 사회에서 쫓아내었다. 그리고는 저들의 배를 채웠다. 그들의 자식들에게는 고기를 사먹이면서도 추운 데서 떨고 있는 영자, 길 잃은 한 마리 철새 같은 영자에게는 그 몸을 고기로 팔 것을 강요하였다. 영자를 더 이상 희롱의 제물로 던지지 못하게 해야 한다. 영자를 구해야 한다. 더러워진 문학의 이름을 다시 회복하기 위해 영자를 구출해야 한다."

어떻게?

"영자를 다시 쓰자. 이 시대의 그늘에 가려진 사람들을 새롭게 만나자."

버스가 정류장에 나를 내렸다. 네온사인의 불이 들어와 번쩍이고 있었다. 물결처럼 흐르는 사람의 움직임 속에 한 골목이 눈에 들어왔다. 저 골목으로 문학의 이름 하에 한 떼의 젊은이들이 소설을 구하러 들어갔을 것이었다. 아니 자신들의 몸을 팔러 들어갔을 것이었다. 어두운 길 입구에는 벌써 여인들이 나와 서 있었다. 붉은 조명을 받으며 우리의 누이들 같은 여인들이 다소곳이 앉아있기도 했다. 그들은 가끔 지나가는 사람들에게 손짓했다. 유리창문은 유난히도 컸다. 붉은 조명은 누이들이 푸주간에 걸린 고기처럼 보이게 했다. 그들은 표정을 포기하고 쳐다보았다. 서글픈 장면이었다.

나는 어금니를 꽉 깨물고 무슨 큰 결심이나 한 사람처럼 골목을 들어섰다. 가슴이 뛰었다. 순간 이렇게까지 해서 소설을 건져야 하는가 하는 회의도 들었다. 그러나 한쪽에서는 아니다, 문학을 일으켜 세우기 위해서는 무엇인가 부딪치지 않으면 안 된다. 삶의 밑바닥으로 내려가지 않으면 안 된다라고 소리치고 있었다. 오늘은 기필코 문학을 만나야 한다. 정말 쓸만한 것을 찾아야 한다. 삶의 이면까지 들여다보지 않으면 결코 문학의 본질에 다다를 수 없다.

여인들이 다가와서 귀에다 대고 뭐라고 속삭였다. 그러나 마지막 양심이 작동하고 있었다. 몸을 더럽힐 수는 없다. 소설 하나 쓰겠다고 그런 죄를 범할 수는 없다. 예수의 얼굴이, 어머니의 얼굴이 나를 쳐다보고 있는 것 같았다. 한 쪽에서는 돌아가라고 계속 소리치고 있었다. 나는 여인들이 당기는 힘에 저항하여 반대로 힘을 썼다.

선배는 말했다.

"문학이 주는 자유를 얻기 위해서 종교도 버려야 한다. 위선적인 사랑도 버려야 한다. 인간 이상의 것을 가미하지 않아야 한다. 문학은 현실을 떠나서는 아무 것도 아니기 때문이다. 현실을 종교라는 껍데기로 가리우지 말

라. 있는 그대로를 보라. 교회도 떠나라, 절간도 떠나라, 진실에 도달하기 위해 거추장스런 외투를 던져 버려라. 거룩한 성직자의 가운도, 고상한 승려들의 승복도 벗어제치고 알몸으로 서라. 그런 옷을 입고 있는 한 인간의 진실에 도달할 수 없다. 문학의 진실에 도달할 수 없다."

선배는 그것이 나의 결함이라고 지적하였다. 하지만 세상 끝에 갈지라도 예수의 이름은 부인할 수 없었다. 사실 나는 그 때까지 예수라는 이름이 나의 창작을 방해한다고 생각했었다. 그 원망은 쉬 사라지지 않았다. 주인공을 죽음으로 몰아넣다가도 예수의 이름이 떠오르면 나는 원고지를 찢어내곤 하였다. 작품이 이루어지지 않는 것은 모두 예수, 당신 때문이라고 불평을 하기도 했다. 나는 예수라는 이름에 가려 소설 하나 제대로 써보지 못했다고 투정하기도 하였다. 내가 궁리하고 궁리한 끝에 얻어낸 탐미적인 소재는 예수의 이름 앞에서 빛을 보지 못하였고 언제나 설교조로 끝났다. 대파국 앞에서 주저하기를 반복한 나는 결국 문학과 신앙의 갈림길에서 방황하고 있었던 것이다. 그러나 이번에는 기필코 영자를 건져야 했다.

골목이 깊어지자 어둠도 더 깊어졌다. 나는 열린 문틈으로 집안을 들여다보았다. 선배가 들어 있지 않나 하는 생각에서였다. 그때였다 어디선가 앙칼진 목소리가 들려왔다.

"저 새끼 잡아! 몸 값 떼먹고 뺑소니 치는 놈이닷!"

그 순간 나는 어둠 속에서 어떤 물체가 나를 향해 번개같이 몸을 날리면서 달려오는 것을 느꼈다. 그것이 기억의 전부였다.

얼마나 시간이 흘렀을까 … 마치 죽음과 현실을 왔다갔다 하는 느낌이었다. 팔다리는 축 늘어진 채 머리조차 움직일 수 없었다. 눈을 떠보려 했으나 어둠 때문인지 보이지 않는 것인지 분간할 수도 없었다. 무의식 상태에 빠진 것 같았다. 나의 깊은 의식 속에서 또 다른 내가 주여, 주여 부르짖고 있었다. 귓가에 사람 소리들이 들려오는 것 같기도 했다. 나는 이제 죽나보다고 어렴풋이 느꼈다. 그리고는 끝이었다.

눈부시게 환한 형광등 불이 눈꺼풀을 세게 비추고 있었다. 눈부신 것은 거북했으나 왠지 환한 빛은 좋았다. 눈을 떠야 한다고 생각했다. 누군가가 손을 꽉 잡고 있는 것이 느껴졌다. 따스했다. 온기가 좋았다. 어머니 외에 이런 온기를 전할 사람이 없음이 기억되었다. 어머니가 곁에 앉아 나를 지켜보고 계셨다. 내가 깨어난 곳은 병원이었다.

희뿌연 안개 속에서 어머니의 모습이 드러났다. 내 눈에서 눈물이 흘렀다. 눈물이 흘러 침대를 적시었다. 어머니는 말없이 눈물을 닦아주었다. 어머니의 입가에 '주여, 감사합니다' 라는 속삭임이 멀리서 들려오는 메아리처럼 들렸다. 어머니는 기도가 끝나자 낮은 목소리로 물었다.

"너 왜 그런 곳을 갔었냐? 소설쓴다고 그런 게냐?"

그러자 내게 잊혀졌던 기억이 다시 연결되어 흘러갔다.

어둠 속에서 도망치던 사내에게 덮쳐 쓰러진 것이었다. 의식을 잃을 정도로 순식간에 벌어진 일이었다. 머리를 땅바닥에 심하게 부딪친 것이다. 뇌진탕이었다. 나는 희미하게 돌아오는 의식을 느꼈다. 귓속에 무슨 소리가 들려왔다. 사이렌 소리 같기도 하고, 먼 메아리 같기도 했다. 나는 마음으로 기도하고 있는 자신을 발견했다.

주여, 저의 죄를 용서해 주세요, 문학의 이름으로 저질렀던 죄를 용서해 주세요. 문학을 용서해 주세요. 문학의 이름으로 죄를 지으면서도 그 죄를 깨닫지 못하는 선배와 문학부원들을 용서해 주세요. 저들에게 주님을 바로 증거하지 못한 죄를 용서해 주세요.

그러자 어떤 깨달음 속에서 영자를 구하는 길은, 이 시대의 버림받은 자들을 구하는 길은 문학이 할 수 있는 것이 아님을 확인하게 되었다. 문학이 할 수 있는 부분은 일시적이고, 임시적인 것이었다. 그것은 단지 임시 처방

책이었다. 우리 시대의 어두운 지역, 뒷골목에 떠도는 사람 영자를 구할 수
있는 길은 바로 예수의 사랑이었다.

니체와 십구공탄
기독교 문학의 가능성을 위하여

겨울에 생각나는 사람이 있었다. 그 사람을 기억에 떠올리기 위해 나는 거의 수십 년 전쯤으로 되돌아가야 한다. 내가 그를 알게 된 것은 어머니를 통해서였다.

어느 날이었다. 추운 겨울의 짧은 해가 뉘엿뉘엿 서울의 한 모퉁이에 걸려 있었다. 해는 서쪽으로 가라앉기가 못내 아쉬웠던 것 같았다. 석양의 긴 그림자를 예의 내리비치고 있었다. 그런 시각에 어머니께서 내놓으신 것은 쌀자루였다.

어머니는 그것을 근처 산동네 어느 번지에 사는 김ㅇㅇ 집에 배달 가라는 것이었다. 나는 대뜸 "이 사람이 누구인데 이 추운 날 저를 보고 쌀자루를 갖다주라는 거예요!" 하고 퉁명스럽게 말했지만 이런 일은 처음 있는 일이 아닌지라 "저녁이나 먹고요!" 했다.

내가 그의 집을 어렵지 않게 찾을 수 있었던 것은 어머니가 그려 보인 약도 때문이기도 하였지만 무엇보다도 그의 집 앞에 어지러이 뒹굴고 있던 페인트통 덕이었다. 그는 직업으로 페인트칠과 도배를 했다. 그 사실을 들어 알고 있던 터였다.

그는 남도(南道) 어느 시골에서 서울로 무작정 상경했다. 의지의 사나이라 아니할 수 없었다. 그에게는 아내와 아들이 있었는데 강인한 생(生)에의 충동과 열심으로 조그만 방 한 칸을 도심에서 좀 떨어진 산동네에 마련하게 된 것이다. 처음 우리가 만났을 때 분위기는 조금 이상했다. 비슷한 연령층임에도 불구하고 왠지 모르게 서먹서먹했다. 처음부터 그 이유를 알 수 없었지만 나중에 짐작이 갔던 것은 그와 내가 대표하고 있는 생의 대조 때문이었던 것 같다.

그의 눈에 비친 나는 부모 잘 만나 돈 걱정없이 공부할 수 있는 소위 선택받은 부류라는 것이었고, 그는 나의 눈에 인생의 밑바닥에서부터 역경을 거슬러 올라가는 뚝심 있는 젊은이로 보였던 것이다. 분석하자면 그것은 쌍방이 서로에게 가지고 있었던 일종의 열등의식이었다.

그 심리분석은 이러했던 것 같다. 먼저 그는 강인한 체구와 체력의 소유자였다. 그는 로보트 같은 무슨 금속성의 육체를 가진 자처럼 건강하였다. 지칠 줄 모르는 힘, 꺾이지 않는 어떤 의지에 나는 공연히 시샘이 났던 것이다. 반면에 그는 나에 대하여 어떤 약점을 갖고 있는 듯 보였다. 그의 폭발적인 저력은 내 학력이나 지적 자만심 앞에서 내내 침묵을 지켰다.

집이 너무 낡아서 칠 좀 새로 해야겠다고 어머니는 말했다. 나는 간단히 대응책을 제시하였다. 어머니가 원한 바 속뜻은 내가 나서서 칠을 했으면 하는 것이었는데 나는 사람사서 하지요, 전 못해요! 하고 빠져나갔던 것이다. 어머니는 근처에 일 꼼꼼히 잘 한다는 김씨를 소개받았다. 나는 그의 일하는 모습을 지켜 보면서 때로 묘한 감상(感想)에 빠지기도 하였다. 같은 나이에 무슨 이유로 누구는 억센 노동자가 되었으며 누구는 나약한 인텔리가 되었는가. 거기에서도 하나님의 섭리하심을 정말 읽을 수 있는가?

그의 가족은 곧바로 어머니의 기도수첩에 올라갔고, 어머니는 기도를 시작했다. 어머니는 틈만 있으면 그에게 예수님을 전했고 가족이 구원받도록 기도했다. 자원해서인지 아니면 어머니의 성화(?)에 못 이겨 그랬는지는 잘 모르겠지만 드디어 그의 아내가 교회에 나가게 되었을 때 어머니는 여간 기뻐하는 기색이 아니었다. 그 모습을 지금까지도 잊을 수 없었다.

마침 그는 집에 있었다. "이 겨울엔 일이 없군요. 몇 주일 째 빈둥빈둥 놀고 있지요, 형씨." 지금 당장이라도 일자리를 찾아나갈 만한 그가 의외로 풀이 꺾여 있었다. 아이는 잠에 취해 있고 아내는 겨울의 찬바람이 부는 산동네의 어두운 한 평 부엌에서 무엇인가 하는 시늉이었다. 아무래도 자리가 불편해 나가있는 눈치였다.

그 날 내가 그에게 되지도 않는 철학을 얘기하게 되었던 것은 그의 방벽을 도배한 신문 한 면에 니체라는 이름이 커다란 활자로 박혀 있었기 때문이었다. 니체와 현대 철학이라는 강연을 홍보하는 광고였다. "인생이란 초극해야 할 그 무엇이다. 삶과 죽음의 갈림길에서 생을 긍정하며 절규한 철학자. 미래인의 철학을 제시하는 니체 사상이란? 신(神)이 죽었다고 외친 고독한 이 땅의 선언. 생을 향해 돌진하라는 그는 누구인가?"

나는 어떤 연극배우처럼 그 날 밤, 그동안 주워들은 니체 사상을 그에게 완벽히 연기해 내었다. 그것은 나의 어설픈 자기과시에 지나지 않았고 약한 자를 공허한 지식으로 누르는 폭력과 같은 것이었다. 그가 신경을 곤두세워 듣고 있다는 느낌이 들자 나도 모르게 니체를 공연하고 있었다. 나는 스스로 도취되어 니체를 연기했다. 기억은 잘 나지 않지만 내가 그 날 떠벌린 것은 "초인의지", "초극", "생의 긍정" 그런 것인 듯 싶다. 그는 니체라는 사람이 무슨 말을 했는지 조금은 감 잡겠다는 눈빛을 했다. 아니 그의 삶이 니체의 사상으로 인해 정리되어져 가는 눈치를 보였다. 어금니를 꽉 깨물고 있던 그는 니체의 초인과 같은 원시성을 이미 소유하고 있는 듯했다.

밤이 깊도록 나는 연기를 계속하였다. 나는 니체를 잘 알고 있지 못했다. 그런데도 나는 그를 통달한 사람처럼 말했다. 그는 침묵을 지킨 채 니체로 자신의 삶과 의지를 재확인하고 있는 모습을 했다. 그의 아내가 우는 아기를 달래려 방으로 들어왔을 때 사내의 눈은 마치 산을 금방 뛰어 내려온 초인 짜라투스트라와 같은 눈을 하고 있었다.

나는 어머니의 작품을, 아니 정확하게 하자면, 성령께서 어머니를 통해 이루려고 했던 작품을 방해하고야만 것이었다. 그는 니체주의자처럼 말했다. 그는 생을 극복하기 위하여 허상의 껍데기들을 파괴하고 일어서겠다는 선언을 했다.

얼마 뒤 어머니는 연탄을 한 리어카 주문했다. 십구공탄이었다. 추운 겨울 속으로 우리는 깊이 들어와 있었다. 어머니의 주문은 연탄집 아저씨와 연탄 리어카를 그의 집으로 배달하라는 것이었다. 나는 어머니에게 제발 값싼 동정은 하지 말라고 말하고 싶었으나 어머니에게는 결코 동정의 행위가 아니었다. 어머니의 행위는 신앙이었다. 나는 어둠에 가려있는 그의 방문을 두드렸다. 아무도 인기척을 보이지 않았다. 그의 연장통이며 페인트붓, 그리고 깡통들만이 널려져 있을 뿐 … 무슨 난리라도 일어난 것처럼 폐허같이 보였다.

어머니가 수소문 한 끝에 얻어낸 소식은 이러했다. 듣기에도 끔찍한 사고였다. 하루는 그가 사다리 위에서 일을 하다가 미끄러져 떨어졌다. 얼굴이며 온몸에 페인트를 뒤집어쓰고 바닥에 나뒹굴었다. 그런데 마침 페인트가 연탄 아궁이로 흘러 들어가 삽시간에 불이 타올랐다. 불길이 그만 그를 덮친 것이다. 그는 온몸에 화상을 입고 병원에 입원하게 되었는데 입원비를 낼 수 없는 상태라 결국엔 몰래 병원에서 도망 나와 자취를 감추었다는 것이다. 더구나 그 사고로 인해 그는 한쪽 귀를 잘라내야 했고 얼굴은 보기 흉하게 일그러져 버렸다는 것이다.

그러던 어느 날 병원에서 나왔다는 사람이 우리 집을 찾아왔다. 그가 입원해 있던 병원의 직원이었다. 어머니와 얘기한 그 사람은 우리가 보증인 자격이 안됨을 알고 돌아가면서 편지를 한 장 건네주었다.

페인트 얼룩져 있어 보이는 그의 편지였다. 그는 어머니에게 '그동안 도와 주서서 고맙습니다' 라는 인사로 편지를 시작하였다. 지금은 도망치듯 아니 실제로 도주하지만 언젠가 돌아와서 빚을 갚겠다고 하였다. 이를 악물고 생에 도전하겠다고 하였다. 자기 아내의 감사의 표현도 아울러 적었다. 그러나 나를 놀라게 한 것은 그의 편지에 숨겨진 니체였다. 니체가 내 뿜었던 생에 대한 처절한 도전 의식이 도사리고 있었던 것이다.

그때서야 나는 문학의 이름으로 저지르고 있던 나의 실수를 발견하게 되었다. 내가 소개하고 다닌 것은 무엇이었는가? 소망을 주지 못하고 기껏 허튼 지식만을 떠벌린 결과가 얼마나 큰가? 문학의 의상을 입고 남의 영혼을 상하게 한 결과가 무엇이었는가? 영생이신, 구원의 근원이신, 사랑이신 예수님을 전하지 않고 세상얘기를 즐겨한 결과가 무엇인가? 그것은 거듭나지 못하여 저지른 죄, 죄였다. 겸손히 주님의 말씀만을 전하였더라면 그는 전혀 다른 시각으로 삶을 살 수 있었을 터인데, 새 소망을 가지고 일어날 수 있었을 터인데 … 주님의 말씀이 떠올랐다. 소경이 소경을 인도하는 모습, 자신도 천국에 들어가지 않고 남도 들어가지 못하게 하는 모습이 머릿속에 그려졌다.

그것이 타락한 문학이었다. 문학의 감미롭다는 매력 속에 숨겨진 폭력이요 찌르는 가시였다. 한 사람을 회개와 구원으로 이끌지 못하고 맹목적인 탈출로만 충동한 죄가 마음에 느껴졌다. 예수의 구원이 문학을 위해서도 심각하게 고려되어져야 한다는 것이 이런 죄책감 속에서 싹튼 것은 어느 추운 겨울이었다.

봄에 쓰는 겨울 이야기

어머머, 그게 정말이야, 김(金)이 차(車)를 쏜 일이 그런 의미가 있다구? 기집애두 농담이 아니구 진담이래두 진담! 누가 그러는데 집사가 장로를 쏜거나 다름없네, 말세는 말세야.

퀴즈문제나 스무고개처럼 풀려는 의지 없이는 알아듣기 힘든 대화였다. 나는 이 대화의 정치적인 배경을 먼저 머릿속에 떠올려야 했다. 1970년대를 마감하는 대사건이었다. 당시 정보부장 김재규가 박정희 대통령과 경호실장 차지철을 사살한 사건을 두고 한 말이었다. 항간에 들리기에는 김재규는 집사였고, 차지철은 장로였다고 했다.

이런 얘기를 하는 버스 안의 두 승객에게 대해 나는 너희들이 말세에 대해 뭘 안다고 쫑알거리냐고 하마터면 고함 칠 뻔했다. 왜냐하면 나는 아까 친구들의 비판으로 기분이 울적해져 있던 차였다. 교회도 민주화 운동에 참여합시다, 교인들을 독선주의에서 해방시키자, 저희들만 잘먹고 잘살자는 순자본주의적 배타주의에서 저들을 의식화시키자 등등. 나는 외로운 투사와 같이 그들과 논쟁을 벌렸다. 너희들 교회를 그렇게 말하는 게 아냐 임마, 교회는 하나님이 일하시는 신비한 영역이야, 교인들은 나름대로 얼마나 애쓰는 줄 아니 녀석들아, 하는 정도의 수준으로는 오히려 그들의 놀림감이 되기에 알맞았다. 끝내는 그들을 설득시키지 못하고 헤어졌다.

나는 눈이라도 내렸으면 좋겠다고 생각했다. 외롭고 쓸쓸한 것은 논쟁에서 졌다는 패배감 때문이 아니라 믿지 못하는 친구들 앞에 드러난 나약한 나의 믿음 때문이었다. 내가 눈이라도 왔으면 한 것은 나의 심리적인 기피현상이었다. 내가 슬퍼하였던 것은 예의 비실비실한 내 믿음이었다. "주여, 오늘도 또 패배하였습니다." 이런 고백을 얼마나 더 해야되는가?

스스로 창피하였다. 고백하기보다는 가리고 싶었다. 맹렬한 논쟁의 밤 뒤에는 언제나 나는 패잔병처럼 흐느적거렸다. 이런 일이 계속되던 어느 날이었다. 그 날 밤 나는 버스를 타고 중랑천 너머 덕소로 빠지는 길목에 있는 망우리 공동묘지로 향했다. 이유는 확실치 않았다. 다만 절망과 소망이 교차하는 가장 치열한 생의 현장이 공동묘지라는 생각이 짙었다. 공동묘지는 절망의 끝이었다. 모든 생명을 숨죽이고, 조용히 저 어둠으로 초대하는 장소가 그곳이었다. 갓난 아이의 울음이 끝나는 곳, 살아있는 생명이 웃다가 멈추는 곳, 삶의 활력이 서서히 힘을 잃고 불꽃이 사라져 가는 곳, 그래서 공동묘지는 망자들의 한(恨)이 서린 곳으로 동양에서는 무서워했나 보다.

절망과 절묘하게 이어지는 공동묘지에 소망이란 또 무엇인가. 역설적이긴 하지만 죽음이 깊은 만큼, 절망이 깊은 만큼 소망은 끓어오른다. 절망은 소망의 또 다른 면이다. 절망이 가장 깊은 곳에 소망은 더욱 빛나는 것이다.

버스가 언덕 위에다 나를 내리고 사라져 갔다. 애당초 잘못 생각한 것이다. 교회로 가서 회개의 기도를 해야할 지경에 공동묘지가 웬말인가? 아니 어쩌면 중세의 수도사들이 해골을 옆구리에 차고 다니며 외우던 극복에의 의지와 같은 발상에서 이곳에 온 것은 아니었을까? "Momento Mori!" (죽음을 생각하라!)

어둠 속에서 나는 무슨 깨달음은커녕 머리칼만 삐쭉 서는 것을 느꼈다.

한 발자국도 더 전진하지 못하고 걸음아 날 살려라 무덤으로 가득찬 북망산을 뛰어 내려갔다. 한참을 그리하니 온 몸에서 김이 난다. 나는 숨을 고르느라 산자락에 웅크리고 있는 바위에 올라 앉았다. 아! 그때 내가 본 것은 무엇이었는가. 나는 내 입술이 이렇게 고백하는 것을 들었다. 하나님은 살아 계십니다. 제 눈을 열어 주의 법의 기이한 것을 보게 하소서.

산아래 동네는 도시의 불빛을 밝히고 있었다. 그곳은 사람들이 살을 부비며 살아야할 만큼 좁은 공간의 지역이었다. 집은 지붕끼리 맞닿아 있고 사람들은 이마를 맞대며 산다. 나의 눈에 들어온 것은 어두운 밤하늘에 서 있는 네온사인이었다. 그것은 빨간 색의 십자가였다. 사람들이 비난하던 그 십자가였다. '거리에 네온사이이 많은 판에 교회마저 걸어 세우면 공해가 아니겠습니까' 라고 말하는 자도 있었고, '무드 있는 밤하늘에 빨간색이 비친다는 것은 재수 없어 보입니다' 라고 핏대 세우는 자도 있었다. 그러나 그 십자가가 자신들과 같은 피곤하고 무거운 짐진 자들을 부르고 있다는 사실에 대하여 무지하였다.

십자가가 이러한 생생한 의미체로 다가온 것에 대해 감사했다. 마음 속에서 이상한 기분이 일더니 눈물이 난다. 아무도 보는 사람이 없는데도 자꾸 부끄러워서 스스로, 얘가 왜 이리 감상에 젖어서일까, 남부끄럽게 … 하는 생각이 동시에 들었다. 억제하려고 해도 눈물이 자꾸 앞을 가려 … 눈물이 자꾸 앞을 가려 떠나간 님을 그리워, 어이 … (잠깐 자아암깐, 이렇게 나가면 안 되지. 은혜스럽지 않게 스리. 옛 아담이 또 발동했나 부네).

눈물이 쏟아지더니 회개의 기도가 흘러나온다. 공동묘지가 풍기는 무서움 같은 것은 어디로 갔는지 나는 눈물 속에서 희미하게 그러나 뚜렷하게 비쳐오는 산아래 동네의 십자가를 바라보며 한동안 기도했다. 시간이 얼마나 흘렀을까.

막차라도 타야겠다는 생각이 났다. 나는 서둘러 산을 내려 동네로 들어갔다. 붉은 네온사인으로 빛나는 십자가가 눈에 들어왔다. 어느 목사님의 글 제목이 떠오른다. 이 땅에 그리스도의 계절이 오게 하자! 막차를 탈 때까지 확인할 수 있었던 것은 이 땅에 그리스도의 계절이 이미 오고 있다는 것이었다. 나의 모든 회의는 그 순간에 사라졌다.

어두움이 이 땅에 깔려 있지만 그 어두움은 이미 패배한 어두움이었다. 동네에는 없는 것이 없었다. 주막, 오락실, 여관, 호텔, 시장, 다방, 떡볶기집, 양장점, 이발소, 미장원, 자전거포, 쌀집, 포장마차 …. 세상은 온통 제 살기에 바빴다. 누구 하나 그들을 향해 승리의 나팔을 불어주지 않았다. 십자가를 옥상 꼭대기에 세운 교회들은 세상 속에 있었다. 세상은 십자가를 외면하고 있지만 그러나 십자가는 세상을 감싸안고 있었다.

어둠 속에 등불을 밝힌 십자가가 옥상에서 빛을 발하고 있었다. 그 날 밤 내가 한 일은 교회들을 찾아보는 일이었다. 무슨 순례자의 행진 같기도 했다. 교회들은 모두 빌딩 건물의 위층에 자리하고 있었다. 개척교회들이었다. '승리교회'는 함흥냉면집 이층에, '영광교회'는 영희다방, 장미빛 인생이라는 간판을 내건 건물 삼층에, '엠마오교회'는 라면 떡볶기집 이층에, '영상교회'는 역학 운명철학관 맞은 편에, '제일교회'는 목욕탕 여관 맞은 편에, '반석교회'는 예스터데이라는 생맥주집을 내려다보면서 자리잡고 있었다. 피곤에 지치지 않는 내가 오히려 신기했다.

막차를 타기 위해 버스 종점에 왔을 때 심령대부흥회를 알리는 어느 자그마한 개척교회의 현수막을 보게 되었다. 나는 하나님께서 어떻게 세상을 수술하고 계시는가 하는 것을 보는 듯했다. 이 동네의 개척교회들은 여느 곳에서와 마찬가지로 세상과의 전투에 가장 앞장선 치열한 전방초소였다. 죄악으로 쓰러져가는 세상을 하나님 나라로 변혁시키려는 정의로운 혁명군의 전초기지와도 같았다.

작은 교회들의 몇 안 되는 성도들이 부르는 찬송이나 속으로 기어 들어 가는 것 같은 기도소리는 세상을 삼키려는 마귀의 권세를 제어할 만한 실상은 엄청난 파괴력을 가진 무기였다. 하나님께서 함께 하신다는 믿음이 일으킨 성과였다. 마음 속에 이런 말씀이 떠올랐다. 주의 행사가 기이함을 내 영혼이 잘 아나이다.

돼지갈비구이 냄새를 타고 세상의 악취가 올라 올 때 십자가가 막고 있었다. 무슨 장(莊), 어느 러브호텔에서 흘러나오는 음탕한 소리를 타고 세상의 죄악이 거동할 때 십자가가 심판하고 있었다. 라면집의 어린 학생들이 무지 속에 버려져 있을 때 그들을 부른 것은 십자가였다. 장미빛 인생 속이나, 인생 철학관에서 인생을 낭비하고 있을 때 구원의 길을 제시한 것은 다름 아닌 십자가였다. 목욕탕에서 때를 벅벅 밀고 나면 깨끗해지고, 죄악에서도 이탈하게 되리라는 종교적 경험이 허황된 착각임을 가르쳐 주는 것도 바로 십자가였다.

세상변론으로 혼잡해져 있던 신앙이 십자가에 와서 길을 찾게 된 것이었다. 흔들거리며 밤길을 질주하는 차 속에서 어제의 나의 회의가 기도가 되고 찬양이 되었다. 믿지 않는 사람들의 비판을 받게되면 공연히 말문이 막히고 주눅이 들게 되던 나는 이제 입을 뗄 수 있으리라, 내 주님을 증거할 수 있으리라는 담대한 마음이 든다. 주여 저들은 저들의 하는 일을 아직 모르고 있습니다. 세상은 아직 깨닫지 못하고 있었다, 십자가 때문에 그들이 아직 연명하고 있음을. 십자가 때문에 아직도 참고 기다리시는 분이 계심을. 십자가 때문에 그들이 돌아오길 원하시는 분이 계심을.

예수님의 말씀이 기억되었다. "너는 내가 내 아버지께 구하여 지금 열두 영 더 되는 천사를 보내시게 할 수 없는 줄로 아느냐"(마 26:53). 비판자들과 대면하게 되면 하나님의 권능으로 이 세상을 당장 심판하시지 하나님은 무얼 하시는가 하는 생각이 들기도 했다. 그러나 그것은 사랑이 아니라 일종의 복수심이었다. 그것은 사랑 없는 맹목적인 승부욕이었지 하나님의 방법은 아니었던 것이다. 하나님은 우리들에게 십자가를 제시하시었다. 측량할 수 없는 하나님의 사랑을 세상의 어느 시인이 감히 노래할 수 있었으리요.

비록 작은 개척교회들의 십자가가 값싼 플라스틱 제품으로 만들어졌든지, 껌뻑이는 형광등을 갈지 않아 십자가의 한쪽 날개가 없어 보이든지, 손재주 없는 사찰집사가 엮어놓아 지금은 비바람에 삐딱하게 기울어 있든지 문제되지 않았다. 어두운 밤하늘에 찬란한 불을 밝히는 십자가는 하나님의 능력이었다.

세상을 사랑하시되 죄인을 사랑하시되 십자가로 오시기까지, 거룩하신 십자가를 술집 앞까지 보내시고, 정결하신 십자가를 시장의 온갖 오물 뒤집어쓰시기를 마다 않으시기까지 구부리시고, 의로우신 십자가를 부정한 남녀들의 곁에까지 내려보내신 주여! 죄인을 사랑하시기에 너무나 사랑하시기에, 우리의 돌아옴을 애타게 기다리시기에, 저희 죄인들이 끝내는 주께로 오지 않으리라는 것을 아신 주여, 그 불타는 안타까움으로 인하여 죄인들의 곁에 먼저 오시기를 주저 않으신 주여!

나는 막차의 질주하는 속력으로, 아니 그보다 더 빠른 속도로 주님께 가고 있는 믿음의 질량을 깨닫고는 스스로 놀랐다. 구원의 주님이 주신 은혜였다. 사랑의 주님, 이 죄인을 용서하여 주옵소서. 나 자신이 십자가로 인하여 삶의 의미를 얻게 되듯 이웃도, 친구들도, 세상도, 우주 속의 모든 만물도 십자가를 인하여 존재의 의미를 얻게 되게 하옵소서. 십자가로부터 모든 의미가 샘솟고 있었다.

그 날 밤 지친 모습으로 집에 들어온 나를 어머니는 조용히 꼭 안아주셨고, 혼돈과 방황의 길에서 오래간만에 돌아온 나는 불면이 사라진 밤을 맞이했다. 그리고 이렇게 기도하였다. 주님 감사합니다. 약한 것들을 통해 세상의 강한 자를 부끄럽게 하시는 주의 계획을 깨닫게 해주서서 감사합니다. 미련한 것들을 통해 세상의 지혜 있다는 자들을 부끄럽게 하시는 하나님 나라의 비밀을 깨닫게 해 주서서 감사합니다. 혈기를 잠재우시고 방황을 끝나게 하시며 저의 모든 의심을 해결하신 주여, 감사합니다. 잠잘 수 없던 긴긴 밤에 새벽을 맞게 하신 주여, 감사합니다. 평온한 잠을 위해서도 이제는 기도할 수 있게 해 주서서 감사합니다.

함박눈이 시장에도, 공동묘지에도, 골목에도, 쓰레기더미 위에도, 소란한 삶의 흔적들 위에도, 내 피곤했던 영혼에도, 그대의 거부하는 입술에도, 그리고 교회의 십자가 위에도 하얗게 내리었다. 주의 은혜로 모든 소요, 혼돈이 눈 속에 가라앉고, 모든 것이 질서를 찾아 하나가 되는 평화의 밤이었다.

이런 나귀가 되게 하여 주소서

폭풍우를 만났다거나, 폭설을 만나 등정을 포기한 일은 있지만, 힘에 지쳐 산행을 중도에서 포기한 경우가 아직 한번도 없었던 나에게 안텔라오 첨봉은 겸손이 어떠한 것인가를 가르쳐 주었다.

안텔라오 첨봉(Monte Antelao) 3264미터. 알프스 산맥의 남부, 이탈리아 북부, 티롤의 동쪽에 버티고 선 이 외로운 봉우리는 동부 알프스의 몽블랑으로 불리었다. 맑은 날에는 아드리아 해(海)와 베니스가 멀리 바라보인다 하여 등산가들에게 선망의 대상이 되는 봉우리였지만 실제로 등정을 시도하는 사람은 그 수가 적었다. 산악용어로 하자면 "total schwindelfrei" (고공 공포증이 전혀 없는 사람)인 사람에게만 허가된 등급의 산이었다.

한 번 이 봉우리를 목표하여 산행을 꾸렸었다. 일기는 순조로웠고, 꾸물대다가 아침 8시나 되어서야 2150미터 높이에 있는 산장을 출발하였다. 약 1100미터의 깎아지른 절벽을 타야 했다. 정확하게 말하자면 절벽 같다고 해야 할 것이다. 실제로 절벽은 아니었으니 말이다. 가파른 암벽이었다. 소요시간은 네 시간 정도 예상했다.

두 시간 쯤 지났을 때 나는 조금 지쳐있었다. 벌써 한 시간 남짓의 자갈길 (그것은 암벽이 조금씩 부서져 내려 쌓인 지역을 통과해야 했는데 한 발자국 전진하면 두 걸음씩 미끄러져 내리는 길이었다)을 지나 또 한시간 넘게 눈앞이 아찔한 낭떠러지 바위틈 사이로 난 길을 통과해 가고 있었던 것이다.

태양을 비낀 곳에 아직 눈이 허옇게 펼쳐져 있고 바람은 점점 싸늘하게 몸을 때리고 지나갔다. 산봉우리는 서서히 안개 속으로 몸을 숨겼다. 바람은 어느 덧 돌풍으로 변해 잘못하면 바람결에 낭떠러지로 날아갈지도 몰랐다. 새들은 허공에서 자유로웠다. 하지만 내 몸은 산산이 부서질 것이었다. 안개가 자꾸 짙게 산을 휘감아 돌수록 내 마음 속에 두려움이 스며들었다. 조금 있더니 안개는 빗발을 내비쳤다. 한발자국 앞도 보이지 않을 정도로 깜깜한 어둠이 정상을 향해 올라오고 있었다.

불과 몇 십분 사이의 일이었다. 이렇게 갑작스레 기상이 변할 줄은 몰랐다. 마음 속에 겁이 일기 시작했다. 정상 밑 백여 미터였다고 예측되어 아쉬움은 더했다. 그러나 악천후는 사실 자신이 없었다. 풀 한 포기, 나무 한 그루 없는 바위지대를 폭풍 속에 지나간다는 것은 거의 자살행위였다. 번개라도 치면 그대로 끝이라는 생각에 온몸이 전율하였다.

다시 산을 내려와 산장 근처에 짐을 풀었을 때는 거짓말처럼 날이 개었다. 봉우리는 안개에 싸여있었지만 산세는 그대로 내보였다. 잠시 햇볕을 향해 누웠다. 얼굴에 와 닿는 태양이 따스하기 그지없다. 이대로 시간이 멈춘다면… 생각이 하릴없이 비워졌다. 공연히 겁먹고 서둘러 내려온 것은 아닌지. 겁을 잔뜩 먹고 하산한 자신이 우스워 보였다. 조금만 더 갔더라면 정상을 밟았을 텐데. 삼천 미터 고산지대의 일기는 수시로 변했다. 죽을 상황에서 살아 나왔는데 하는 생각으로 위안을 삼았다.

방목하는 소, 양, 염소, 짐승들 목에 걸린 종이 땡그랑 소리를 냈다. 살아 있는 짐승들이 위치를 알려왔다. 한가로이 산등성이를 오가는 짐승들의 평화로운 시간이 느껴졌다. 산장 뒤편에 나귀도 서너 마리 보인다. 반쯤 투명한 안개에 가려 있는 안텔라오의 정상을 바라다 보며 눈을 감는다. 몬테 크리스탈로(Monte Christallo), 토파나(Tofana), 소라피스(Sorapis) … 어설픈 등산객들의 출입을 거부하는 3천 미터 이상의 거봉들이 어른거리다.

단숨에 오를 것같이 보이던 산들은 정작 그 앞에 서면 우리 자신을 작아지게 했다. 그러다가 그 산에 한발을 들여놓으면 우리 자신이 얼마나 무기력한 존재인가 하는 것을 묵상하게 되고, 하나님의 창조의 권능 앞에 우리의 죄악된 모습을 깨닫게 된다. 산을 오르는 시간은 그래서 회개로 이어지고 그 과정을 지나면서 마음 속에 더 없는 찬양이 넘친다. "Du bist groβ, Du bist mächtig, Ehre sei Dir in Ewigkeit, Halleluja!" (주님은 위대하십니다. 전능하십니다. 주께 영광이 영원히 있습니다.)

나귀들이 보였다. 그 나귀들은 특이한 모습을 하고 있었다. 나귀는 나귀인데 확연히 구분되었다. 첫번째 나귀떼는 이솝 우화에 등장하는 나귀였다. 고집스럽게 생겼고 스스로 지혜 있다 하는 교만한 모습이었다. 제 잘난 척하는 나귀들이었다. 이 나귀들은 속에 꿍꿍이가 들어 있어 주인의 가르침에 잘 따르지 않을 뿐 아니라, 언제나 제멋대로 하려고 들었다. 얼굴에 씌어 있었다. 목자(牧者)의 지시에는 관심이 없고 자신의 둔한 지혜를 더 믿는 무리였다. 제 꾀에 빠져 신음하고 있는 모습이라고나 할까.

두 번째 나귀떼는 "뷔리당"의 나귀였다. 이들은 철학자 뷔리당(Buridan)의 명제와 같이 행동했다. 뷔리당은 "동일하게 보이는 홍당무 사이에 자리한 나귀는 결국 굶어 죽는다"는 명제를 만들었다. 이 나귀떼는 하나님 나라에 속한 것같이 보였으나 그들의 마음 속에는 세상도 똑같은 비중으로 등장했다. 이 나귀떼들은 하나님 나라와 세상 사이에서 결정하지 못하고 우물거렸다. 그들은 이 편도 저 편도 못 버리고 두 가지를 다 가지려고 했다. 양다리 걸치기 선수였다. 그들은 자신에게 주어진 자유의지를 하나님을 위해 사용하지 못하고 끝내는 우연에 맡기었다. 이들은 하나님 나라를 홍당무적 차원의 세상으로 밖에 볼 수 없었던 미련한 자들이었다. 스놉(Snob)들이었다. 영의 눈이 흐릿한 나귀들이었다. 이들 저편에 또 한 나귀떼들이 보였다.

세 번째 나귀들의 별명은 "발람의 나귀"였다. 이 나귀들은 신세가 처량했다. 하나님의 백성을 저주하는 임무를 띤 발람의 종이 되어 말할 수 없는 고생을 했다. 제 주인에게 매를 맞기도 하고 주인 때문에 죽음 직전에까지 다다른다. 그러나 하나님의 은총을 입어 주인이 아직 헤매이고 있을 때 그보다 먼저 여호와의 사자의 모습을 알아보게 된다(민 22장). 더구나 나귀의 주제로서는 상상할 수 없는 말도 한다. 어리석은 주인 발람을 깨우치는 데 결정적인 역할을 한 나귀였다. 은혜를 체험하고 기적의 사건에 참여하기도 하였으며, 드라마틱한 인생을 소유하였으나 나귀는 나귀였다. 그들은 아직도 자신의 그 무엇을 버리지 못하였다.

산기슭을 타고 바람이 안개를 산 정상으로 몰고 간다. 그 순간 산언덕 푸른 초장에 군데군데 모여 풀을 뜯고 있는 나귀떼들이 나타났다. 그들의 모습은 다른 나귀들과 달랐다. 우선 평화로와 보이고 서로 부딪쳐도 '아이구 미안합니다!' 하면서 비껴 나갔다. 이들은 조용하고 차분했다. 미련해 보일 정도로 부드러운 이들의 마음이 산호수에 비치자 그 마음 속에 담긴 안텔라오 산이 드러났다.

깜짝 놀랐다. 왜냐하면 나귀의 마음 속에 어떻게 저렇게 웅장한 산이 담길 수 있는가 하는 의아심 때문이었다. 구름이 풀어 헤쳐지자 안개가 되어 다가왔다. 안개 속에 보인 나귀들은 자기의 길을 가고 있었다. 그들은 묵묵히 주인의 음성을 따르고 있었다. 주인이 먼저 쓰시겠다고 하셨다. 나귀들은 자신의 깨어지기 쉬움, 부서지기 쉬움, 연약함이 걱정되었으나 주인이 보낸 사람들이 와 "주가 쓰시겠다!" (마 21:1∼11)고 하자 용기를 얻었다. 주인이 계시면 내 무슨 걱정이 있으리. 나귀들은 주인을 모시기 위해 나섰다. 그들은 자신들이 언제 이솝의 나귀처럼, 뷔리당의 나귀처럼, 또는 발람의 나귀처럼 돌변할지 모른다는 조심스런 마음으로 주인이 보내신 자들을 따라갔다.

주인이 약속하신 시간이 다가온 것이다. 나귀들은 그 길이 무슨 길인지는 알 수 없었지만 주인이 내 등에 타신다면 이솝의 나귀처럼 머리를 잘 굴리지 못해도, 뷔리당의 나귀처럼 윤리학의 문제로 수준 높은 고민을 할 수 없어도, 발람의 나귀처럼 화끈한 체험 없어도, 나는 기쁘리. 오랜 기다림의 뜻이 무엇인지 이 나귀들은 알게 되었다. 사람들이 겉옷을 자신의 등에 펼 때에 나귀들은 왜 나 같은 미물에게! 라는 고백을 하게 되었다.

이 고백은 곧이어 찬양으로 변했다. 왕이 내 등에 타신다! 우주의 왕이 내 등에 타신다! 왕 중 왕이 내 등에 타신다! "네 왕이 네게 임하나니 그는 겸손하여 나귀, 곧 멍에를 매는 짐승의 새끼를 탔도다" (마 21:5) 나귀들은 겸손이 무엇인지, 낮아지심이 무엇인지 어렴풋이 알게 되었다. 그리고 그 겸손의 끝에 엄청난 산의 분량보다 더 큰, 안텔라오 산보다 더 큰 믿음을 주신다는 것을 알게 되었다.

그것은 측량할 수 없는 하나님의 은혜였다. 안텔라오 산의 예측할 수 없는 신비한 모습만큼, 아니 더 신비한 것은 나 같은 나귀에게 믿음을 심어주셨다는 것이었다. 만왕의 왕께서 나를 부르고 계신다는 것이었다. 땅엣 것이 하늘의 일에 쓰이어진다는 것이 나귀의 눈에는 기이하고 감사하였다. 주인의 길을 가리! 그 어떤 길이라도 주인이 가시면 나도 가리! 나귀를 들어 호랑이나 코끼리를 부끄럽게 하신 주여, 감사하나이다.

험준한 산맥의 이름으로는 어울리지 않는, 아니 장미의 어떤 아름다움을 산에 빗대어 만든 멋진 이름 "장미의 정원" (Rosengarten)이라는 산맥에

해가 걸려 있었다. 산등성이가 오랜 세월동안 주인을 순종하고 따르다 굳어진 나귀처럼 모습이 보였다. 그리고 보니 돌로미텐(Dolomiten)의 첨봉들이며 산등성이가 충직한 나귀들을 표현한 것처럼 보였다. 산이 그런 나귀들의 박물관처럼 보였다. 그것은 언어로 간단히 표현되어지지 못하는 믿음의 대장관인 것처럼 보였다. 하나님께서 산맥의 어느 한 가운데에 드러내시기에도 아까워 간직해 두신 믿음의 산맥들 같아 보였다. 눈이 뜨인 자들만이 볼 수 있는 모습이었다.

태양을 받아 비친 산맥의 그림자가 길을 재촉했다. 나는 배낭을 다시 꾸리면서 머릿속에 떠오르는 "예수님의 나귀"들을 생각했다. 바람결에 "너는 어떤 나귀냐?" 라고 물으시는 것 같았다. 저요? 글쎄요 … 나는 부끄러워졌다. 해지기까지 가야할 길이 널었다. 공연히 서두르면서 대답을 짐짓 미루려 하였다. 또 "너는 어떤 나귀냐?" 라고 재우쳐 물으시는 것 같아, 산언덕에 누군가를 기다리고 있는 모습으로 모여 있던 나귀들을 가리켰다. 그것은 대답이라기보다는 마음 깊은 곳에서 기어나오는 고백 같은 것이었다. 저요? 이런 나귀가 되게 하여 주소서….

성서적 상상력

성서적 상상력

　성서적 상상력은 왜 필요한가. 우선 성경이 상상을 요구하기 때문이다. 성경은 글로 쓰여진 책이다. 게다가 시간과 공간 배경이 현 시대와 멀리 떨어져 있던 상황에서 기록되었기에 진의를 발견하려면 역사적 고증 외에도 삶의 정황(Sitz im Leben)이라는 얼개가 필요하다. 이를 재구성하기 위해서 상상이 요구된다.

　예수님도 "비유가 아니면 말씀하지 않으셨다"고 기록되어 있는데, 상상을 동원해야 하는 부분이 성경에는 많이 나타나고 있다. 아니 성경의 전부라고 해도 과언이 아닐 것이다. 하나님의 창조의 위대성을 말로만 서술할 수는 없다. 보다 넓은 감각이 필요하다. 이스라엘 백성이 광야를 지나가는데 글자만으로 이해할 수는 없는 것이다. 보다 피부에 닿는 느낌이 필요하다. 시편의 노래에 나타난 기자들의 여러 가지 마음의 상태도 논리로만 파악할 수 없을 것이다. 선지자들이 묘사한 심판의 정경, 회복된 이스라엘의 모습도 역시 문자로만 이해할 수 없는 것이다. 상상을 활용하지 않는다면 생동감 있는 부분을 놓치고 말게 되리라는 것은 것은 불을 보듯 환하다.

　성경을 이해하는데 상상이 필요하다는 주장은 D. L. 무디도 말한 바 있다. 그는 『무디의 성경연구』에서 성경을 바탕으로 한 상상이 필요하다고 피력했다. 그 한 예로 무디는 바울 사도가 예루살렘을 방문했던 것을 지적하면서(행 9:25~29. 갈 1:18, 19. 행 15:1 ~22. 갈 2:1~10. 행 21: 15~19.) 성경을 읽는 독자들이 역사적인 것만을 단순히 스쳐 지나가지 말고, 그 사실 뒤에 펼쳐졌을 실제적일 만한 장면을 상상해 보라고 말한다. 귀담아 들을 권유라고 본다.

비아 돌로로사 I(Via Dolorosa)

주님이 가신 고난의 길 I

예루살렘의 하늘 위에 별들이 하나 둘 씩 떠올랐다. 사막에서 불어오는 *상한 열풍은 이 희도 숨죽이지 않은* 채 한 사나이의 얼굴에 부딪쳐 왔다. 그는 정오의 태양이 기운 시각부터 사마리아 방향에서 예루살렘으로 들어오는 언덕에 나와 있었다. 그는 저 멀리 내려다 보이는 길에 인기척이 보이기만 하면 집중하여 관찰하곤 하였다. 수십 번 수백 번이고 그렇게 하였다. 그의 머리 위에서 사정없이 내려 쪼이는 태양 열기는 너무 강했다. 그는 나무 그늘에 들어와 앉았다. 그러다 순식간에 일어나 언덕에 나가 드문드문 지나가는 길손을 내려다 보았다. 그는 누군가를 기다리고 있음에 틀림없었다.

성문이 닫히는 소리가 멀리서 들려온다. 희미한 강줄기처럼 보이던 언덕 밑의 길이 이제는 어둠 속에 삼켜 버려졌다. 간혹 사막의 바람을 타고 흔들리는 나무가 나그네의 지친 걸음처럼 보이긴 하였으나 신기루 같았다. 아무도 아니었다. 그렇게 느껴진 것은 기다리는 자의 마음 때문이었다. 한나절을 찌는 듯한 더위 아래 기다려 숨죽은 그의 몸 속에서 기다림은 더욱 불길처럼 타오르고 있었다. 그가 한시도 한눈을 팔 수 없던 것이 "깨어 있으라. 너희는 그 날과 그 시를 알지 못하느니라"고 말씀하신 분의 당부가

귀에, 몸에 생생히 박혀 있기 때문이었다. 그의 말씀이 생활의 모든 부분에까지 깊이 들어와 있었다. 오늘밤 안으로야 분명히 당도하리라는 그의 확신에는 변함이 없었다. 그는 밤하늘에 떠오르는 별들을 보면서 "샛별이 우리 마음에 떠오르기까지 …"라는 말을 생각했다. 뜨거운 광야를 지나온 바람이 잔잔해지는 것을 느낄 때였다.

그는 저기 언덕 밑의 길에 누군가 이리로 올라오고 있는 인기척을 본 듯하였다. 그가 확인하려 하자 별빛에 잠시 보였던 그림자가 사라졌다. 다시 바람이 불어왔다. 나무가 흔들렸다. 그 사이로 길손이 나타나는 것이 확실히 보였다. 그의 오랜 기다림이 성취되는 순간이었다. 그의 발걸음은 먼길을 단숨에 달려온 자의 것임에 틀림없었다. 극도에 달한 육신의 피곤에도 불구하고 그의 몸동작은 흐트러지지 않았다. 이 길손이 자신이 기다리고 있는 사람이라는 확신이 그에게 더 강해졌다. 그의 심장이 먼저 말하고 있었다. 그는 또한 이것이 성령의 지시라는 깨달음이 들었다.

"바울!"

"베드로!"

두 사나이는 부둥켜안았다. 거룩한 입맞춤을 한 뒤에도 그들은 떨어질 줄 몰랐다. 그들은 예루살렘을 향한 길로 접어들었다. 바울에게 예루살렘은 생소한 곳이 아니었다. 그는 누구보다 여호와의 성산이 있는 이 예루살렘을 잘 알고 있었다. 그러나 다메섹 도상에서 나타나신 그분을 알게 된 후에 이 도시는 새롭게 나타났다. 예수님의 고난의 흔적이 도시 곳곳에 새겨져 있음이 그에게 보여졌다. 베드로는 긴 여행길에 피곤해 있는 바울을 먼저 집으로 안내하려 하였다. 그러나 밤새 그들이 다닌 것은 바울의 제안 때문이었다. 그들은 예수님의 발자취를 다시 더듬어 걸었다. 다메섹에서 단숨에 올라올 수 있었던 힘도, 열망도 예수님 때문이었다. 그는 이 도시에서 잠을 잘 수가 없었다. 먼저 예수님의 발자취를 체험해 보기 전에는 ….

그들은 예루살렘 성을 타고 기드론 골짜기를 지나 다시 산에 올랐다. 감람산이었다. 올리브 나무숲으로 들어와 한 곳에 오자 베드로가 길을 멈추었다. 그는 하늘을 우러러 보았다. 입을 열었다. "주님이 이곳에서 기도하셨지 … 깨어 있으라고 말씀하셨는데 우리 모두는 저쪽에서 잠에 떨어졌지 …." 바울은 베드로가 손으로 가르치는 바위를 만졌다. 올리브 나뭇잎 사이로 별들이 올려다 보였다. 제자들이 깊이 잠든 밤에 예수님은 혼자였다. 하나님의 아들이 고난 당할 때 깨어있던 것은 올리브 나무, 바위, 별, 구름, 어둠 외에 아무도 없었단 말인가! 바울은 엎드려 기도하였다. "하나님의 비밀이신 그리스도"를 찬양하였다. 그는 자신이 배운 율법이 하나하나 새롭게 이해되는 것을 깨닫고 있었다. 그것은 와해가 아니라 완성이었다. 메시아의 고난을 통한 완성이었다. 그 반에, 어둠이 엄습하여 모두를 잠에 떨어지게 하던 날 밤에 하나님과 그의 독생자 예수님만이 깨어 계셨다. 구원은 하나님으로서만 가능한 것이었다. 바울은 베드로가 몸을 일으킬 때까지 그렇게 엎드려 있었다. 그 날 밤 디뎌야 할 예수님의 고난의 길이 이제 시작이었다.

비아 돌로로사 II(Via Dolorosa)
주님이 가신 고난의 길 II

밤 하늘은 고요했다. 모든 것은 어둠 속에 깊이 잠들어 있었다. 간간이 유대 사막에서 불어오는 열풍으로 인해 별들이 흔들려 보였다. 아니 이제 별들은 요르단 동쪽에서 사해를 넘어 떠오르는 여명 속에 점점 사라져 갈 모습이었다. 베드로와 바울은 그제서야 골고다 언덕에 당도했다. 사람들이 멀리하는 음산한 해골의 지역이었다. 죽음만이 도사리고 있는 곳이었다. 바람이 불어와 먼지를 일으키면서 지나갔다. 아직도 대지는, 예루살렘은 새벽잠에서 일어나지 않았다.

바울은 베드로가 가리키는 곳으로 갔다. 그는 무릎을 꿇었다. "여기서 … 여기서 … 예수님이 못 박혔다. 만왕의 왕이, 하나님이신 그 분이 자신을 주셨다 …." 바울은 그의 마음 속에서 엄청난 양의 생각과 언어 그리고 감정이 끓어오르는 것을 느꼈으나 그것은 말로 표현되어지지 못했다. 인간의 표현으로는 도저히 다가갈 수 없는 사건이었다. 그냥 잠잠해야 했다. 바울은 이 사건이 믿음이 아니고는 인간이 가슴에 담을 수 없는 하나님의 은혜인 것을 알게 되었다. 그의 믿음이 고백했다. 유한한 인간이 무한하신 하나님을 맞아들일 수 없다. 부정한 죄인이 지극히 거룩하신 하나님을 영접

할 수 없다. 불가능한 일이 은혜로서 이루어진 것이다. 하나님께서 죄인을 위하여 자신을 스스로 주시지 않으면 이루어질 수 없는 일이었다. 바울은 하늘을 우러러 보았다. 메시아 안에서 죽음이 생명에게 자리를 내어 주었다. 짙은 코발트색이던 하늘이 붉게 물들어 오고 있었다.

지난 밤 동안 베드로는 바울에게 수없이 부끄러움을 고백해야 했었다. 겟세마네 동산에서 병정들에게 잡히신 후에 예수님을 멀찍이 따라가다 부인하기까지 이르렀던 자신의 모습을 말하지 않을 수 없었다. "다른 제자들은 벌거벗고 도망하기도 하고 어떤 이들은 오히려 주님을 저주하기도 하였지. 이곳이 빌라도의 법정이 있던 집이라오. 이곳에서 사형 판결이 내려졌지." 바울은 예수를 십자가에 못박으려고 외치던 자들의 고함을 듣는 듯하였다. 기적을 체험하기도 하고, 죽은 나사로가 살아난 것을 본 자들이, 장님이 눈뜬 것을 본 자들이, 예수에게서 떡을 먹으며 그의 곁에서 즐거워하던 이들이, 예수를 십자가에 못박으라고 외친 것은 무슨 연유에서일까? 베드로의 말이 그 때 귓가에 울렸다. "예수님은 자주 말씀하셨지. 이렇게 함은 성경을 응하게 하려 함이라고 선지자의 글을 이루려 함이라고." 바울은 이렇게 고백하게 되었다. 우리가 영광의 주님을 십자가에 못박았다, 유대인만이 아니라 바로 죄인된 내가 주님을 십자가에 못박았다. 우리가 죄인 되었을 때에 주님은 이미 우리를 사랑하고 계셨다. 영혼의 깊은 곳에서 찬양이 울려 나왔다.

베드로는 바울을 이끌고 주님이 걸어가신 길을 밟았다. 그 길은 예루살렘 성벽의 동쪽 문인 사자의 문 곁에서 성 밖의 산으로 이어진 길이었다. "그리고 빌라도의 집 뜰에서 예수님은 십자가를 지셨지. 그 십자가가 우리의 죄였다는 것, 우리의 엄청난 죄짐을 주님이 지셨다는 것을 나중에서야 깨닫게 되었지. 주님은 그의 연약해진 어깨에 몇 사람이 들어도 힘겨울 십자가를 지셨지."

"군중들은 왜 하나님이 예수를 구원 안 하느냐고 수군거렸지. 사람들은 자신의 하는 일을 깨닫지 못하고 흥분을 하였지. 여기가 예수님이 처음으로 쓰러지시던 곳일세."

"예수님이 부인하던 나를 바라다 보는 그 눈빛으로, 그 사랑의 눈빛으로 그의 어머니 마리아를 바라보셨지. 사람들이 소동하는 그 틈 사이로 예수님을 만나기 위해 마리아는 안간힘을 쓰셨지. 마리아는 그의 고통에 관한 예언을 잊지 못했었지. 예수님이 그의 모친을 부탁하셨지."

"이 쯤 오자 병정들이 휘청거리는 예수님을 위해 무리 속에서 한 사람을 끄집어내었지. 구레네 사람 시몬이라고 하는데 예수의 제자인 우리를 몹시 부끄럽게 만들었지. 시몬은 얼떨결에 걸려 들은 듯한 얼굴이었지만 충직한 일꾼처럼 예수님을 위해 걸어갔었지."

"예수님의 온 몸에서는 땀이 비오듯했고 옷은 온통 젖어서 몸에 감길 지경이었지. 몸 곳곳에 핏자국이 배어나왔지. 베로니카라는 여인이 그의 수건으로 주님의 얼굴을 닦아드렸지."

"이 곳이 주님이 두 번째 쓰러지신 곳이지. 병정들이 무자비하게 예수님을 채찍질 하였지. 주님은 묵묵히 일어나서서 걸어가셨지. 우리들은 구경꾼들 틈에 그 때도 숨어 있었지."

"소리치면서 우는 여자들을 향하여 주님은 너희와 너희 자녀를 위해 울라고 말씀하셨지. 그 곳이 바로 여기쯤 되지."

"예수님이 여기에서 세 번째 쓰러지셨지. 사람들은 메시아를 비웃으면서 '하나님이 구원하실 걸' 하면서 조롱했지. 주님은 완성해야할 일을 위해 다시 일어나셨지."

"병정들이 주님의 옷을 벗겨 제비를 뽑았지."

"오, 병정들이 주님을 십자가에 뉘고는 잔인하게 손과 발에 못을 박았지. 주님의 모습을 나는 바라 볼 수 없었지."

"예수님께서 운명하실 시간이 다가오자 해도 빛을 잃고 대지는 죽음에 휩싸였지. 사람들은 겁에 질려 모두 도망하였지. 예수님은 혼자였지. 하나님만이 그의 곁에 계셨지. 고통 끝에 다 이루었다고 말하셨지."

"십자가에서 주님을 내렸지."

"이 무덤에 주님을 뉘였지."

베드로는 말을 미치고 침묵했다. 그러자 바울이 조용히 아주 작은 소리로 말했다. "그런데 지금은 …?" 바람도 멈추었다. 사해(死海)에 아침해가 떠올랐다. 사막에, 광야에, 요단강에, 예루살렘에, 사마리아에, 갈릴리 호숫가에, 그리고 온 땅에 햇살이 퍼져 나갔다. 주님을 닮은 조용하고 온유하게 느껴지는 그런 햇살이었다.

베드로와 바울은 서로 부둥켜안았다. 그들의 포옹은 춤이 되어갔다. 그들은 춤을 추었다. 거센 감격 때문에 경중경중 뛰지 않을 수 없었다. 그들의 환희가 말해 주고 있었다.

"지금은 빈 무덤. 주님은 살아 나셨다. 주님은 과연 살아 나셨다."

생(生)의 가장 어두운 곳 죽음의 골짜기에서 주님은 부활하셨다.

사해 부근 (死海 附近)

바울은 가던 길을 멈추고 뒤를 돌아다보았다 아침의 여명 속에서 대지
는 밝아오고 공기는 신선했다. 유대인의 공동묘지를 지나 감람산에
오를 때는 아직 새벽이었다. 그래서 바울이나 베드로나 풀잎에 스친 발이
온통 젖어 있었다. 베드로가 이렇게 찬송했다. "새벽 이슬 같은 주의 청년
들이 나아오는도다." 바울이 이를 받아 대꾸했다. "아침 이슬 같이 정결케
하소서." 두 사람은 자신들이 무엇을 말하는지 서로 잘 알고 있었다. 베드
로는 사해를 향해 굳이 떠나야겠다는 바울을 억제할 수 없었다. 베드로는
감람산의 한 지점에 와서 걸음을 멈추었다. 그리고는 하늘을 우러러 보았
다. 그가 입을 연 것은 기나긴 침묵의 기도가 끝난 뒤였다. "주님께서 이곳
에서 승천하셨다네."

바울은 그의 가슴에서 쉬지 않고 움직이는 맥박을 느꼈다. 그것은 자신
의 호흡을 유지하기 위한 생리현상이 아니라 어떤 영적인 감동의 것이었
다. 그렇지 않고는 자신의 영과 육이 참으로 하나가 되는 것같은 일치감을
갖을 수 없었다. 가슴에서 솟아나는 그 평화, 감사, 감동의 근원은 사실은
가슴이 아니라 가슴을 지나, 마음을 지나, 자신의 무형의 본질을 지나, 끝
없이 내부로 어디론가 치달아 가고 있었다. 바울은 인간의 내부에 그런 엄

청난 넓이의 공간이 있다는 것을 뒤늦게 알게 되었다. 그 공간의 한계에 오자 그 감동의 샘이 느껴졌다. 그 샘은 택한 백성 안에 오신 성령이셨다. 성령의 깊은 체험은 그 감동이 육(肉)에서가 아니라 하나님에게서 주어진다는 것을 깨닫게 되었다. 바울은 베드로와 작별의 포옹을 했다. 베드로는 그에게 빵과 물주머니를 건네주었다. "Friede Christi sei mit dir!"(그대에게 그리스도의 평화가 있을지어다.)

아직도 베드로는 산 위에 서 있을까 하고 바울은 가던 걸음을 멈추고 또 뒤돌아보았다. 벌써 해논 높이 솟아올랐다. 아침이슬은 더 이상 발을 적시지 못하였고 멀리 감람산 밑 밭에는 아지랑이가 피어올랐다. 그 흔들거리는 아지랑이 뒤로 베드로가 손을 흔들며 서 있는 것같이 보였다. 바울은 걸음을 재촉했다. 이 걸음으로 가도 해질녘에나 사해에 당도하게 될지 의심이 되었다. 그 사이에 바울은 베다니에 들렀기 때문이었다. 예수님께서 죽은 나사로를 살리시던 곳이었다. 그의 누이들, 마리아와 마르다가 예수님을 잘 따랐다. 죽음의 권세를 이기시고 살아나신 주님, 모든 이름 위에 뛰어나신 주님이 나사로를 살리신 곳이었다. 바울은 "사망아 너의 이기는 것이 어디 있느냐, 사망아 너의 쏘는 것이 어디 있느냐."라고 고백하게 되었다. 베드로가 가르쳐 준대로 그의 무덤과 집을 돌아보고 쉬지 않고 고동쳐 오는 감격을 안고 사해로 발을 옮겼다. 베드로의 말이 기억되었다. "베다니에서 한동안 가면 산이 험해지면서 내리막 길이 나오네, 그 길이 바로 여리고로 내려가는 길이지, 바울도 알다시피 도적떼들이 많은 곳이지. 내가 해주고 싶은 얘기는 도적을 조심하라는 것이 아니라, 우리 주님이 여리고로 내려가다 도적 만난 자를 들어 우리이웃에 관해 말씀해 주셨지 ···."

앞에 산이 보였다. 바울은 저 산을 돌아 내려가면, 앞으로 예수님이 세례 요한에게 세례 받으시던 요단강이, 좌편으로 마귀에게 시험 받으시던 유혹의 산이, 우편으로 사해가 보일 것이란 기대에 저으기 흥분되었다. 그는 걸음을 재촉하였다. 그러나 내리쬐는 한낮의 태양빛에 조금이라도 몸을 숨기지 않으면 타버릴 것 같았다. 바울은 목동이 양떼를 몰다 쉬고 있는 나무 그늘로 갔다. "여호와는 나의 목자시니 내가 부족함이 없으리로다. 그가 나를 푸른 초장에 누이시며 쉴만한 물가로 인도하시는도다." 바울은 어린 목동에게 베드로가 싸 준 빵과 물을 나누었다. 어린 목동은 바울에게 친근감을 보였다. 바울은 양떼를 바라보면서 목자 없는 양과 같은 인생을 보았다. 이 길 잃은 양을 구하시기 위해 주님이 몸을 찢기셨다. 우리 같은 죄인의 이웃이 되시기 위해 주님이 이 척박한 땅에 오셨다. 태양열기 속에 시들고 마는 풀만도 못한 우리에게 하나님의 영을 나누어 주셨다. 그의 입은 어린 목동이 알아듣지 못하는 말로 기도했다. "Gelobt sei Gott. Gelobt sei der Herr Jesus Christus."(하나님, 영광 받으시옵소서. 예수 그리스도 우리 주시여 영광을 받으시옵소서.)

양들이 어린 목동을 따라 산을 내려갔다. 바울은 여리고를 향해 내려가던 발길을 돌려 산으로 향했다. 풀 한 포기 제대로 자라지 못하는 메마른 땅이었다. 돌무더기에 수없이 채이면서 산을 올랐다. 저 멀리 여리고로 내려가는 길에 나그네가 보였다. 산 위에 선 바울의 눈에 모든 것이 펼쳐졌다. 어제의 사해. 들어오는 모든 것은 죽음에 삼키는 바다. 생명을 잃고야 마는 바다. 죽음의 바다, 암흑의 바다, 절망의 바다, 우리가 바로 그 바다요 그 땅이었다. 우리의 생이, 죄로 인해 억눌린 우리 실존이 바로 그 대지였다. 유대의 모래 사막, 뜨거운 열기의 광야, 유혹의 산, 이런 것들이 우리 삶의 전부였다. 그러나 이제 예루살렘을 보라. 감람산을 보라. 베다니를 보라. 여리고로 향하는 저 험한 길에 우리를 돕기 위하여 기다리고 계신 참이

웃 예수님을 보라. 선한 목자 주님을 보라. 사해 바다 위에 진한 안개 구름이 떠올랐다. 한낮의 열기에 증발된 구름이었다. 바울에게 보인 것은 에스겔의 환상과 다르지 않았다. 사해 바다가 변하고 있었다. 살아있는 바다로 변하고 있었다. 요단강 물이 사해에 와서 더 이상 꺾이지 않고 소생케 하고 있었다. 사해 바다에 다시 고기가 살게 되고, 나무도 다시 자라났다. 모든 것이 생명에 의해 다시 소성케 되었다. 성령의 역사였다. 성령이 오신 것이다. 하나님의 영이, 예수의 영이 이 땅에 오신 것이었다.

올라가서 건축하라! I

사막, 모래벌판, 바람, 태양 그리고 살아있는 것은 어둠 속에서 꿈틀거리는 독사와 전갈들뿐이었다. 그 사이로 수천 수만의 무리들이 지척거리면서 바벨론을 떠나 강언덕을 지나 사막의 길로 들어온 시간은 벌써 달이 기운 것을 보면 꽤나 되었음을 짐작케 했다.

이스라엘 백성들이 고향에 돌아가고 싶은 마음이 들면 바벨론을 가로지르는 유브라데 강가에 나와 모여 앉았다. 그 가운데 시편을 잘 부르는 자가 일어나 음률을 맞추면 모두 하나가 되어 노래했다.

노래는 노래의 노래가 되고 그 노래는 찬양이 되었다. 모인 무리가 찬양을 부르며 흩어졌다 다시 모일 때 그들의 손에는 돌이 하나씩 들려 있곤 하였다. 그 모습은 옛적 조상들이 하나님의 나타나심 앞에 경건히 쌓아 올려 드렸던 돌, 그와 같은 것이었다. 유브라데의 강가에 수많은 돌들이 그렇게 모이면 압제자들은 폭력과 말발굽으로 노래하는 백성들과 쌓인 돌무더기를 흩어버리곤 하였다.

노래는 강물 속으로 사라져서 물결을 타고 어디론가 떠내려간 것처럼 보였으나 정작 노래는 찬양이 되어 바람결을 타고 돌다 하늘의 하늘을 향해, 그리고 눈물을 흘리며 헤어져야 했던 유대 백성들의 가슴의 골짜기로 파고 들어갔다. 그것이 분노보다 더 깊은 믿음이 되어 나올 때 포로로 잡혀 있던 백성들은 하나님의 해방의 날과 구원자를 보내주신다는 약속을 기억 하게 되었다.

유브라데의 끝없이 흘러가는 강물을 바라보며 한숨짓던 날, 대부분의 유대 백성들이 이제는 하나님이 우리를 버리셨나 보다 하며 절망과 포기의 나날을 보내던 날, 바벨론의 개들이 노래하는 자들을 둘러싸고 너희 하나 님이 어디 있느냐고 하하 웃던 날, 하나님의 신실하신 언약을 믿고 기도하 며 기다렸던 유대의 남은 자들에게 하나님은 선지자를 보내셨다.

사막의 작열하는 태양빛보다 더 센 뜨거움으로, 사막을 삼킬듯이 몰아 닥치는 회오리바람의 사나움으로, 사막의 투명한 밤하늘에 떠 있는 별들의 차가움으로, 그리고 영원히 그렇게 침묵하고만 있을 것 같은 사막의 고요 함으로 선지자가 입을 열었을 때 유대 백성들은 하나님의 말씀 앞에 거꾸 러졌다.

선지자 학개, 스가랴가 여호와의 말씀을 대언할 때 마치 그들의 입에서 불이 나오는 듯했다. 그 능력은 듣는 모든 자들을 흥분시키고도 남음이 있 었다.

"올라가서 건축하라!"

그것은 거역할 수 없는 절대였다. 여호와의 날이 온 것이다. 그의 시간이 온 것이다.

바벨론의 위풍당당하던 말마차와 창과 칼은 그 힘을 잃고, 비웃던 자들 과 그들의 왕은 무릎을 꿇었다. 그들은 애굽의 바로를 심판하시던 여호와 하나님이 자신들의 우상과 같거나, 유대 백성의 노래에만 존재하는 신화인 줄 알았었다. 그러나 선지자의 입을 열게 하시던 그 날, 하나님은 하늘을 여시고 그의 거룩하심을 나타내시었다.

하나님의 신이 바벨론을 감찰하시자 왕들의 입이 이스라엘의 하나님만이 참 신(神)이심을 고백했다. 왕들은 서둘러 조서를 꾸미고 유대 백성을 귀환하도록 하였다. 살아 계신 하나님의 모습 앞에 이방인들은 바로를 치신 하나님의 심판을 두려워하게 되었다. 애굽이 교만하여 당해야 했던 많은 재앙, 그 중에서도 장자의 재앙을 유대 백성의 노래를 통해 생생히 기억하는 바벨론 사람들은, 여호와 하나님께서 그 재앙을 보류하시고 자신들에게 기회를 주심에 감사하였다.

바벨론 역사에 없었던 격동의 물결이 불어 닥쳤다. "올라가서 건축하라!" 왕들은 그들의 창고를 열고 예루살렘을 함락할 때 가지고 왔던 성전의 기물들을 내주었다. 유대 백성들은 바벨론 어디서나 은금(銀金)을 바꿀 수 있게 되었다.

유브라데 강가에 울려 퍼지는 노래는 더 이상 비탄이, 저주가, 분노가 그 주제가 아니었다. 노래는 찬양답게 힘차고 살아있는 승전가와 같았다. 제2의 유월절을 앞에 둔 백성들의 입에서는 "올라가 건축하자!"가 찬양의 주제였다. 이방의 백성들도, 그들의 왕들도 모든 신의 신이신 여호와 하나님의 전(殿)을 올라가 다시 세우라며 함께 흥분했다.

예루살렘의 한 가운데에 세워진 여호와의 전을 그리며, 그 전에 함께 하시는 여호와의 영광의 위엄을 꿈꾸며, 다가오는 메시아와 그의 의로운 통치를 노래하며 유대 백성들은 짐을 꾸렸다.

하나님의 신은 이미 사막에 오아시스를 준비하셨고, 성전건축에 쓰일 제재들을 모으게 해주셨다. 귀환로에 도사리고 있을 대적을 백성들의 손에 붙이셨고 황량한 모래벌판에 길을 내셨다. 백성들은 하나님의 말씀이 이끄시는 대로 서서히 움직이기 시작했다. 그것은 그리운 고향을 향하는, 해방을 향하는, 예루살렘을 향하는, 성전을 향하는, 하나님의 영광이 계신 곳을 향하는, 하늘을 향하는, 여호와 하나님을 향하는 순례의 물결이었다. 어느 누구도 거역할 수 없는 엄숙한 순례의 행렬이었다.

"올라가서 건축하라!" 그것은 모든 삶의 의미를 집결하는 의미의 의미
가 되었다.

올라가서 건축하라! II

산은 어둠 속에 가려 있었다. 사막의 북편을 가로질러 모래벌판의 한 가운데에 우뚝 솟아있는 산, 그 어귀에서 이스라엘 백성들은 초조한 마음으로 기다렸다. 벌써 몇 날 몇 밤이 지나갔는지 모른다. 저녁의 비스듬히 기운 태양을 받아 구름은 타오르듯 붉게 물들어 있었고 그 속에 하늘을 받들고 서있는 산은 아무도 가까이 오길 허용하질 않았다. 스룹바벨이 산으로 들어간 뒤 산은 짙은 안개와 같은 구름에 싸여 있었다. 산은 거룩하신 하나님의 나타나심으로 모든 부정한 것을 불태웠다. 부르심을 받은 자만이 살아 들어가고 살아 나오도록 불기둥이 지키고 있었다.

산 가까이에서 양떼를 치던 목동들이 소리치면서 뛰어왔다. "스룹바벨이 내려옵니다! 산에서 내려옵니다!" 진중(陣中)은 동요하기 시작하였다. 백성들은 비로소 안도의 낯빛을 드러내었다.

유대 백성들이 스룹바벨에게 정면으로 대들은 것은 스룹바벨이 사막을 통과하려고 결정했을 때였다. 사막은 백성들에게 죽음을 뜻했다. 사막으로 행진한다는 것은 스스로 죽음을 부르는 일이라고 반대하였다. 바벨론으로 되돌아간 무리들도 하나 둘 씩 생겨나기 시작했다.

그 수는 점점 늘어날 기세였다. 그의 귀에 바벨론의 포로생활이 사막에서 죽는 것보다 낫다고 선언하고 다시 바벨론으로 돌아가려는 움직임이 각 지파의 밑에서부터 소문으로 들려올 때 스룹바벨은 하나님 외에 도움을 구할 곳이 없었다. 백성들의 완고한 거역 앞에 그의 설득도 힘을 잃고 그의 지도력도 무기력해 갈 때 스룹바벨은 산으로 올라갔다. 하나님의 인도를 구하기 위해서였다.

산 깊은 곳에서 그는 하나님의 거룩한 이름을 부르며 울부짖었다. 하나님께서 어떻게 이 백성들을 이끌고 나아가라는 것인지 그의 계획을 다시금 확인해야 했다. 사막을 가로지르라는 말씀도 사실은 하나님의 명령이셨다.

유대 백성들은 어둠이 벼을 지나 불기둥을 통과해 오는 스룹바벨을 맞이하려고 그에게 나아갔으나 정작 스룹바벨의 얼굴을 똑바로 쳐다 볼 수가 없었다. 그의 모습은 광채로 인해 빛을 발하고 있었다. 스룹바벨은 무리들 사이를 걸어 진중이 모인 사막의 한 바위에 올랐다. 그리고 백성을 향해 입을 열었다. 그가 하나님의 계시를 통해 얻은 말씀이었다.

"하나님의 택함을 받은 이스라엘 백성들이여! 우리는 어제 의혹이라는 거대한 벽에 부딪혔습니다. 바벨론의 왕들이 고향으로 우리를 가게 할 때 우리는 모든 것이 여호와 하나님의 도우심으로 의혹도, 고난도, 환난도, 역경도 없이 귀환길이 진행될 줄 알았습니다. 왜냐하면 여호와 하나님께서는 전능하시기 때문이라고 믿었던 이유에서 말입니다.

그러나 바로 그 이유 때문에 하나님께서는 우리를 사막으로 걸어가라고 말씀하셨습니다. 강이나 바다를 따라서 고향 땅에 들어가라는 것이 아니라, 하나님의 도우심이라는 방패 아래서 여유 부리며 가라는 것이 아니라, 하나님께서는 우리가 바벨론의 군대보다 더 강한 힘을 가지고 고향에 들어

가길 원하십니다.

이미 우리의 고향이 건너야할 이 사막보다 더 척박한 땅이 되어버렸기 때문입니다. 그곳에는 우상이, 더러운 귀신과 잡신들이 들끓으며 우리의 동족들은 이방사람들과 손잡고 있습니다. 아주 소수의 백성들만이 여호와의 이름을 부르고 있습니다. 우리가 고향에 안기기를 기대해서는 안됩니다. 고향이 우리를 반겨주길 기대해서는 안됩니다. 여호와의 이름으로 가는 우리가 바로 고향입니다. 여호와를 잊어버린 동족에게 여호와를 다시 기억나게 할 성전을 건축하러 가는 우리가 그들에게 고향인 것입니다 ….

어떤 이들은 우리는 여호와 하나님께 해방을 원했는데 성전건축이 웬말이냐, 우리는 바벨론의 개들에게 복수를 해주시길 원했는데 성전건축이 웬말이냐, 바벨론의 하늘에 불벼락이 떨어지길 원했는데 성전건축이 웬말이냐, 우리는 하나님께 평안을 기도하였는데 성전건축이 웬말이냐 ….

성전건축을 명하셨으면 안전히 우리를 귀향하게나 해주시지 사막이 웬말이며, 저 독사와 전갈 떼들은 웬말이냐, 이 고생이 웬말이냐, 이렇게 고생해 가지고서야 돌아간들 집 지을 힘이 남아 있겠냐 … 라는 불만의 소리 끝에 성전건축은 거짓 선지자의 헛 예언이라고 하는 사악한 무리들이 우리들 가운데 있음을 알게 되었습니다. 겁쟁이들은 돌아가기도 했습니다. 어떤 이들은 무리를 소요케 하기도 했습니다.

그러나 나 스룹바벨은 백성들 앞에서 말합니다. 푸르른 강언덕보다 폭풍의 사막을 택하신 것, 바다의 기름진 생선들보다 사막의 마른 풀을 택하신 것, 들판의 시원한 바람보다 모래바람을 택하신 것, 찌는 더위, 추운 사막의 밤, 강도떼들, 독사와 전갈이 도사리는 위험, 이런 것들은 우리의 이해를 뛰어넘는 하나님 섭리의 한 부분입니다. 이 길을 통해 하나님께서 우리에게 더 가까이 계시고 우리가 하나님께 더 가까이 할 수 있게 됩니다.

성전건축은 우리가 아니라 하나님께서 하시는 일입니다. 그리고 이 일은 하나님께서 부르신 용사가 아니면 감당할 수 없습니다. 그 용사는 누구입니까? 그들은 사막을 이겨낸 자들이요, 폭풍을 거슬러 올라간 자들이요, 외로운 사막의 밤하늘 가운데서도 하나님의 이름을 부를 수 있는 자이어야 합니다. 전갈과 독사의 독이 그들 앞에서 힘을 잃고, 추위와 더위의 위협이 오히려 용사들의 웃음거리가 될 때, 우리는 그제야 하나님의 성전을 건축할 수 있게 됩니다.

성전건축을 하게 되는 날 우리는 진정한 해방을 맞이하게 되며, 성전건축을 하게 되는 날 원수들은 무서워 떨게 될 것이며, 성전건축을 하게 되는 날 우리와 자손들은 평화를 누릴 것입니다. 성전건축을 하게 되는 날 이방 사람들도 하나님이 너희 가운데 살아 계시다라고 고백하게 될 것입니다.

성전건축은 우리 민족과 역사, 우리의 삶과 믿음의 모든 집결이요 농축이요 총체입니다! …"

스룹바벨이 백성들에게 언제 말을 마쳤는지 모른다.

그는 벌써 사막의 깊은 곳을 향해 들어갔다. 죽음의 바다처럼 보이던 사막에 밤별이 떠 보였다. 자꾸 떠 보였다. 백성들은 엄청난 능력으로 우주를 다스리고 계신 여호와 하나님이 아주 가까이서 그의 손을 펴시고 계신 것을 느꼈다.

적막한 사막의 하늘에 떠오르는 별 뒤에 말없이 끓어오르는 하나님의 사랑을 확인한 백성들은 스룹바벨의 뒤를 따라 묵묵히 행진해 나아갔다.

올라가서 건축하라! III

오늘도 모래사막을 지나 수천 수만의 무리가 이동하였다. 떠나야 한다. 노예의 도시를 떠나야 한다. 질곡과 수욕의 바벨론을 떠나야 한다. 감옥을 떠나야 한다. 자유를 찾아 떠나야 한다. 성전이 세워져 있던 고향에 돌아가 허물어진 성전을 다시 세워야 한다는 여호와 하나님의 엄중하신 섭리에 순응한 백성들은 사막을 지나야 했다.

사막은 결코 안온한 지대는 아니었다. 사막은 어떠한 경우에도 척박한 땅임에는 틀림이 없었다. 백성들은 사막의 길에서 점차 변화되어 가는 자신들의 모습을 보게 되었다. 태양이 비치는 날이면 물에 애타며 그늘을 찾기에 분주했던 그들이었다. 갈증이 극도에 달해 한 방울의 물을 가지고 싸우기도 하고 다투기도 하였다. 구름이 끼인 날이라고 해서 사막에서는 좋을 것이 못되었다. 해가 가려지면 사막은 금방 영하지대로 변했다. 모든 것을 삼킬 듯 불어 지나가는 모래바람은 눈도 뜨지 못하고 숨도 쉬지 못하게 했다. 콧속으로 모래가 호흡을 타고 들어가 폐까지 가라앉는 듯 하였다. 또한 엄습하는 냉기는 참을 수 없었다. 몸을 가릴 수도 없는 한 조각 천을 가지고 미움과 시기가 일어나곤 하였다. 사막으로 들어서던 날부터 다툼과 욕설과 격투가 진중 곳곳에서 끊이지 않고 일어났었다.

그러나 이제는 어떤가. 백성들은 스스로 놀라고 있었다. 해가 하늘에 높이 떠 사막을 태우듯 뜨거워질 때면 백성들은 서로 그늘을 만들어 주었다. 사막에 강풍이 불어 모래를 날리면 그들은 서로 방파제가 되어주었다. 몸에 몸을 얼싸 안고 바람에 날리지 않도록 붙들어 주었다. 추운 기운이 땅을 타고 올라올 때 백성들은 서로 부둥켜안고 온기를 나누었다. 외적의 위협이나 강탈은 사라진지 이미 오래였다. 그들은 사막에서 하나님의 손길을 어느 곳에서보다도 생생히 체험하게 되었다. 그리고 뒤에서 자신들을 연단시키고 계시는 하나님의 뜻을 알게 되었다. 어느 덧 한탄이 노래가 되고, 신음이 찬양이 되고, 욕설이 변하여 기도가 되고, 분노 자포자기 원망이 변하여 축복과 간구가 되어가고 있었다.

스룹바벨은 백성 중에서 경건한 자들을 앞에 세워 먼저 찬양케 하였다. "여호와 하나님께 감사하라. 그는 선하시며 그 인자하심이 영원함이로다." 그러나 기대했던 응답이 나오지 않았다. 물을 다오! 먹을 양식을 다오! 돌아가자! 바벨론으로 돌아가자! 다른 길로 가자! 스룹바벨은 그때마다 하나님께 기도했다. 여호와 하나님이시여, 주께서 선지자들을 권고하셔서, 저 악한 왕들을 감동시키셔서 귀환시킨 주의 백성입니다. 어찌하시렵니까. 이 백성을 권념하시고 위로하여 주옵소서. 그때마다 하나님께서는 큰 역사를 이루셨다.

"여호와께 감사하라. 그는 선하시며 그 인자하심이 영원함이로다." 그 다음에도 백성들의 입은 침묵을 지켰다. 그 입에서 원망과 저주, 비탄과 불평은 나오지 않았지만 끝내 백성들은 아무 말도 하지 않았다. 아니 말없는 저항인 것같이 보였다. 그래도 스룹바벨은 또 선창자들을 노래하게 했다. "여호와께 감사하라 그는 선하시며 그 인자하심이 영원함이로다." 그러자 어느 날은 백성들의 입이 하나 둘 열리더니 울음을 쏟았다. 무리는 행진을 멈추어야 했다. 무리는 그대로 자리에 주저앉아 모래를 뒤집어쓰고 회개하기 시작했다. 누가 시작했는지, 어느 지파로부터 그 물결이 일어났는지 알 수 없었다. 그것은 거의 동시였다. 스룹바벨과 장로들도 같이 울었다. 하늘을 바라보며 울었다. 주여, 우리와 우리 열조의 죄를 인하여 진노하지 마시옵소서. 우리가 주께만 죄를 범하였나이다. 여호와 하나님이시여, 우리 죄를 멸하여 주옵소서.

얼마를 지났을까. 백성들은 하나 둘 다시 일어났다. 황혼의 시간에 행진을 시작한 예는 없었다. 스룹바벨은 오히려 말리려 하였다. 그러나 백성들은 일어나 행진하기를 원했다. 앉아 있을 수가 없습니다. 오늘은 행진을 멈출 수가 없습니다. 한결같은 목소리로 요구하는 백성 앞에 그는 손을 들어 행진을 허락하였다. 스룹바벨이 무너진 성전이 있는 예루살렘을 가리키며 그의 거대한 손을 내릴 때 그의 손은 오히려 가까이 있는 별을 가리키는 듯하였다. "여호와께 감사하라 그는 선하시며 그 인자하심이 영원함이로다." 앞에선 무리가 노래하자 뒤따르는 자들이 일제히 응답하였다.

백성들은 이제 하나가 되어가고 있었다. 스룹바벨은 산으로 올라갔다. 진중은 밤을 맞아 진을 치고 횃불을 밝혔다. 여기저기 모여 앉아 조용히 음율에 맞추어 노래하는 무리들의 가사가 점점 귓가에서 멀어져 갔다. 횃불도 멀리서 비치는 어떤 낯익은 별처럼 반짝거려 보였다. 노랫소리가 사라질 듯한 순간 그의 귀에는 또 다른 소리가 들리기 시작했다. 그것은 별들 사이에 속삭이는 소리 같기도 했고 별이 자신에게 말하는 낮은 음성 같기도 했다.

스룹바벨은 산 위에서 홀로 되었다. 그는 바위에 앉았다. 그의 자세는 오랜 세월 동안 산 위에서 태양과 비와 바람을 겪은 바위와도 같았다. 그 긴

긴 세월동안 단 한마디 "주 하나님!" 한번 불러보기 위해 침묵을 지켜 왔던 바위처럼 그의 몸가짐은 단단하였다. 무슨 소리였는가? 그는 산아래서 꺼질듯이 깜박이는 횃불을 내려다보았다. 어둠. 어두움. 빛나고 있는 것은 횃불과 별 외에 아무 것도 없었다. 어디선가 음성이 들려온다. 아주 가느다란 소리였다. 그것은 어떤 음률을 탄 소리였다. 그 음성은 스룹바벨의 내면에서 울려나오고 있었다. 눈을 감았다. 별이 총총 떠 있었다. 별들 사이로, 별을 넘어 찬양이 올라가고 있었다. 찬양은 그렇게 별을 맴돌다 수많은 별들 사이로 난 길을 찾았다. 그러자 그 길 가운데 위로부터 내리는 음성을 만나게 되었다. 찬양이 그 음성으로 인해 새로워지자 스룹바벨은 하나님의 영광의 보좌를 보게 되었다.

진중은 아직 잠에서 깨어나지 않았다. 계곡에 숨어있는 작은 산들도 아직 이른 햇볕을 받지 못했다. 스룹바벨은 아침 햇살을 버리고 산을 내려오다 남쪽 사막 끝에서 먼지를 날리며 다가오는 인기척을 보았다. 그는 격앙된 마음을 감추지 못했다. 두 명의 사나이가 말을 달려 가까이 오자 백성들은 서서히 잠자리를 추슬렀다. 모두의 얼굴이 환하게 빛나고 있었다. 그것은 어떤 확신을 던져주는 의미였다.

그들이 보고한 것은 젖과 꿀이 흐르는 땅이 가깝다고 한 것이었다. 사막의 마지막 행진을 앞두고, 하룻길이면 그리던 고향 땅에, 레바논의 백향목 향기와 포도나무의 무성한 열매를 맘껏 누리게 될 그 약속의 땅에 도달하게 되는 것이었다. 사막, 그것은 더 이상 죽음의 땅도, 고난의 땅도, 환멸과 원망의 땅도 아니었다. 사막, 하나님의 손길을 체험한 백성들에게 그곳은 은혜의 대지였다. 노래하는 자들이 음성을 맞추었다. "여호와께 감사하라 그는 선하시며 그 인자하심이 영원함이로다."

온 백성이 한 목소리로 응답하였다. "그 백성을 인도하여 광야로 통과케 하신 이에게 감사하라 그 인자하심이 영원함이로다."

스룹바벨이 바위에 오르자 백성들은 그 앞으로 모여들었다. "이스라엘 백성들이여 나는 어젯밤에 산에 있었습니다. 하나님의 음성을 더 가까이 듣고 싶어 산에 오르지 않을 수 없었습니다. 하나님께서는 분명히 들려 주셨습니다. 그가 찢으셨으나 싸매실 것이요 흩으셨으나 모으실 것이라 우리의 걸어온 행로를 돌아봅시다. 여호와 하나님께서 그의 강한 손과 편 팔로 우리를 인도하지 않으셨으면 우리로 지금 여기 서 있을 수 없을 것입니다. 우리와 우리 조상의 죄로 인해 하나님께서 진노하셨으나 이제 그 진노를 거두셨습니다. 진노 속에 있던 우리가 축복의 강에 서 있게 되었습니다. 노예였던 우리가 자유자가 되었습니다. 사막은 젖과 꿀이 흐르는 땅으로 변했습니다. 우리의 원망과 한숨과 비탄과 저주는 찬송이 되고 찬양이 되었습니다.

우리 백성의 팔에 성전기둥이 있고 우리 몸에 성전 벽돌이 감추어져 있습니다. 우리 마음과 심장에 성전제단에 바쳐질 제물이 있습니다. 나는 하나님께서 우리들 안에 세우신 성전을 보았습니다. 그것을 예루살렘에 세우시길 여호와 하나님은 원하십니다."

스룹바벨은 음률 섞인 소리로 말했다. "여호와를 경외하는 너희들아 여호와를 송축하라." 백성은 응답한다. "할렐루야!" 또 한 번 스룹바벨은 음성을 높였다. "예루살렘에 거하신 여호와는 시온에서 찬송을 받으실 지어다." 백성은 "할렐루야" 하고 손을 높이 들었다.

그는 바위에 오래 서 있었다. 그가 가리킨 예루살렘을 향해, 성전 방향을 향해 백성들은 움직이기 시작했다. 그는 하나의 거대한 물결이 되어 움직이는 백성을 바라보며 그 속에 임재하시는 하나님의 영광 앞에 머리를 숙였다.

돌아온 탕자, 그 뒷 이야기

갈등심리학 또는 가을의 뜨거운 입맞춤
(누가복음 15장 11~32절)

재너머 덕동리 마을 김나리 댁 둘째 아들 춘복씨가 땅 팔고 산 팔아 제 몫 챙겨 어느 타관 지방으로 떠났던 것이 지난 초봄의 일이었다. 그리고 지리하게 찌고 무더웠던 복더위도 지나고 입추 처서에 접어들 때 쯤, 농가에 한참 일 손이 바쁠 때 쯤, 거덜난 모습으로, 거렁뱅이처럼 돌아온 춘복씨의 사건을 이제 마을에서 모르는 이는 없었다.

우물가의 여인들에게는 김나리댁 둘째 춘복씨의 귀가사건이 뜻밖이기도 하였지만 김나리가 베푼 잔치는 사실 더 놀라운 일이었다. 마을 사람들은 이제 가산을 탕진하고 돌아온 춘복씨는 죽어 났구나 하고 숨 죽이는 판이었는데 춘복씨가 패잔병처럼 재 넘어 오던 날, 돌쇠 먹쇠는 소 잡느라고 부산을 떨어야 했다.

온 동리 사람들이 모여 김나리댁의 경사 아닌 경사를 축하하고 있을 때, 단 한 사람만이 시종 시큰둥한 얼굴이었다. 큰아들 춘배씨였다. 춘배씨는 그 날 기어이 아버지 김나리에게 말했다. 아버님 섭섭합니다. 저런 녀석도 아들이라고 소까지 잡아 주시면서 저에게는 여태 염소 한 마리 안 내주셨잖습니까?

김나리는 큰아들 춘배의 어깨와 둘째 춘복의 어깨를 잡고 그냥 웃고만 있었다.

　땡볕에 벼가 익어가고 들에는 추수해야 할 일손이 모자랐다. 아낙들은 그 바쁜 틈에도 우물가에 모여 주간시사를 토론하고 있었다. 덕동 어멈은 참고 있을 수가 없었다. "우리 애 아범이 그러는데. 김나리댁 큰아드님하고 둘째하고 대판했다는 구만. 어머머머. 그게 사실이야? 들에 물고 보러 수리 조합에 나갔다가 삼베적삼이 똥빛이 되도록 난리가 났었는데. 어머머머 …."

　사실 큰아들 춘배는 아우 춘복이가 돌아 온 후 은근히 못 마땅해 했다. 동네 사람들은 춘배씨를 이해하면서도 둘의 껄끄럽고 뻑뻑한 관계 때문에 어느 편을 들어야 할지 잘 몰랐다. 춘배씨가 존경받는 김나리댁에 장손이니 말할 것도 없었고 춘복씨는 집에 돌아 온 후에 하인과 다를 바 없이 죽어라고 일만 했기 때문이었다. 사랑방에도 잘 안 올라올 정도로 일했다.

　덕동어멈은 또 입이 근질거려 가만히 있을 수가 없었다. "우리 애 아범이 그러는데, 어제 춘복씨가 그러더래. 형님, 정말 이러시깁니까? 한 번 잘 해볼려구 다짐하고 들어 왔는데 너무 하십니다. 실수 한 번 안 하는 사람이 어디 있겠어요. 세상에 사고 한번 안 친 놈 어디 있습니까? 매사에 색안경 끼고 보면 저는 어디에 서란 말입니까? 너무 그러지 마세요. 너무 밟지 좀 마세요."

　"말이 채 마치기도 전에 춘배씨가 그냥 주먹을 올려 붙이더래." 아낙들은 입을 모아 근심을 드러낸다. "김나리댁 큰일 났네 큰일 났어. 형제간의 의 끊기겠어."

　추수 때여서 어디를 가도 발걸음을 재촉해야 했다. 우물가의 여인들도 도저히 틈이 없어 물만 긷고 갔다. 남정네들은 품앗이 다니느라 집에 있는 날이 없었고 아낙들은 고추 말려야지 호박 건사해야지 밥 해대야지 우물가는 한산하고 조용했다. 김나리댁도 어느 새 추수를 끝냈다. 그러나 김나리의 얼굴이 밝지 못했다.

추석이 가까워지는 어느 밤이다.

그 날도 달은 밝고 감나무에 빨간 감이 익어간다. 대추 몇 개가 벌레 먹어 떨어진다. 들판에 볏단을 벤 춘배와 아우 춘복이가 마주 보고 서 있다. 형 춘배가 춘복에게 볏단을 주면서 말했다. 이것은 네 몫이다. 춘복은 그러나 '제 몫은 이미 받았는데요' 하면서 사양한다. 춘배가 '아버지의 분부시니 받아 두어라' 라고 덧붙이자 춘복이는 눈시울이 뜨거워진다.

춘배는 춘복에게 용서해라 라고 말한다. "네가 그렇게 집을 떠난 뒤, 아버지께서는 기차 들어오는 시간이면 언덕에 올라 너를 기다리셨지. 나중에는 체면도 불구하고 동네 아낙에게까지 가서 내 아들 춘복이 못 보았느냐고 하실 때, 나는 너에 대한 분노와 증오가 끓어올랐지. 너 땜에 아버지 체면이 말도 아니게 되었다고 생각했지. 네가 돌아 왔을 때, 나의 이 미움의 불이 꺼지지 않았어. 왜냐하면 너는 적어도 그동안 아버지가 겪으셨던 고통을 알지 못하고 있다고 여겼지 때문이었지. 나는 아버지 대신 이 고통을 네게 맛보게 해 주려는 마음을 갖게 되었다. 그러나 요즈음 아버지는 우리들의 의가 상할까봐 근심하고 계신다는 것을 알게 되었지. 나도 돌아와야 할 자라는 생각이 들었다…"

김나리는 밤잠을 이루지 못하다가 우연히 논둑을 바라보았다. 환한 보름달 빛 속의 두 그림자가 그의 눈에 아득한 꿈처럼 비쳤다. 그 순간 김나리에게 어떤 의미가 떠올랐다. 그의 얼굴에 사라졌던 미소가 다시 떠오르고 있었다. 그리고 그로 인해 그는 잃었던 밤을 회복하게 되었고 다시 평안한 잠을 잤다.

밧줄과 뗏목

"좁은 문으로 들어가라. 멸망으로 인도하는 문은 크고
그 길이 넓어 그리로 들어가는 자가 많고,
생명으로 인도하는 문은 좁고 길이 협착하여 찾는 이가 적음이니라."

(마태복음 7장 13절)

18 90년 어느 날. 스펄전 목사는 나이아가라 폭포 근처에 잠시 산책을 나갔다. 수많은 여행객들이 이리 저리로 몰려 다녀 스펄전 목사는 좀 조용한 곳을 택해 자리를 잡고 마음을 가라앉힌 다음 기도했다. 하나님 께서 역사하신 부흥집회를 마칠 마지막 날 설교를 위해서도 기도했다. 이 집회를 마치면 영국으로 귀국하여, 그동안 헤어졌던 양 떼들을 다시 만날 생각을 하니 가슴이 벅차올랐다.

미국 대도시를 순회하면서 가졌던 그의 부흥회는 성령께서 인도하여 수 많은 자들이 회개하게 되었고, 예수님을 구주로 영접하였다. 신문과 방송 에서도 스펄전 목사의 부흥회를 기사로 다룰 만큼 이 부흥집회는 뜨거웠 었다.

여러 사람의 발자국 소리와 인기척에 스펄전 목사는 묵상을 중단해야 했다. 그리고 뒤따라 온 성도들의 성화에 못 이겨 나이아가라 폭포를 구경 하는 전망대까지 다가갔다. 안전대가 든든히 세워져 있어서 폭포의 위용은 반감되었으나 대단했다. 물소리, 물보라, 파도, 그 앞에 한 사람, 나는 얼마 나 작은 존재인가.

그의 머리는 마지막 부흥집회로 가득차 있었다. 그의 눈에 보이는 모든 사물이 사실은 설교에 모두 활용되었다. 스펄전은 오늘 집회에도 하나님께서 능력을 주실 것을 기도하였다.

그 때였다. 갑자기 "사람 살려!"라고 소리치는 급한 고함을 들었다. 많은 관광객들은 소리나는 곳을 향해 몰려들었다. 그러나 그들은 도와줄 수 없는 위치에 있었다. 두 사람이 물 속에 빠져 허우적거리며 구조를 요청했다. 강가에 있던 사람들이 밧줄을 던져 가까스로 그 줄을 잡는 데까지는 참으로 가슴 조이는 시간이었다. 스펄전 목사는 동행한 사람들과 함께 기도했다.

그런데 두 사람이 밧줄을 붙잡고 강 가운데서부터 구조되어 나오는 듯하더니 그 중 한 사람이 옆으로 흘러가는 뗏목을 보고는 그리로 올라타는 것이 아닌가. 뗏목은 제법 커보였다. 누가 봐도 든든하게 엮어 만들어진 뗏목임에는 틀림없었다. 그러나 사람들은 발을 구르며 소리쳤다. "밧줄을 잡아라! 밧줄을!"

얼마 뒤 뗏목은 험한 물줄기에 밀려 이리저리 맴돌다 나이아가라 폭포 밑으로 떨어지고 말았다. 결국 밧줄을 붙잡은 사람만 구조되었다.

"저는 오늘 낮에 아주 다급한 광경을 보게 되었습니다. 그것은 우리의 영적 상황을 잘 말해 주는 모습이었습니다. 많은 사람들은 구원을 받기 위해서는 큰 배가 필요하다고 생각합니다. 예수님을 기껏해야 썩어져 가는 밧줄에다가 비유하고, 어떻게 밧줄 정도로 구원이 가능할까? 의심합니다. 그러나 여러분 아무리 그 배가 크고 아름답고 좋은 시설을 갖추고 있어도 강 언덕과의 연결이 없을 때 폭포 아래로 떨어지고 맙니다.

저는 오늘 이 사건을 통해서 아주 커다란 진리를 깨닫게 되었습니다. 예수님만이 구원의 근원에서 보내진 밧줄이라는 사실입니다. 방향없이 떠돌

다 폭포 아래로 떨어지는 뗏목을 버리고 생명의 밧줄을 잡으십시오. 예수
그리스도는 구원을 주시는 하나님의 능력이십니다."

스펄전 목사의 설교는 그 날 더욱 힘차고 능력이 있었다.

시적(詩的) 상상력

3

해질 녘 빈들에서

산이 낮아지는 것은

빛

우리 가슴엔 지금 예수님의 사랑이
낮별처럼 쏟아지고 있다

봄이 오기 전, 어느 추운 겨울 날들 속에
묻혀 있던 승리의 싹, 그 비밀의 순 (筍)

오월 그리고 일상언어 속에 감추어진
비밀에의 접근을 위한 또 하나의 시도

가을 대청소주간

시적(詩的) 상상력

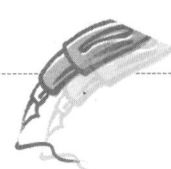

시적 상상력은 모든 상상력 중에서 가장 원초적인 것이다. 시는 문학의 근본이요 예술적 영감의 출발이다. 대상을 시(詩)로 형상화시키는 도구는 비유인데, 이 비유가 상상의 기초가 된다. 비유의 다양한 집합체를 수사학(Rhetoric)이라고 부른다.

수사학은 인간의 언어가 얼마나 다양한 옷으로 갈아입을 수 있는가 하는 것을 보여주며, 또한 언어가 대상을 정확하게 묘사하기 위하여, 본질을 드러내기 위해 얼마나 애쓰고 있는지 보여준다. 시적 상상력 속에 연관되어지는 수많은 이미지는 대상을 바로 파악하려는 진실에 대한 추구이기도 하다.

가령 "보름달 같이 떠오르는 소망" 이라는 시어는 보름달과 소망을 직접 연결시킨 비유로서 직유라 한다. "내 마음은 호수요" 라는 시어는 마음과 호수를 고도의 수사법으로 연결시켰는데 이를 은유라 한다. 그 외에도 시는 상징, 아이러니, 환유, 제유 등등 다양한 수사학적 도구를 동원하여 대상을 이미지(Image)화한다.

여기에 사용된 시적 상상력이란 개념은 두 가지 의미로 쓰였다. 하나는 시문학 장르를 형성케 하는 상상력이고, 다른 하나는 일반적으로 문학적 상상력을 가리키는 말이다. 시학(Poetry)이라고 하면 좁게는 시를 의미하는 말이고, 넓게는 문학 전부를 의미하는 말과 같은 것이다. 여기의 시적 상상력은 인간이 공통으로 소유한 정서적 활동을 이른다. 이를 통하여 사람은 세계를 확장해 나가고, 그 속에서 의미를 찾는 작업을 수행하게 된다. 모든 사람은 본래적으로 시인인 것이다.

해질 녘 빈들에서

그대여 빈들로 나오라!

분주했던 어제의 일손을 든 체
그대여 바람 부는 빈들로 나오라.
우리의 쇠스랑은 흙에 묻어 두고
흙, 흙 속에서 녹슬지언정 그냥 두고 그렇게
빈들로 나아오라.
이곳에는 작열하던 태양도 숨죽이고
뜨겁게 달아오르던 바위도 모래사막도
그 열을 식히는 해변 또는 저 벌판 같은 곳
그대여 빈들로 나오라!

무엇을 소유하길 원해 그토록 땅을 파고
흙을 매만지고
먼지에 뒹굴던 먼지의 나날들
툭툭 털면 떨어지고야 말

바람에 날리고야말
먼지 같은 사연들일랑 그대로 흙 속에 던져두고
그대여 빈들로 나오라.

도시의 소음을 지나 빌딩 숲을 지나
네온사인 거리에서 제대로 하나 익은 얼굴없이
부딪치던 인파 인파, 그 밤거리를 지나
태양의 나라를 지나
이제는 바람결에 고요히 흔들리는
풀 포기를 밟고
빈들로 나오라.

바위를 부둥켜안고 씨름하던 우리 어깨야
어찌 건강하지 않으리
여름내 떠올릴 것 없이 그리 파 올리던
흙묻은 우리 팔뚝을 어찌 후회하랴
김장무 뽑듯 쑤욱 뽑아
바람부는 빈들로 걸음을 옮기자.
거기는 석양을 받아 구름도 낮게 떠 보이고
모든 것이 가라앉아
안으로 안으로 스며드느니
그대여 빈들로 나오라.

바람결에 구름 사이 별이 빛나면
바람 따라 별빛 따라

우리의 내일이 다가오느니 보이니
이제 별이 하나 둘 떠올라 빈들을 밝히면
별을 향해 손을 들리
우리 연약한 손을 들리
우리 거룩한 손을 들리!

산이 낮아지는 것은

산이 낮아지는 것은 피곤해서가 아니다.
저녁이 되어 분주했던
하루를 떠나기 위해서도 아니다.
산이 낮아지는 것은 침묵 때문이다.
천억만 년 지켜온 침묵
단 한 번의 소리도 내어보지 않고
끝내 하늘을 향해 드린 것은
침묵이었다.

침묵은 천억만 줌의 한탄과 애증
전쟁과 고통, 때로는 고통 속에 던져진
의미와 그 의미로 인해 얻어진
포옹 그 감싸고 안음…
침묵은 천억만 되의 한숨과 눈물과
가슴앓이와 위선과 거짓과 거짓을
삭혀야 했던 아픔과 그 아픔이 낳은 용기와

그 용기 속에서 피올린
신앙에 가까운 눈짓, 하늘을 향한 눈짓이었다.

산이 낮아지고 있다.
구름도 떠나고 바람도 떠나고
주변을 서성이던 철부지들의 연도 떠나고
한낱 잠자리처럼 보이던
메가톤급 폭탄의 전투기도 사라지고
문을 열어 바라다보는 이 없는 그 때에
산은 낮게 낮게 엎드려 손을 모은다.

주여 이제 시각입니다
제가 낮게 엎드렸습니다 말씀하옵소서
주여 이제는 말씀하여 주옵소서
황혼녘
겨울이 다가오는 밝은 저녁 하늘
떠오르는 희미한 별자리를 지나
침묵으로 산은 입을 연다.
천억만 류(類)의 포화도 소음도 아귀조차도 깰 수 없는
그 침묵으로 산은 손을 든다.
하늘을 향해, 하늘의 하늘을 향해 손을 든다.

빛

고향의 모든 것은 이제 살아 있는 의미다. 그 의미들은 먼 기억에서부터 숨쉬며 일어나 노래가 되어, 춤이 되어 움직여 날아 오른다. 이 노래는 우리를 향수에 못 견디게, 열병에 앓아 눕게 해 놓고는 머나먼 고향의 하늘로 다시 돌아가 김가네 장독대 위에, 해묵은 된장독 항아리 위에, 타작마당에 쓰러져 있는 개울 건너 춘보의 사랑하는 지게 작대기 위에, 박가 녀석 막걸리 마셔 삐뚤어진 빨간 주먹코 위에, 우리 뒷년이 나물 캐는 봄볕의 들녘에, 물오른 앵두나무집 둘째 딸 방댕이 젖가슴 위에 숨죽이며 내려앉는다.

노래가 제 풀에 지쳐 가라앉을 때에야 우리가 얼마나 고향을 그리워 했나하는 의미를 깨닫는다. 고향을 들판에서, 저 봄이 오는 고향의 보리 언덕에서 노래를 배운 것이 죄라면 죄였다.

뮌헨, 어느 날

아들은 새 세상을 맞은 기쁨에서인지 감격에서인지 깊은 잠에 들었다. 아들의 숨소리는 거의 완벽했다. 만약 이 시간에 환경오염, 전쟁의 위협, 원자 폭탄의 경악함, 군비 경쟁, 기아로 죽어가는 세계 시민들, 분리주의

자들, 해방전선의 게릴라전에 희생되는 무고한 백성들, 도시의 구석에서 일어나고 있는 범죄, 고속도로의 교통사고 … 이런 생각들이 들지 않는다면, 정말 이런 종류의 일들이 해결된다면, 아들의 숨소리를 따라 침전 되어 가는 방안의 분위기는 거의 절대 평화에 가까웠다.

밖에서는 전차가 눈 속을 달려 지나가는 밤이었다. 아내와 나는 조용히 찬송하고 기도했다. 아직도 고향의 노래가 가슴속에서 숨죽이지 않은 까닭이리라. 몇 해를 한 쪽 구석에서 먼지를 뒤집어 쓴 국어사전을 아내는 요사이 자주 유심히 들여다본다. 아들의 국어 문법을 미리 생각하는 이유에서 이리라.

나는 창 밖에 내리는 눈을 바라보며 생각에 잠겼다.

눈발은 하나 둘씩 변형되어 갔다. 처음 내가 바라 본 눈발은 저기 강원도 설악산만큼 높아지더니, 그 다음에 바라 본 눈발은 저기 전라도 전주쯤 만한 동네이더니, 눈발은 자꾸 경상도 어느 동네만큼 보여지고, 경기도 어느 마을만큼 보여지더니 급기야는 서울의 한 동네 시장 어귀처럼 보여졌다. 내 속에서 또 노래가 시작되어 오는 병(病)이었다. 나는 모든 생각을 중단해야 했다. 단지 아직은 잠자고 있는 아들을 위한 한가지 고향의 노래만을 남기고 모든 생각은 중단해야 했다. 나는 그 날 생전 처음으로 눈발 속에서 고향을 보게 되었다.

문자(文子) 엄마 오산댁

오산댁은 내가 서울 신당동에 살던, 그 근처 시장 어물전 아줌마였다. 그는 문자라고 불리는 귀엽고 예쁜 아이의 엄마였다. 왜 그가 오산댁이라고 불리는지는 아무도 아는 사람이 없었다. 그는 내가 아직도 기억에서 놓치지 못하는 사람들 중의 하나였다. 그는 입이 걸었다. 나는 몇 번이고 오징어를 살 때마다, '오징어 물 좋은 놈으로 두 마리!' 하면 그는 '뼈 없는 놈으로 말입지요!' 하고 웃어 넘긴다.

오산댁은 특이한 문법(文法)을 소유하고 있었다. 그의 독특한 문법은 다름 아닌 '문제'였다. 그는 문제라는 말의 합성어를 누구보다도 많이 알고 있었다. 그는 문제와 자기 직업, 가령 문제야 문제! 그거 문제라니까요! 문제가 아니고 뭐겠어요! 문제예요 문제! 문젯거리지요! 문제지 문제! 왜 문제삼고 그래요? 문제가 뭡니까? 그까짓 것을 문제라고 그래요? 문제 타령하지 마세요!

오산댁의 번득이는 눈에서는 한번 대상이 포착되기만 하면 곧 '문제'와 연관되어졌다. 그는 문제라는 말에 대해서는 대단한 연금술사였다. 나는 오산댁 아줌마의 문제성을 당해 낼 수가 없었다. 가령 저 놈 대입고사 낙방했다고 물빠진 꽁치 대가리하고 있으니 문제네. 영자 저년 미니 스커트 하나 해 입었다고 갈치 꼬리 흔들리듯 나풀거리니 저거 큰 문제지요. 문제구말구요 ….

천(泉)동굴

우리에게서, 신앙인에게서 문제란 다름 아닌 눈 뜬 소경의 모습일 것이다. 성경은 우리의 적나라한 모습을 밝혀준다. "빛이 어두움에 비치되 어두움이 깨닫지 못하더니"(요 1:5). 문제란 사실 다름 아니라 깨닫지 못하는 데에 있었다. 우리는 모든 것을 우리 자신이 볼 수 있어서 본다고 생각했다. 그러나 빛이 없다고 가정해 보자.

단양에서 버스를 타고 소백산맥의 북쪽을 향해 두 시간 조금 못 미쳐 구불구불 산길을 기어 들어가면 소백산맥 어느 부분인지 잘 모르지만 천문대가 산 위에 보이는 동네가 나온다. 어느 겨울 날 나는 눈 내리는 충청북도의 그 길을 달려가 수 만년 동안 형성되어 '자연의 신비'라고 이름 붙여진 천동굴 입장권을 샀다. 우연히 입장객은 나 하나였고 표를 검사하는 중년의 사내는 30분 뒤에 단양으로 나가는 막차가 있으니 대강 구경하라고 일러준다.

석회동굴의 모습은 정말 대단했다. 보지 못한 사실을 묘사한다는 것은 불가능했다. 그리고 처음 보는 사물을 묘사한다는 것은 비유를 찾아 내지 못해 또한 힘들었다. 그래서 그런지 석회동굴의 소위 '절경'에 붙여진 이름은 상상외였다. 악마의 꼬리. 악마의 미소. 선녀의 치마. 폭포. 용의 비상 … 입구에서부터 내려 갈 수 있는 깊이는 500미터 정도나 되었고, 나는 이 기대 이상의 오묘한 천지창조의 부분에 넋이 나가 아무런 생각을 할 수 없었다.

그때였다. 갑자기 발동기 꺼지는 소리가 나더니 동굴 안은 그냥 깜깜 절벽이었다. 어둠보다 더 짙은 어둠이란 이런 것일 것이었다. 너무 어두워서, 너무 깜깜해서 오히려 얼굴이 어둠에 비칠 정도였다. 그리고 무서움이 엄습했다. 나는 그제서야 내가 어디 있는지도 모르고 그냥 굴속에서 죽나보다 생각했다. 하나님 살려만 주소서. 소리 소리 질렀는데 목이 가라앉아 지칠 때쯤 되어서야 저 위쪽 어디에선가 대꾸하는 소리가 들렸다. 소리는 동굴에서 울려 퍼져 마치 악마의 미소라도 되는 것처럼 음산했다. 표를 받던 중년의 그 사내가 어두운 굴속에 손전등을 들고 나를 구출하러 찾아 내려왔다.

어둠 속에서 아무 것도 볼 수 없는 자신이 그제야 발견되었다. 눈만 뜨면 모두 볼 수 있을 것 같던 시각에 대한 자신은 "빛이 있어야 한다"는 절대 신앙에 도달하게 되었다. 우리가 손을 잡고 악마의 꼬리에 걸려 넘어지고 발에 채이면서 겨우 반 정도나 기어 나왔을까. 그제야 다시 발동기가 돌아갔다. 빛이 다시 들어 온 것이다. 어두움도 두려움도 사라지고 사물이 빛 속에서 다시 의미를 되찾고 일어서기 시작했다.

오산댁 아줌마에게 전도를 했을 때 그는 문제지요 입이 걸어서 어디 되겠어요 했다. 지금쯤 그는 분명 세례를 받았을 것이다. 왜냐하면 인생문제의 핵심을 잘 알고 있는 자였기 때문이었다. 신앙인의 문제는 어둠 속에 들어와 빛나는 예수님, 그 말씀의 빛으로 인해 세계를 볼 수 있어야 한다는 데에 있다. 그렇지 않으면 우리의 실존은 동굴 속으로 엄습하는 어두움일 뿐일 것이다. 깜깜한 현실과 미래일 뿐이다.

우리 가슴엔 지금 예수님의 사랑이 낮별처럼 쏟아지고 있다

우리 모두는 꿈을 꾼다. 어떤 날에는 멋진 꿈을 어떤 때에는 흔히 악몽이라 말하는 꿈자리 뒤숭숭한 꿈을 꿀 때도 있다. 꿈에서 우리는 곤경에 처한 자들을 구해 주기도 하고 정말 도움이 필요한 자들에게 사랑을 전해 주기도 하지만, 그래서 그런 꿈을 꾸고 난 후에 얼마동안은 좀 거룩스러워지고, 스스로 겸손해지는 모습을 하기도 하지만, 마치 마녀처럼 빗자루 뒤꽁무니를 붙잡고 하늘을 날았다거나, 밤새도록 용가리 같은 괴물에 쫓기고 난 날 뒤에는 정신마저 멍해진 채 하루 시작을 그르치는 경우도 있다.

용꿈이나 돼지꿈이나 어쨌건 그런 의미를 부여할 만한 꿈을 꾸고 난 뒤에 우리는 가끔 복권이나 또는 그런 비스름한 종이 쪽 한 장 씩 가지고 있는 모습을 발견케 된다. 그 무슨 개꿈 같은 짓인가. 차라리 애초부터 개꿈이나 꾸었더라면 그런 수작은 시작조차 안할 수 있었을 텐데. 허영 많은 용꿈보다는, 있지도 않은 돼지꿈보다는 차라리 개꿈을 꾸는 게 은혜생활을 위해 더 나을 것 같다. 어쨌건 우리는 꿈을 꾼다. 꿈은 집에서 잠을 자건 기차를 타고 버스를 타고 가건 우리가 종종 경험하는 현상이다.

우리 모두는 꿈을 꾼다. 꿈에 대해서는 남다른 신령한 은혜를 가졌던 민음의 조상 요셉이 생각난다. 꿈속에서 우리는 하나님의 음성을 듣기도 하고 예수님을 만나기도 한다. 꿈속에서 우리는 천사를 만나기도 한다.

우리 중의 어떤 한 사람이 있었다. 그는 자신도 모르는 사이에 꿈속에서 예수님과 만나고 대화했다. 그가 예수님의 손을 잡고 거니는 곳은 언제나 바닷가 모래사장이었다. 그래서 우리 중의 그 어떤 사람은 모래 위에 그려지는 두 사람의 발 자국을 볼 수 있었다. 하나는 예수님의 것이었고 하나는 자신의 것이었다. 그는 예수님이 언제나 자기 곁에 있음을 확인하였다. 왜냐하면 그는 예수님과 대화하고 싶을 때, 그가 예수님의 사랑을 체험하고 싶을 때, 언제나 예수님의 발자국이 함께 하고 있었기 때문이었다. 예수님이 자신의 곁을 떠나지 않는다는 사실을 우리 중의 그 어떤 사람은 믿고 확신하였다. 그는 즐겁고 기쁜 생활을 계속하였다.

어느 날 그가 예수님을 만나고 싶어 다시 해변가에 섰을 때 그는 불안하고 괴로워하며 고통 중에 있었다. 그는 자신의 삶을 저주하게 되었고 생활이 자꾸 짜증스러웠다. 무기력해졌다. 그는 예수님과 대화해야할 긴박감에서 주님을 찾았다. 예수님은 여느 때와 같이 두 손을 벌려 그를 맞아주셨고 그와 함께 멀리 수평선이 태양 아래 가물거리는 멋진 장면을 바라보며 걸었다.

얼마를 걸었을까. 흉흉한 파도가 자신을 삼키듯 달려들고 바다와 온 땅은 먹구름에 휩싸였다. 그는 무서워졌다. 바람소리가 너무 거세 예수님의 음성이 안 들리는가 싶었다. 그는 옆을 보았다. 예수님의 발자국이 안 보였다. 그의 불안이 더 깊어졌다.

그는 사방을 두리번거리며 예수님을 불렀다." 예수님, 예수님, 어디 계세요. 저를 안 떠나신다고 약속하시고는 이 풍랑 이는 때에 어디로 가셨어요?'

그 때 예수님의 음성이 들려 왔다. "내가 너를 떠나지 않는다는 것은 변치 않는 사실이야."

"그런데 지금 어디 계세요, 왜 예수님의 발자국이 안 보여요?" 폭풍 가운데서 오히려 침착하고도 다정하게 말씀하시는 주님의 음성이었다.

"잘 보거라. 저것이 누구의 발자국인지." 우리 중의 어떤 사람은 발자국을 자세히 들여다보았다. 그것은 예수님의 발자국이었다. 그러자 우리 중의 어떤 사람은 자신의 발자국이 보이지 않는 것이 또 신기했다. 그것은 파도가 삼켜버린 것이 아닌 것이 분명했는데, 어두운 먹구름에 가려 보이지 않는 것도 아니었는데 자신의 발자국은 없었다.

"아니 내 발자국은 ⋯."

그 사이에 예수님이 먼저 말씀하셨다. "잘 보렴, 네가 기뻐할 때는 내가 네 곁에서 걸었지만, 네가 힘들고 쓰러질 때 내가 너를 업고 있잖니?"

그제야 그는 예수님이 자신을 업고 계신 것을 알았다.

어느 새 험한 파도나 먹구름이 서서히 물러가는 모습이었다. 그는 예수님의 등에 업혀 고요히 잠에 떨어진다.

꿈을 꿔도 이런 꿈을 꿔야 할 것이 아닌가.

오월 그리고 일상언어 속에 감추어진
비밀에의 접근을 위한 또 하나의 시도

나는 첫째 아이를 낳고도 얼마동안을 '애 본다' 라는 표현과 '애 보는 데 애먹었다' 라는 표현이 나에게 생소하지 않음을 알게 되었다. 애 본다는 것은 나의 기쁨이라기보다는 하나의 의무였다. 그래서 애 보는 데 익숙하고도 잘하는 아내의 '능력' 을 감사, 감탄하기도 하고 그것은 모성애가 아닌가! 라고 당연 평범하게 보기도 하였다.

애를 볼 때면 그래서 나는 너무 자주 애보는 데 집중하지 못하고 책이나 신문쪼가리를 들고 있었다. 한심한 아버지였다. 나는 한동안 하나님의 은혜 가운데 내가 애를 키운다는 생각에 젖어 있었다. 애가 내 마음대로 안 움직여 주면 나는 "이 녀석이 고집이 많구나!" 또는 "얘가 왜 이래?" 하는 신경질적이고도 즉흥적인 반사작용을 너무 자주 보여왔던 것이었다.

어느 날은 일상의 스트레스에다 그 신경질(?)이 겹쳐서 "내가 이제 애를 보나 봐라" 하고 아버지답지 않게 토라져 있는데 덮친 것은 아내의 바가지였다. 물바가지보다 더 찬 바가지였다. "무슨 아버지가 이래! 이게 집사냐?" 아이구 아버지! 나는 회개의 기도를 하지 않을 수 없었다. 그 때 깨달음을 주신 것은 "이 철딱서니 없는 것아, 네가 애를 키운다고? 애가 너를 키운다, 너를 키워!"

나는 그 후부터 첫 애를 나의 스승과 같이 모신다. 왜냐하면 애를 통하여 나는 서서히 아버지가 되어가고, 아버지의 자질과 인격으로 자리 잡혀가고, 아버지가 과연 무엇인가 하는 인생철학을 평소에 학습하게 되었기 때문이었다. 아내는 나의 이런 깨달음이 가소롭다고 생각하는지 가끔 "아동심리나 유아교육의 첫장이라도 들춰봤으면 …" 하고 안타까워 할 때가 있다. 각설하고 나는 애를 보게 될 때 이제 책 같은 것은 손에 잡지 않기로 했다. 나의 어린 스승님이 싫어서라기보다는 애를 볼 때 나는 비로소 아버지가 되어가기 때문이다. 그리고 애를 주의 깊게 관찰함으로써 엄청난 지혜를 얻게 되기 때문이다.

둘째 아이를 받고 나니 그 지혜는 또 새로워졌다.

어느 날 두 아들을 데리고 놀이터에 나갔다. 놀이터에는 대 여섯 명의 아이들이 놀고 있었다. 나는 애들의 노는 모습을 들여다보고 있다가 깜짝 놀랄 만한 상황에 접하게 되었다. 그 상황의 핵심은 성경에 있는 문장들이었다.

예를 들자면 술래잡기 같은 놀이를 하던 애들이 찾지 못하게 되자 "너 어디 있니?" 했다. 그러자 한 구석에서 "Hier bin ich"("나 여기 있어" 라고 번역될 수 있는 이 독일어 문장은 독일어 성경에 사용된 말과 똑같다. 물론 뉘앙스는 다르지만. 아래에 예를 든 문장들이 다 그러하다) 하고 나왔다. 그것은 모세나 이사야 선지자가 하나님의 부름을 받았을 때 대답하던 말이었다. 우리 믿음의 조상들은 "내가 여기 있나이다" 라고 하나님의 부르심에 응답하였지만 독일어로는 "Hier bin ich"으로 똑같다.

어떤 아이가 "조금 더 하자"고 제안하니까 한 아이가 말한다. "Wie lange noch?"(언제까지) 아니 이 말은 이스라엘 백성들이 하나님의 진노 아래에서 "주여 언제까지 노를 그치시겠나이까?" 라고 말하던 때의 표현이었다.

그것뿐만이 아니었다. 한 아이가 넘어져 급하게 구원을 요청했다. "Komm, hilf mir!"(도와 줘) 이 말은 또 바울 사도를 부르던 마게도냐인의 부르짖음이 아니었던가? "Komm und hilf uns"(건너와서 우리를 도우라) 나는 도대체 애들이 성경대사로 이루어진 무슨 연극을 하는가 싶었다. 애들의 놀이는 나에게 단순한 놀이로만 보여지지 않았다. 그것은 우리의 어린 스승님들이 만든 아주 고도의 신앙연극과 같았다.

흥미진진하지만 우리는 집으로 돌아가야 했다. 나는 서투른 독일어로 말했다. "Wir gehen nach Hause!"(집으로 가자) 그러자 애들이 나를 쳐다 본다. 그 눈동자는 나에게 이렇게 묻는 것 같았다. "어디로 가려 하시지요? 집은 어디시지요? 돌아가야 할 진정한 곳은 어디지요?" 나는 저기 철뚝 넘어 우리 집이라고 대답하기보다는, 저기 예수님 계신 우리 본향집이라고 해야 옳게 대답이 될 것 같은 마음이 들었다.

헤어지는 마당에 큰애가 친구들에게 말했다. 나의 의미망을 뒤흔드는 결정적인 말이었다. "Warte, ich komme bald."(기다려 곧 올께) 이 말씀은 요한계시록 마지막에 기록된 주님의 음성이셨다. "Ja, ich komme bald." (내가 진실로 속히 오리라) 나는 애들의 이 대화들이 단순한 말이 아니라 무슨 의미심장한 대사같다는 결론에 도달했다. 아이들이 우리 성인보다 하나님께 더 가까이 있다는 생각이 들자 나는 끝내 부끄러워졌다. 그것은 명백한 체험이었다.

5월에는 어린이 주일과 어버이 주일이 있다. "어린 아이들과 같이 되지 아니하면 결단코 천국에 들어가지 못하리라." 예수님의 말씀처럼 어린이에게 가서 배워야겠다. 자녀의 성장과정을 통하여 우리 성인 성도들이 하나님께 어떻게 해야할 지를 배우게 된다. 우리는 하나님께 대하여 너무 성숙한 체한다. 이제 자랄 만큼 자랐으니 좀 내 버려 두세요, 어린애가 아니에요 라고 종종 하나님 아버지 앞에 투정을 부린다. 그게 큰 병 중의 병이었다. 엄마 아빠에게 매달리는 아이들처럼 예수님께 매달리자. 언제나 엄마 아빠 무릎에 앉기 원하는 아이들처럼, 언제나 엄마 아빠 품에 안기기를 원하는 아이들처럼, 언제나 엄마! 아빠! 부르는 우리들의 자녀들처럼 그렇게 주님께 나아가자. 엄마가 한시라도 없으면 울고 마는 아이들처럼 그렇게 주님을 간절히 사모하자. 잠자다가도 엄마가 없으면 울고 나오는 아이들처럼 그렇게 주님을 필요로 하자. 멀리서도 엄마의 발자국 소리를 알아내는 아이들처럼 그렇게 주님을 기다리자.

어린 스승들께 가서 배우자.

가을 대청소주간

"**일** 하는 아이들".

들판에서는 가을의 따가운 햇살에 벼들이 익어 가고 있었다. 하늘에는 구름 한 점 없이 푸르름이 역시 태양볕을 받아 한층 맑음이 더 했다. 아버지는 아침에 참새떼들 극성에 귀 꽤나 시끄럽다고 하시며 허수아비를 만들어 가지고 들녘으로 나가셨다. 아버지의 억센 팔에 끌려가는 허수아비는 어젯밤 희미한 달빛 아래서 술김에 "농사는 무슨 농사냐, 대처에 나가 장사나 하지" 하고 신세타령 하던 용마루골 칠덕이 아버지의 힘없는 어깨처럼 흐느적거렸다. 나의 아버지의 힘찬 걸음과 그에 대비되는 허수아비의 허약한 형체는 어린 나에게까지도 알 수 없는 어떤 느낌을 던져 주었다.

누나가 와서 "애, 너 학교 안가고 무엇하니?" 하는 이야기를 들은 것 같기는 한데 그것이 중요한 것이 아니었다. 숨이 끊어질 듯이 뛰었다. 그러나 학교 운동장에 들어서서야 나는 누나가 장난친 것인 줄 알았다. 낮잠을 자다 누나의 장난에 그만 놀림감이 된 것이었다. 분하기도 하고 웃음이 자꾸 쏟아져 나왔다.

"애, 어딜 가니!" 아랫골 사는 친구들이었다.

"밭에 참새 잡으러 간다.!"

"넌 어딜가니?"

"산에 나무 주우러 간다!"

아버지가 지금 계실 멍데골 들판이 생각났다. 아버지는 큰소리로 찬송하고 계셨다. 아버지는 마치 하늘 향해 손을 높이 쳐들고 기도하는 선지자처럼 "주여! 주여!" 하고 참새를 쫓고 계셨다. 나는 아버지가 목사님을 너무 좋아해서 축도하시는 모습을 흉내내는 줄 알았다. 가끔 눈뜨고 보면 우리들이 킥킥 웃고 장난하는 데도 목사님은 꼭 두 손을 들어 기도하셨다. 목사님이 두 손을 들어 기도하실 때는 예배가 끝나서 나는 언제나 흥이 나 있었다.

아버지는 두 손을 내릴 줄 몰랐다. 참새는 한 마리도 들녘에 없었다. 오후의 햇살 속에서 아버지는 거대한 동상처럼 두 손을 높이 하늘을 향해 쳐들고 계셨다. 아까 듣던 "주여!" 하고 외치던 음성을 아버지는 한동안 중단했다. 아! 그때 내가 문득 느끼던 아버지 마음의 엄숙함. 아버지는 벼이삭이 이제 익어 온통 황금빛으로 변해 버린 들녘에서 기도를 마치고 나를 번쩍 안아 하늘로 치켜들었다. 나는 겁이 나기는 했으나 굵디 굵은 아버지의 팔뚝은 나를 언제고 안전하게 받쳐주었다. 아버지는 힘이 아주 세었다. 내가 숨이 막혀 헉헉댈 때까지도 아버지는 나를 하늘로 쳐들고 계셨다. 문득 나는 아버지의 눈을 보았다. 아버지의 눈이 붉게 물들어 가고 있었다. 그리고는 벼이삭같이 그을린 아버지의 얼굴을 내 얼굴에 부볐다.

어느 날 큰아버지가 오셨다. 나는 아버지 품에 잠자다 "얘 둘째야, 넌 자식들까지 너처럼 농사꾼을 만들 셈이냐?" 하는 말씀을 들었다. 나는 순간 아버지가 멍데골 들판으로 달려나가고 싶어하는 심장의 박동을 느꼈다. 아버지는 참새 쫓는 사람처럼 큰 소리로 그러나 "주여! 주여!" 외치고 있었다. 아버지의 가슴에서 울려오는 말을 나는 듣는 것 같았다.

서울로 전학이 결정되고 추수 때도 지나서 우리는 가산을 하나씩 정리해 갔다. 아버지는 그 당시 교회와 들녘에서만 계셨다. 허수아비도 제 집으로 치워지고 참새 떼가 방앗간 주변으로 이사했던 즈음에도 아버지는 어머니에게 "나 참새 쫓으러 밭에 나갔다 오겠소" 하고 나가셨다. 어머니나 누나들이나 어린 나까지도 아버지가 기도하러 들녘으로 나간다는 것을 그 즈음에는 알게 되었다. 아버지의 마음에 남에게 말할 수 없는 그 무엇이 걸려 있을 때 아버지는 추수 끝난 황혼의 밭에 서 계셨다. 타작이 끝난 짚가리 더미보다도 아버지의 모습이 더 크게 보였을 때, 해지는 그 황혼의 시간에 나는 "아버지"를 처음 보았다.

맹호부대, 청룡부대 그리고 "영자의 전성시대"

서울의 남대문 바로 옆에 있는 학교로 나는 전학을 왔다. 국민학교 6학년 시절 우리는 중학교 입시 준비로 과외다 보충수업이다 바쁘게 뛰어다녀야 했지만 때때로 도로 변에 나가 노래해야 했다. 얼마나 열심히 노래했던지 전혀 행진곡 소리도 듣지 못했다. 나는 이 담에 커서 군인이 되어야겠다고 생각했다. 씩씩한 군인으로 정의를 위해 어디론가 떠나야 한다고 생각했다.

우리는 씩씩한 맹호부대, 청룡부대만을 미술시간에도 그리고 또 그렸다. 음악시간에도 맹호부대, 청룡부대 용사들아 … 하는 행진가만 부르고, 작문시간에도 오로지 맹호, 청룡이었다. 그리고 얼마 뒤 남대문 시장 튀각집 아들이 월남에서 죽었다고 들었을 때, 그리고 그 이유를 나중에서야 알게 되었을 때, 나는 영자(英子)를 용서할 수 있게 되었다. (또는 영자는 우리를 용서할 수 있게 되었다.)

우리는 어떤 의미에서 한 시대의 간음자들이었다. 우리가 듣고 보고 만지고 배운 모든 것이 싱싱하지 못했다. 우리는 돌로 치려던 자들이 아니면 돌에 맞아 죽었어야 했던 자들이었다. 죄를 죄로 여기지 않을 뿐더러, 남의 죄만을 눈여겨 지켜 봐 왔던, 그러나 어떤 시대의 음탕한 동업자들이었다. 내 눈의 들보보다도 남의 티를 더 중요하게 생각하고 돌을 들었던 자들이다.

맹호부대 용사도 청룡부대 용사도, 그리고 어두운 골목길을 몇 푼의 금전 때문에 힘차게 달려 사라지는 우리들의 누이들도, 우리 자신도, 이대로 돌만 들고 있는 한 허수아비다. 추수 끝난 밭에 휑하니 서있는 의미 없는 허수아비다.

기억을 위한 가을 대청소주간.

우리는 과거의 무엇이었나? 앞으로 우리는 어떻게 살아야 될 것인가 하는 질문 앞에 떠오르는 것은 하나님의 말씀에 대한 우리의 자세이냐. 하나님 말씀을 받아들일 때, 우리는 먼저 청소를 해야 한다. 우리가 가졌던 과거의 죄들을 고백해야 한다. 죄에 대한 고백없이, 청소해 내려는 의지없이 어찌 말씀이 우리 안에 거하실 수 있겠는가. 맹호용사 같은 혈기도, 청룡용사 같은 생의 무모한 의지도 청소해야 한다. 영자 같은 인간의 문명적 비관, 허무맹랑한 낙관론도 청소해 내지 않으면 안 된다. 자꾸 돌을 들려는 우리 마음의 교만도 청소해 내지 않으면 안 된다. 가을맞이 대청소주간에 마루바닥, 책상, 걸상, 유리창, 모두 모두 깨끗이 하듯, 우리는 과감한 청소를 시작해야 한다.

그리고 기억해야 한다. 우리가 얼마나 하나님의 사랑 안에 풍요한 삶을 누리고 있는가 하는 것을 ! 이스라엘 백성처럼 잊지 마라. 여호와 하나님의 언약과 사랑을 잊어서 불평과 불만에 싸여 광야 생활을 그저 고난으로만 여겼던 사람들과 같이 그리하지 말아야 한다.

"네 하나님 여호와께서 너를 인도하여 내실 때에 네가 목도한 큰 시험과

이적과 기사와 강한 손과 편 팔을 기억하라."(신 7:19)

"네 하나님 여호와께서 이 사십 년 동안에 너로 광야의 길을 걷게 하신 것을 기억하라."(신 8:2)

"너는 애굽 땅에서 종 되었던 것과 네 하나님 여호와께서 너를 속하셨음을 기억하라."(신 15:15)

기억하라. 그대를 위하여 우리를 위하여 독생자 예수 그리스도께서 우리에게 오셔서 죄없이 십자가에 달린 사실을. "네 하나님 여호와를 잊어버리게 되지 않도록 삼갈찌어다."(신 8:11)

소설적 상상력

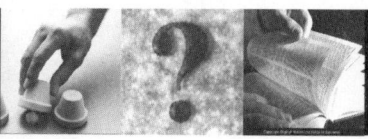

4   또다른 하늘 아래 믿음의 식구들

소설적 상상력

소설은 시와 같이 문학이면서도 장르에서 구분된다. 시가 운율이라면 소설은 산문이다. 시가 이미지를 중시한다면 소설은 이야기로 전개된다. 시가 리듬과 언어의 형상화에 치중한다면 소설은 주인공의 삶을 천착한다. 시가 관념과 직관을 활용하여 전개되어 간다면 소설은 이야기의 플롯에 의지하는 데서 구분된다.

소설은 허구(fiction)라고 부른다. 허구는 없는 이야기, 꾸며낸 이야기를 말한다. 그러나 소설적 허구는 허무맹랑한 거짓말이 아니다. 소설은 거짓말 같은 이야기로 진실을 드러내는 문학예술이다. 소설적 허구를 그래서 "개연성이 있는 거짓말"이라고 말한다. 루카치는 소설을 "거짓된 세상에서 거짓된 방법(소설적 허구)으로 진실을 드러내는 예술"이라고 정의했다.

소설적 상상력은 우리에게 말을 건다. 주인공을 내세워, 주인공의 삶과 행동, 그의 생각과 말을 통하여 독자에게 말 걸기를 한다. 주인공은 때로 나 자신과 동일시되기도 한다. 주인공을 통하여 내가 가지고 있는 문제를 꼬집고 해결하기도 한다.

그와는 정반대로 주인공이 나의 안타고니스트(Antagonist) 역할을 하기도 한다. 주인공과 반대의 입장에 서게 되므로 오히려 내 생각과 가치관이 확실해지고, 내 삶의 방향이 뚜렷해지기도 한다. 소설 속의 주인공과 내가 일치할 필요는 없다. 때로는 주인공 때문에 내가 괴로워질 수도 있다. 소설은 하나의 배설(Catharsis)이요, 모방이요, 오락이요, 교훈이요, 심리적 균형이요, 진실이요, 때로는 그 이상이 되기도 한다.

세르지오
한 낚시꾼의 귀향

뮌헨 중앙역의 인파는 한산했다. 우리가 밤 11시 48분 차를 목표로 해 서 역에 도착한 시간은 밤 11시였다. 거대한 철골의 몸을 한 기차들 이 네 개의 플랫폼에 들어와 있고 그 기차들의 행선지만큼이나 먼 거리처 럼 사람들은 미리 흐느적거리며 피곤해 했다.

세르지오와 나는 가슴을 맞대고 포옹했다. 그렇게 잠시 떨어지기 싫은 모습을 했을 때 우리는 동시에 헤어짐을 인정하고 있었다. 23번 플랫폼의 기차는 세르지오의 행선지 암스테르담에 도달할 기차를 갈아 탈 수 있는 쾰른까지 그의 밤 여행을 안내할 것이다. 철제 구조물과 플라스틱으로 구 조된 중앙역을 비추는 조명등은 밤이 깊어감에 따라 점점 어두워 갔다. 우 리는 정물화 속의 두 정물체처럼 그렇게 서서 서로 얼굴을 바라보았다.

"이제 끝이냐?"

"아냐 시작이지."

세르지오의 눈빛에 귀향에 대한 기대감이 서려 보였다. 그는 이제 시작 이라고 말함으로써 자신의 과거와 현재 그리고 미래로 이어지는 삶 속에서 새로운 전환점을 확인하고 싶어하는 눈치였다. 아니, 그것은 명백히 세르 지오에게 있어서 하나의, 하나의 근거 있는 새 출발이었다. 귀향이란 의미에서도 그랬다. 이 지점에서 우리는 시작이라는 단어에 동의했다. 기차가 움직이기 시작했다. 우리는 마지막으로 한번 더 악수했다. 이제 끝이구 면—아니 시작이라니까—맞아, 시작이다!

　나는 4년 전에 세르지오를 만났다. 우리가 만난 곳은 독일어를 공부하는 어학원이었다. 어학원이 있는 거리 이름이 학원명칭보다 더 서정적이어서 우리는 그냥 그 거리 이름을 학원이름처럼 불렀다. 아델하이드(Adelheid). 우리는 거의 4개월 정도 같이 지냈다.

　그 이후에 세르지오를 다시 만나게 된 것은 정말 우연이었다. 난 가끔 그가 살던 기숙사나 어학원 근처를 지나치게 될 때, 그와 같이 지내던 때를 떠올리며 그를 기억했다. 세르지오는 기회가 있을 때마다 내 추억 속에 등장했다. 그리고는 무슨 비밀스런 사연에 싸여 있는 자처럼 말없이, 그러나 깊은 눈으로 바라보고는 사라졌다. 그에 대한 막연하고도 잘 지워지지 않는 이런 기억이 어느 날 계시처럼 풀어졌다. (세르지오와 헤어지고 난 뒤 거의 4년여 시간이 흘렀다. 그는 그동안 북부독일의 어느 도시에 가서 복음주의 신학을 공부하다가 잠시 뮌헨을 들러 귀국하려는 참이라고 했다. 우리는 긴 사연을 얘기했다.)

　세르지오에게 궁금한 것이 있었다면, 그의 나이 15살이 될 때까지 풀지 못한 의문이 있었다면, 그것은 왜 자기는 아버지가 없었을까 하는 것이었다. 세르지오가 15살이 되던 어느 날 이 의문이 풀리기 시작했고 세르지오가 서있던 크고 광활한 문은 그냥 텅 빈 공간의 모습으로 나타났다. 그가 철들어 자신의 삶을 둘러싸고 있는 여러 개 실존의 끄나풀의 구조를 깨달았을 때 세르지오는 죽음을 결심했다.

　그는 아버지가 없지만, 그래서 엄마랑 노는 것도 어떤 때는 심심해졌지만, 다행히 아저씨가 많은 것이 정말 행운이라고 생각했다. 왜 아저씨가 자기에게는 이렇게 많을까 생각하기도 전에 세르지오는 그게 좋았다. 자기가 살고 있는 동네는 브라질의 상파울로라는 도시 변두리에 있는 낡고 헌 빈민굴이었다. 그에게는 그런 이름이 아무런 상관이 없었다. 엄마는 가끔 친절하고 재미있는 아저씨를 소개해 주었고, 밖에 나가면 동네 아이들과 함께 언제나 놀 수 있었고, 더운 날이거나 엄마가 "얘, 나가서 좀 씻고 오렴?" 하면 강가에 나가 한바탕 헤엄을 치고 오면 되었다.

아이들은 항상 그 또래들이 모여 몇몇 골목을 지나가 보면 산더미처럼 쌓여 있는 쓰레기더미 속에서 종이를 주어 모으거나, 쇳조각을 모으거나, 그래서 골목 한 구석에 있는 저울에 무게를 달아주면 시원한 아이스크림 같은 것을 얻어먹기도 했다. 학교에서는 선생님이 문제의 마을에서 온 아이들이라면서 야단을 치는데, 그게 무슨 큰 자랑거리라도 되는 것처럼 으쓱거리며 다니기도 했다. 다른 동네 아이들은 감히 문제 마을 출신의 아이들에게 해코지를 하지 못했다.

세르지오는 앞장서 나가거나, 무슨 일거리를 주동하는 그런 문제의 아이는 아니었다. 세르지오는 엄마가 밖에 나가 놀아라 하면 나가 놀고, 아저씨들이 동전이라도 몇 닢 집어주면 고맙습니다 하고 인사를 잊지 않는 철부지 같은 어린아이였다.

15살!(세르지오는 힘주어 그 나이를 말한다.)

세르지오는 알게 되었다. 자기가 사는 동네의 이름과 동네사람들과, 그리고 이런 이들이 살아가야 할 막연한 운명 같은 것에 대한 깨달음이 살금살금 다가와 자신을 해방하기는커녕 목 졸랐을 때 세르지오는 캬! 하고 놀랐다. 세르지오는 자기의 눈을 자꾸 감았다 떴다 해 보았다. 자기의 머리를 자꾸 주먹으로 치고 때리고 해 보았다. 살도 꼬집어보았다. 그러나 현실로 나타나는 사실 앞에서 그는 모든 것이 거꾸로 보였다.

15살이 되던 어느 해. 세르지오의 형이 또 찾아 왔다. 세르지오는 형이 오는 것이 사실 싫었다. 형은 동네사람들이 무슨 신부님처럼 부르기도 했고, 무슨 군대의 계급처럼 부르기도 했다. 형은 목에 십자가를 큼지막하게 달고 있었고, 얼굴은 언제나 상기해 있어서 조금 무서워 보였다. 세르지오는 형이 자기에게 잘 해주고, 꼭 포옹해 주고 맛있는 것도 갖다주고 하는 것 외에, 제발 집에 와서 엄마랑 싸우지나 말았으면 좋겠다고 생각했다. 형은 집에 와서 한 번도 자고 간 적이 없었다. 형은 마치 엄마랑 싸우려고 온 사람처럼 들어와서는 집안을 뒤집어 놓고 나가곤 했다.

형이 또 찾아온 날, 그는 흙 때가 끼어 누렇게 바랜 군화를 신고 목에는 십자가를 달고, 가슴을 풀어헤친 채 집으로 왔다. 그 날 세르지오에게 형이 준 것은 탄피를 얽어 만든 십자가였다. 형과 엄마는 그 날도 역시 세르지오를 밖에 내보내고 싸움을 했다. 형이 큰 목소리로 "다시는 집에 돌아오지 않겠다"고 소리치고 나올 때 세르지오는 눈에서 눈물이 마구 쏟아졌다. 형이 다가왔다. 머리를 쓰다듬으며, "사랑하는 세르지오야" 하고 불렀다.

형은 그를 그 날 골목을 몇 개 지나면 나오는 쓰레기더미 속으로 자신을 데리고 가서 이야기했다. 형은 그 날 그를 어디론가 데리고 가려고 했다. 세르지오는 모든 것을 알게 되었다. 엄마가 뛰어와 형에게 야단을 치고, 형은 뒤돌아 서서 떠날 때, 세르지오는 형을 따라가기보다는 형이 씩씩해 보이기보다는 엄마가 측은해 보였다. 여태까지 그렇게 엄마가 불쌍해 보인 적이 없었다. 세르지오는 엄마가 부르는 소리도 들을 수 없었다.

어느 골목의 햇빛 가려진 데 있는 자신을 발견한 그는 모든 것이 거꾸로 보였다. 세르지오에게 강물도 거꾸로, 강언덕도 거꾸로, 산도 거꾸로, 산골짜기도 거꾸로, 나무도 거꾸로, 날아가는 새들도 거꾸로 보였을 때 그는 자신도 모르게 자살을 생각했다.

어두움이 점점 짙어져 아무 것도 분간할 수 없고 빛나는 어떤 것을 찾아 볼 수 없었다. 세르지오는 부엌을 향해 갔다. 부엌엔 제법 잘 드는 칼이 있었다. 그러나 부엌문을 여는 순간 부엌에서는 언제와 계셨는지 어머니가 바로 그 칼을 들고 닭을 요리하고 있었다. 어머니는 세르지오에게 말했다.

"사랑스런 세르지오야, 너 이렇게 큰 닭을 보았니? 멀리 가지 마라, 곧 먹게 될 테니."

그는 문을 그냥 닫았다. 방으로 들어가 라디오를 들고 나왔다. (세르지오는 왜 자신이 그 때 라디오를 들고 나왔는지 모르겠다고 말해 주었다.)

세르지오가 죽음을 생각하고 나간 곳은 "바다로"라는 이름의 강이었다. 그러나 자신이 뛰어들 장소는 여의치 못했다. 그날따라 낚시꾼들이 잔뜩 나와 여기 저기 낚시를 던지고 있었다. 그는 점점 자기의 생각을 포기했다. 왜냐하면 자기가 수영을 어느 정도 잘 한다는 생각과 물에 뛰어 들어봤자 결과는 뻔하기 때문이었다. 낚시꾼들이 몰려들어 꺼내놓고 몇 대 두들겨 패고는 집으로 데리고 갈 것임이 분명했다.

세르지오는 나무 그늘을 찾아 누웠다. 눈에서 눈물이 자꾸 흘러 나왔다. 그러자 낚시꾼들이 돌아가면 물에 뛰어 들어야지 하는 생각이 들었다. 그러나 그 일은 수포로 돌아갔다. 황혼이 되어오고 별이 떠오르는데도 한 낚시꾼이 도무지 움직이질 않았다. 마치 그와 세르지오가 경기라도 하듯 그들은 그렇게 자리를 뜨지 못했다. 세르지오는 그동안 라디오를 들었다. 신나는 노래라도 들으면 좀 어지러움증이 가라앉을 것 같았다. 신나는 노래는 어느 곳에서도 잘 잡히지 않았다. 그는 막연히 한 방송에 귀를 기울이게 되었다.

그 방송이었다.

교회 종소리로 만들어진 음악이 들렸다. 그리고

"수고하고 무거운 짐진 자들아 다 내게로 오라. 내가 너희를 쉬게 하리라 … 예수 그리스도께서는 여러분을 사랑하고 계십니다. 청취자 여러분,

놀라운 일이 아닙니까? 여러분을 사랑하시는 분이 계시다는 사실이. 예수 그리스도께서는 여러분을 기다리고 계십니다. 가능하시면 이 방송을 끝까지 들어주십시오 ….”

세르지오는 생전 처음 듣는 방송이었다. 그는 낚시꾼이 움직이기 전까지 그 방송을 들었다. 그리고 별자리가 바뀌어 낚시꾼이 집으로 돌아가고 난 뒤에 세르지오는 자신이 물에 뛰어들지 않고 있다는 사실에 스스로 놀라워했다.(세르지오의 고백이지만 그는 이 시간에 예수 그리스도를 알게 되었고 그에게 가까이 다가가게 되었다고 했다.)

세르지오는 그 날 밤으로 교회의 문을 들어섰다. 그는 그 때 또 놀라게 되었다. 낮에서부터 자기와 함께 강변에 있던 그 사람이, 자신의 죽음을 저지할 양으로 그렇게 끈질기게 자리를 지켜 드디어 복음 방송을 듣게 한 그 낚시꾼이 교회의 문을 열어 주고 있었던 것이다.

(세르지오의 고백에 의하면 그는 빈민굴의 전도를 담당한 이였고, 자신이 신학을 공부하도록 뒷바라지 해주는 아버지 같은 분이라고 했다. 그는 세르지오에게 사람을 낚는 어부가 되라고 권고하면서, 자신은 낚시꾼 정도밖에 안 된다고 말했다지만 세르지오도 어부가 될 자격을 아직 갖추지 못했다고 고백했다.)

기차가 떠나고 역은 조용해졌다. 몇몇 사람이 배웅을 마치고 귀가를 서둘렀다. 나는 세르지오가 타고 떠난 기차를 어둠 속에서 바라보며 그의 여운 남긴 이야기를 생각했다.

“형이 죽었어. 나도 나중에 커서야 안 사실이지만 형은 성경과 총을 항상 같이 소유하고 있었지. 소위 해방신학의 추종자로서 자칭 혁명신부라는 이름을 사용했다더군. 성경의 진리도 총이 없이는 이루어질 수 없다고 주장하는 사람들과 암암리에 통했다는데 칠레의 어느 산맥에서 게릴라를 지휘하다가 총에 맞았다더군. 형과 같은 비극을 막기 위해서라도 돌아갈 것을 결정했지. 적어도 내 고향도시의 변두리 사람들이 참 예수 그리스도를 만날 수 있게 말이지 …."

폐허를 넘어서

멀리서 들려오는 포화소리는 매일 끊이지 않고 있었다. 공습경보 소리만 나면 사람들은 서둘러 지하대피실로 몸을 숨겨야 했다. "Totaler Krieg"(전면전쟁)을 외치며 국민들을 죽음으로 몰아넣던 나치집단은 마지막 발악을 하고 있었다. 아직도 그들의 사상에 찬사를 보내는 맹신주의자들이 보였지만 적어도 바로 믿는 기독교인들은 그들의 감언이설을 믿지 않았다. 잡음 속에서 들려오는 연합군과 나치당의 방송내용은 정반대였다. 현실로 벌어지고 있는 엄청난 사실 앞에 경악할 뿐이었다. 자신의 남편과 아들들을 전장에 내보낼 수밖에 없었던 여인들은 그들과 대항하여 싸우고 있는 연합군의 승리를 기대해야 하는 모순을 발견하게 되었다. 차라리 남편과 아들들이 연합군의 포로가 되어 생존해 있기만을 바랐다.

모든 도시는 파괴되었다. 잔해만 남았다. 그토록 웅장했던 성곽과 성들도 무너져 버렸고 남은 것이라고는 불에 타 그을린 벽돌만이 허무를 알려왔다. 도시는 쉴새없이 연기를 뿜으며 신음하고 있었다. 공습이 그친지도 일주일이 넘었는데 불은 아직도 타오르고 있었다. 건물 잔해 속에서 연기가 꾸역꾸역 스며 나오고 있었으며 때로 폭음을 동반한 폭발이 간간이 들려왔다. 지옥의 인페르노(Inferno)가 그 문을 활짝 열고 쳐들어오고 있는 것 같았다.

틸리케 목사는 부랴부랴 세수를 하고 옷을 갈아입었다. 그리고 시계를 다시 한번 확인하고 예배당으로 입장한다. 예전 같으면 문을 대여섯 번 열고 닫았어야 할 터였는데 이제는 그럴 필요가 없었다. 교회는 폭격에 대파되었고 문은 불에 타 몰골이 흉했다. 그는 벽돌 잔해를 조심스럽게 비켜 가며 발을 디뎌야 했다. 교회 안은 어느 곳 하나 본래의 모습을 갖추고 있는 곳이 없었다. 연합군은 방송을 통해 독일군의 패전이 가까웠다고 하면서 독일국민의 안전과 생명을 위해 공습을 중단한다고 전해 왔었다. 그것은 영국에서, 불란서에서 강력한 전파를 타고 들어왔고 때로는 독일내의 출처를 확인할 수 없는 비밀저항단체의 미약한 선파를 타고 들려 오기도 하였다. 그러나 나치잔당들은 아직도 승전보나 행진가를 더 큰 출력으로 방송했다. 최후의 발악이었다. 거짓이었다. 속임이 가득찬 방송이었다. 이미 유럽의 각 지역에서 연합군에 의한 회복이 실행되고 있는데도 거짓을 발표하고 있었다. 곳곳에서 나치 동조자들에 대한 린치, 테러들이 일어났다. 복수의 복수전이 심각해지고 있었다.

틸리케 목사는 자기 교구에 속한 성도들에게 목회서신을 전달하였다. 그 골자는 이러했다. '나치당원들이 비록 불법을 우리에게 자행했을지라도 우리는 공의로 대해야 합니다. 우리가 주먹을 들 때 그것은 또 다른 폭력이 되기 때문입니다. 법적인 절차에 맡기십시다. 우리의 죄와 실수로 인하여 전쟁이 일어났으므로 우리가 해야할 일은 철저하게 회개하는 일입니다. 하나님 앞으로 모이십시다. 주의 구원을 간구합시다. 그리고 폭격에 무너진 자신의 집들을 복구하기에 정신이 빠져 있는 성도들에게 교회를 먼저 복구하자' 고 말하였다.

예상치도 않은 일이었다. 많은 자들이 모여 회개하고 속죄의 예배를 파할 때에는 모두들 가지고 온 연장을 손에 들었다. 부녀자들이 대부분이었다. 남자들은 전장에서 아직 돌아오지 못했고 돌아온 자들은 상이군인이 많았다. 목사는 먼저 예배드릴 수 있도록 하기 위해 예배당 한 구석을 정리하도록 하였다. 종탑이 있는 부분은 접근을 금지하였다. 언제 무너져 내릴지 모를 정도로 파괴되었기 때문이었다. 성도들은 이 작업이 시작되자 매일 교회에 모여 몇 시간씩 봉사하였다.

종을 칠 수 없게 된 것을 보자 틸리케의 마음은 찔리듯 아팠다. 차라리 그 종이 폭격에 깨어지게 된 것이 당연한 것처럼 받아 들여졌다. 나치당원들이 히틀러의 생일에 교회종을 치도록 명령하였다. 그것은 암암리에 전국으로 퍼진 비밀공문의 내용이었다. 틸리케 목사는 한마디로 웃어 넘겼다. 분노는 속으로 삭혀야 했다. 그러나 반국가적이라는 명분으로 친위대 지역 조사실에 구금되어 있던 날 누가 건드렸는지 끝내 종소리를 듣게 되었다. 자신이 일하는 교회의 종소리였다.

강대상으로 마련된 책상 앞에 서자 틸리케의 눈에 눈물이 돈다. 얼마 만인가, 이 대예배실에서 예배를 드리게 된 시간은. 그 웅장하였던 예배당은 어디에 가고 우리는 지금 이 폐허 속에 서있단 말인가! 목사는 끓어오르는 격정에 못이겨 예배를 시작할 수가 없었다. 그에게 눈물이 비오듯 흘렀다. 성도들도 통곡하고 있었다. 성도들은 모두 그렇게 서서 눈물을 흘렸다. 노약자들은 벽돌을 싸놓은 곳에 몸을 기대어 앉아 있을 뿐 백여 명이 넘는 교인들은 서있었다. 목사의 시선이 앞쪽에 서있는 한 여인과 그 곁에 있는 두 자녀에게 가자 또 가슴이 울렁거렸다.

Gottfried(고트프리트) 성도! "하나님의 평화"라는 이름이었다. 틸리케 곁에서 무슨 일이든지 맡겨진 것은 가리지 않고 일하던 순종파 교인이었다. 공습이 심하던 어느 날, 사람들이 그의 무너진 집을 파헤치자 그 속에 잠자듯 누워 있었다. 하나님께서 데려가신 것이었다. 목사는 왜 그를? 주여 왜 그를? 이라고 항거하듯 하나님께 기도하였었다. 지금도 버젓이 살아서 전쟁으로 사람들을 몰아넣는 저 나치주의자들부터 데려가시지 왜 교회의 충성된 일꾼인 그를! 틸리케 목사는 한동안 말을 하지 못하였다. 지금 생존해 있는 식구들은 공습을 피해 시골마을로 피신해 있었다.

장례식은 조용히 치뤄졌다. 조객들이 교회 공동묘지의 숲을 빠져나가자 그 미망인이 목사에게 다가왔다. 그리고 편지를 한 장을 건네 주었다. 그 편지에는 이렇게 쓰여 있었다.

"사랑하는 아내와 토마스 그리고 엘프리데야 … 나는 오늘 예배에서 큰 은혜를 받았다. 너희들과 같이 있을 수 없어서 마음이 아프지만 아빠는 차라리 너희들이 떠나간 것을 하나님께 감사한다. 이곳은 아직도 비행기들이 많이 떠다닌다. 폭탄이 하늘에서 떨어지는 것이 마치 너희들이 베개를 던지며 놀 때 날리는 새털들 같다. 무서운 전쟁을 왜 하느냐고 너희들이 이 다음에 물으면 대답해 줄 것을 지금 아빠는 생각 중이다 ….

여보, 우리 틸리케 목사님이 오늘 예배드리는데 또 우셨소. 나도 울음이 그치지 않았소. 성도들은 얼굴을 들어 목사님을 쳐다보지 못했소. 목사님은 성경 아모스를 간신히 읽으셨소. 귀에 아직도 생생히 울리는 것은 '너희는 나를 찾으라 그리하면 살리라' (암 5:4, 6)라는 말씀이요. 교회 안에는 나치당원들이 여기저기 웅크리고 앉아서 설교를 체크하고 있었소. 반나치적인 용어가 들릴 때면 그들은 한결같이 얼굴을 찡그리고 무엇인가 적는 모습을 보였소. 성도들은 그것이 목사님이나 교회에 어떤 결과를 가져올지 알고 있었지만 … 우리는 그때마다 속으로 기도하였소. 우리 목사님은 그러나 개의치 않고 설교하셨소. '오직 공법을 물같이 정의를 하수같이 흘릴찌로다' (암 5:24). 목사님의 목소리가 높아지셨소. 우리는 정의를 잃어버린 세대라고 말씀하실 때 한 나치당원이 교회를 뛰쳐나갔소. 그러나 우리는 예배를 끝까지 잘 드릴 수 있었소. 모든 것이 주님의 은혜요. 하나님의 위로가 없다면 참으로 이겨내기 힘든 세상이 되었소.

여보, 전쟁이 어서 끝나길 기도합시다. 우리가 독일국민으로서 연합군의 승리를 기도해야 하는 비극적인 일을 당했지만 독일을 사탄의 지배로 파괴하고 있는 나치가 우리나라라고 기도할 수는 없소!! … 곧 만나게 되길 기도드리오. 애들 데리고 고생이 많을 텐데 주님께서 함께 하시길 기도드리오. 편지 또 곧 쓰리다. 그때까지 하나님께서 그대들을 친히 보호해 주시길 기도드리면서 사랑하는 그대들의 아빠 그리고 남편 씀."

남편의 편지를 보인 그의 아내는 말했다. "언제고 기회가 되시면 그 설교를 한번 더 해주세요!' 틸리케 목사는 설교준비를 위해 기도하다가 문득 이 생각이 났다. 그리고 아모스서를 다시 읽어내려 갔다. 설교를 위해 성경에 써넣은 자신의 메모들이 눈에 들어 왔다. 1장 첫 페이지에 붉은 색연필로 그어진 것이 눈에 확연히 들어왔다. 그것은 "… 의 서너가지 죄로 인하여 내가 그 벌을 돌이키지 아니하리니" (1:3, 6, 9, 11, 13)였다. 2장에서도 마찬가지였다(2:1, 4, 6). 그의 메모는 "우리의 죄로 인하여 = 나치를 방치하였던 우리의 죄" 라고 성경여백에 빽빽이 씌어 있었다. 3장 8절(주 여호와께서 말씀하신 즉 누가 예언하지 아니하겠느냐)에는 "목사로서 설교가로서 나치와 우리의 죄목을 침묵할 수 없다. 성경에 따라 정의를 말해야 한다. 주의 말씀을 전해야 한다." 라는 메모가, 5장 4절(너희는 나를 찾으라 그리하면 살리라)에는 "우리 구원은 오직 예수 밖에, 이 시대는 오직 믿음과 말씀 외에 극복할 길이 없다" 라는 메모가, 9장 8절(보라 주 여호와 내가 범죄한 나라에 주목하여 지면에서 멸하리라)에는 "나치의 전쟁은 종국에는 승리가 아니라 스스로 패망하기 위한 과정" 이란 메모가, 9장 13절(보라 날이 이를찌라)에는 "주여 도와주소서, 주여 어서 오시옵소서. 계 22:20 참고" 라는 메모가 보였다.

틸리케 목사는 그러나 종전(終戰)의 날이, 나치라는 사탄의 세력이 꺾이는 것을 보고 있었다. 그는 5장 4절에 다시 덧붙였다. "설교제목: 여호와를 찾는 백성은 살리라."

그는 눈을 지그시 감고 기도하였다.

주의 날개 그늘에서

"오후 정보부에서 심사가 있었다.
이제 우리는 가야 한다—아, 하나님 곁에 있다—
이 밤에 우리는 함께 죽음으로 들어간다.
마지막 시간. 우리 위에는 축복하시는 그리스도의 성화가
걸려있다. 그는 우리를 위해 힘을 쏟고 계시다.
이 순간 이 땅에서의 우리의 삶이 다하다."

어두운 방을 비추는 촛불이 하나 탁자 위에서 가물가물 타오르고 있었다. 벽에 비친 그림자는 마지막 편지를 쓰고 있는 요헨 클레퍼(Jochen Klepper), 그의 아내 하니(Hanni), 그리고 딸 레니(Reni)의 것이었다. 창밖에는 검은 보자기를 뒤집어쓰고 무엇인가 대상을 만나기만 하면 파괴하거나 목숨을 없애 버릴 듯 달려드는 겨울바람이 불어닥치고 있었다. 아니 그것은 상징이 아니라 분명한 현실이었다. 죽음이 현실이 될 만큼 시대는 심각하였고 어느 누구도 공공연히 진실을 말하려 하지 않았다. 말한다 해도 받아 들여지지 않았다.

1942년 12월 10일. 세 식구는 탁자를 앞에 놓고 손을 잡았다. 아무도 말

이 없었다. 레니와 하니의 눈에서 눈물이 흐른다. 눈물은 촛불을 받아 빛나고 있었다. 고통. 고통이 빛을 받아 보석처럼 빛나고 있는 것이 클레퍼의 마음에 부딪치자 아팠다.

그는 아내의 성경책 밑에 있는 편지에 눈이 갔다. 브리기테의 편지였다. 스웨덴에서 보낸 큰딸의 편지였다. 그 편지를 읽다가 식구들은 또 울음을 터뜨렸다. 몇 년 전 스웨덴 대사관 직원의 도움으로 나치의 핍박을 피해 그곳으로 망명시켰다. 작은 딸 레니는 서류절차를 다 밟아 놓았으나 마침 악성감기에 걸렸다. 언제 어떻게 될지 모르는 길을 떠나 보낼 수 없었다. 레니는 병상에서 언니가 밤의 어두운 문을 열고 머나먼 망명의 길을 갈 때 그만 정신을 잃고 말았다.

클레퍼는 자신들이 꺼져가는 촛불 같다고 생각했다. 촛불처럼 타서는 덧없이 사라져야 하는가? 그러다가 아니다, 그것은 결코 아니다. 우리가 촛불 같다면 촛불처럼 자신을 태우고 주변을 밝히는, 어두운 세계를 조그만 구석에서 밝히고 있다는 의미여야 한다. 그는 아내와 딸의 손을 다시 꽉 잡았다. 손으로 눈물이 흘러내렸다. 그리고 속으로 말한다. 나는 독일을 사랑한다. 나는 조국을 사랑한다. 나는 프로이센의 전통을 사랑한다. 나는 루터의 종교개혁정신이 남아 있는 이 나라를 사랑한다. 그는 자신이 지은 시를 노래불렀다. 그 소리는 아주 작아서 들릴까 말까 하였다. "새벽이 다가오네 이제 밤은 쫓기어 가나니 …."

아내는 자기보다 열 살이나 더 많았다. 그를 만난 것은 벌써 10년이 넘었다. 아내는 당시 두 딸을 데리고 혼자된 몸이었는데 자신의 글과 시를 애독하였다. 아내는 자신의 작품에 끊임없이 관심을 보여왔던 독자였다. 클레퍼가 한동안 창작을 할 수 없이 극심한 슬럼프에 빠져들었을 때 이 여인은 그에게 다가왔다. 그는 하니에게서 어머니 같은 모성애를 발견하게 되었다. 그들은 가슴 깊이 하나가 되는 것을 느꼈다. 하니는 그의 아내가 되었으며 실의에 빠졌던 클레퍼는 다시 글을 쓰게 되었다. 만남이 이루어질 때만 해도 유대인 박해는 표면화되어 있지 않아서 결합하는 데에 어떤 문제가 되지 않았다. 1933년 히틀러 정권이 등장하고부터 유대인들은 사회 변두리로 완전히 밀려났다. 양심 있는 시민들이 항거하였지만 오히려 감옥에 갇히거나 구타를 당했으며 쫓겨다녀야 했다. 아내의 헌신적인 사랑으로 그는 "아버지(Der Vater)"라는 대하역사소설을 1937년에 완성하였다. 나치의 문학평론가들이 호평을 하였으나 실상은 나치에 대한 비판작품이었다. 그의 책은 결국 1940년에 나치에 의해 금지되었다.

두 번째 대강절(Advent)이 시작되었다. 사람들은 두 번째 촛불을 당겼다. 대강절은 고백신앙을 고수하는 신앙인들에게 메시아의 오심을 기다리는 소망의 축제였다. 그분이 오셔서 모든 불의를 심판하시고 그의 나라를 이 땅에 실현하실 것을 기대하는 희망의 축제였다. 그러나 나치주의를 추종하는 광신도들에게 그 메시아는 다름 아닌 히틀러였다. 어용신학자들이 만들어낸 어이없는 메시아론이었다. 시대는 대단히 어지러웠다. 때마침 공습경보가 울렸다. 공습경보는 매일 밤 울렸다.

집밖에서 움직이던 분주한 소리는 다시 자취를 감추었다. 세 식구는 한동안 서로 얼굴을 보면서 기도하고 있었다. 그들이 할 수 있는 것은 기도 외에 아무 것도 없었다. 그들은 굳이 공습을 피할 이유가 따로 없었다. 클레퍼가 입을 열었다. 아주 조용한 목소리였다. "우리 주님께서 지금 오고 계십니다. 주의 오심을 오래전부터 기다려 왔습니다. 주님을 만날 때까지는 시간이 걸릴 것 같습니다 …. 그래서 우리가 먼저 주님께로 갑니다. 아니 주님, 우리가 먼저 주님께로 가게 허락해 주세요 …." 그는 자신의 글을 쓰듯 말했다. 하니와 레니의 눈에서 또 눈물이 흐른다. 우리가 예수님 안에서 하나가 안 되었었다면! 그는 생각했다. 자기는 유대인이기 때문에 예수를 믿을 수 없다고 완강하게 버티던 하니는 남편의 끈질긴 기도와 설득으로 예수님을 영접하였다. 그들은 얼마나 기쁘게 그 날을 축하했는지 모른다. 클레퍼에게는 더했다. 아내의 영혼을 예수께로 인도하여 하나가 될 수 있었다는데 대한 감사는 표현할 수 없었다.

나치당원들이 교회 안에 점점 늘어나고 신부나 목사까지도 그들의 검열과 통제를 못이겨 반유대적인 설교를 하기도 했다. 하루는 교회에서 예배를 드리는 중 설교의 한 대목에서 '유대인들은 저주를 받았습니다, 더럽고 돼지 같은 종족입니다, 유대인들은 우리의 게르만 혈통의 민족공동체에서 몰아내야 합니다 …' 라는 주장을 듣게 되었다. 클레퍼는 하니의 눈치를 살폈다. 아니나 다를까 아내와 딸은 얼굴이 원진히 굳어서 있었다. 레니가 몇 번씩 벌써 자리를 뜨려는 것을 저지하였으나 그들은 예배를 끝까지 참석하지 못하고 뛰쳐나오고야 말았다. 일주일 내내 클레퍼는 식구들을 위로하여 주일 예배만은 참석하도록 설득하였으나 정작 그 교회 앞에는 "유대인 출입금지" 라는 팻말을 들고 나치당원들이 지키고 있었다. 그 뒤로 아내와 딸은 교회를 갈 수가 없었다. 그 자신조차도 유대인이라는 이유로 당하는 심리적인 고통을 알 수 없었다. 종족차별은 부당함이나 불의함 이상의 아픔과 분개심 외의 감정을 느끼지 못하는 자신이 미워지기도 하였다.

얼마 전에는 유대인인 친지가 나치당원들에게 린치를 당했다. 가산을 강제로 몰수당하고 분에 못이겨 자살했다는 전갈을 받았다. 딸 레니를 생각하면 클레퍼는 마음이 찢기듯 했다. 그 때 심한 감기에만 걸리지 않았더라도 망명은 갈 수 있었을 텐데. 주여 왜 길을 열어주시지 않으셨습니까? 원망하기도 하였다. 레니는 학교에 가기를 거부하였다. 하루는 학교에 간지 한 시간도 안되었는데 귀가하였다. 아무 말도 하지 않고 방으로 들어가는 딸을 붙잡고 보니 얼굴이 울음으로 부어 있었다. 선생들까지도 반유대인적인 언사를 쓰며 어제의 친구들이 갑자기 유대인이라고 무시하며 다른 줄에 앉히고, 가슴에는 노란 색깔의 "다윗의 별"을 달아주고 놀리며 급기야는 반에서 쫓아내었다는 것이었다.

사탄의 세력이 전국을 휩쓸고 있었다. 그는 학교에 진정하기 위해 달려갔었지만 오히려 나치당원들한테 욕설만 듣게 되었다. 유대인 상점 앞에 나치들이 모여서서 불매운동을 벌이고 얼마 뒤에는 공공연한 테러를 서슴지 않았다. 유리창을 부수며 불을 지르기도 하였다. 유대인을 돕는 독일인을 매국노라고 손가락질하며 따돌렸다. 레니와 하니는 도무지 밖을 나가려고 하지 않았다. 버스에도 전차에도 "유대인 사절"이라고 씌어있는가 하면 거리의 벤치에도 "아리안족만(독일인) 사용함"이라고 되어 있었다.

그러던 중 불길한 소문이 들려왔다. 새로운 소문이 아니었다. 강제수용소에서 유대인들을 학살한다는 것이었다. 모두들 믿으려 하지 않았지만 짧은 시간 안에 그 소문은 사실로 인정이 되었다. 지하 삐라가 뿌려졌다. 항거를 위한 지하조직은 친위대의 잔인한 말살작전에 힘을 잃었다. 정부에서는 유대인과 결혼하지 말라고 명령하였고 이미 결혼한 독일인은 이혼을 강요하였다.

한번은 영화를 보러갔다. 영화관 입구에 역시 "유대인 사절"이라고 붙어 있었다. 하니는 가슴이 뜨끔하여 들어가려 하지 않는 것을 남편이 손을 꼭 잡고 들어갔다. 그러나 주연배우의 얼굴을 보는 순간 클레퍼는 자리에 더 이상 앉아 있을 수 없었다. 그는 정부의 방침에 따라 자신의 유대인 부인과 이혼을 하였다. 자신의 출세를 위해 부인을 버린 것이었다. 그는 밑에서부터 끓어오르는 혐오감과 분노를 억제하지 못하였다.

오히려 그는 아내와 딸을 구하기 위해 군에 자원입대 하였다. 나치의 환심을 사기 위한 방법이었다. 동부전선에서 몇 개월을 전투에 참가하고 있는데 특명이 나왔다는 전갈을 받았다. 특명의 내용은 부인이 유대인이어서 제국군인으로 부적합하다는 것이었다. 자신을 희생하여 식구를 구하려는 의지는 무산되고 말았다.

클레퍼는 마지막으로 자신의 작품이 이룬 명성으로 아내와 딸을 구해보려 하였다. 그러나 끝내 얻은 서류는 강제소집장이었다. 그 소집의 날, 베를린 한 지역에 모여야 되는 유대인들에게는 이 날이 생이별의 날이었다. 클레퍼는 생각에 잠겼다. 아내와 딸을 살인자들의 손에 넘겨주어야 하는 나는 얼마나 무기력한 인간인가? 식구들을 망명도 못시키고 고스란히 저 지옥의 살인마들에게 보내야 하는 나는 도대체 무슨 인간이란 말인가? 기차를 타고 얼마를 가노라면 그 검은 굴뚝이 있다는 숲 속에 내리겠지. 그제서야 순진한 하니와 레니는 그곳이 악명 높은 수용소라는 깃을 알게 되겠지. 언제 그곳을 재로 변하여 떠나게 될지는 아무도 모른다는데 나의 식구들은 그런 불안 속에서 며칠이고 몇 달이고 떨며 지내게 되겠지. 강제로 옷을 벗기고 나치당원이나 친위대놈들의 음흉한 눈빛 사이를 치욕에 떨며 지나가야 할 하니와 레니. 가스실의 독기를 맡으며 문을 들어설 식구들을 생각하자 그는 정신이 아득하였다. 어쩌면 짐승 같은 나치간수들에게 욕을 당할지도 모르는 일이었다. 그럴 수는 없다. 이것은 허무맹랑한 조작이다. 인간에게 그러한 일이 일어날 수는 없다. 그러나 그가 매일 듣는 소식들은 무엇이란 말인가!

클레퍼는 눈을 감았다. 불가능한 일이다. 도저히 상상할 수 없는 소문이었다. 루터의 종교개혁의 나라, 경건주의 나라, 역사에 남길 수많은 신앙인들을 남긴 내 나라 독일, 이 나라가 이렇게 변했다는 것은 믿을 수 없는 사실이었다. 이것은 무슨 깊은 악몽인가. 마귀들이 전국을 휩쓸며 다니고 있었다. 독일은 이미 사단의 지배 아래 떨어진 것으로 보였다. 그는 물었다.

신앙인들은 어디로 갔는가?

방안은 점점 달아올랐다. 촛불이 타갈수록 그들의 눈에는 눈물이 가시고 서서히 어떤 굳은 빛이 떠올랐다. 클레퍼는 자꾸 되뇌었다. 주님, 우리는 죽는 게 아닙니다. 이것은 자살이 아닙니다. 저희는 도저히 자살을 기도할 용기도 없는 연약한 자들입니다. 다만, 다만 주님이 더디 오셔서 우리가 먼저 주님께 가려고 하는 것입니다 …. 그의 눈에서 갑자기 눈물이 쏟아졌다. 사단의 손에 제 식구들을 넘겨 줄 수는 없습니다. 도저히 이렇게 넘겨 줄 수는 없습니다. 차라리 제가 데리고 가도록 허락해 주세요. 주여 용서해 주세요. 저희가 먼저 가도록 허락해 주세요. 가스대에 엎드린 그는 울음을 진정할 수가 없었다. 가스가 눈물을 타고 올라오고 있었다.

골케씨의 밤

라 이프찌히(Leipzig). 1990년 10월 2일 저녁 8시 경이었다. 골케 (Gohlke)씨가 어둠침침한 계단을 올라 3층 자신의 방문 앞에 섰을 때 문은 자동으로 열려졌다. 왜냐하면 1차 세계대전 식후에 지어진 아파트의 나무 계단이 금방이라도 무너질 듯이 소리내며 삐덕거렸기 때문에 체중과 걸음걸이 습관에 의해 조성되는 음률은 누가 움직이고 있다는 것을 바로 알려 주었다.

문안에서 아내와 두 딸이 웃음꽃을 활짝 피우고 맞아 주었다. 방에는 다른 어느 때보다도 온기가 배어 있었다. 식탁을 바라보니 평소에 없던 음식들이 마련되어 국에서는 김이 오르고 있다. 골케 여사가 가벼운 포옹 뒤에 묻는다. "오늘은 조금 늦으셨네요?" 아이들은—아네도레, 크리스티네—그 사이에 국을 다시 가스불 위에 올려놓고 저녁식사 준비를 마쳤다. "으응, 시내에 인파가 얼마나 많던지. 전차가 갈 수 있어야지 ⋯."

골케씨는 저녁 5시 30분경 퇴근, 회사 부근에 있는 교회의 기도회에 참석하는 소위 열심있는 교인이었다. "평화의 기도"가 너무 정치화되는 경향이 있어, 십수 명이 정기적으로 모이는 기도회를 따로 조직하여 "그의 나라와 의를 구하는" 기도회를 갖고 있었다.

골케씨는 잠시 TV를 켰다. 거리에서도 그랬지만 오늘 저녁 TV에서도 온통 "통일, 통일"이 주제였다. 그도 그럴 것이 2차 세계대전 이후 나뉘어졌던 독일이 다시 하나가 된다는 감동을 사람들은 억누르지 못하고 있는 것이다.

전차 속에서, TV화면에 등장하는 사람들의 입에서 "역사는 발전하는 겁니다. 통일은 역사발전의 자연스런 결과입니다. / 인간이 민주주의를 만날 때 이루어지는 것이 바로 통일입니다. / 인류는 그 이상(理想)을 포기하지 않을 때 통일을 반드시 이룰 수 있습니다 …."라고 말하는 것을 들을 때마다 골케씨는 Nein!(아니다!) 이라고 대답했다. 그의 마음 속에는 이 표현들이 사회주의 체제를 이제 포기하는 공산주의 나라의 아직도 포기되지 않은 공산주의 사상의 결과라는 생각에 경악을 떨치우지 못했다. 과학적 역사발전, 인류라는 똥덩어리 같은 존재를 무한한 가능성의 이성체로 파악하려는 것은 한낱 꿈에 불과했다. 그는 내일로 다가선 통일은 하나님이 주신 선물이라는 믿음에 변함이 없었다.

"아빠, 무얼 생각하세요. 어서 드세요. 국 식습니다." 라는 말에 골케씨는 자신이 지금 식탁에 있다는 것을 다시 깨달았다.

골케씨의 머리에서는, 통일을 하나님의 역사주권에서가 아니라 인류의 이상적인 역사발전의 결과로 받아들이는 사람들의 환호성이 도저히 이해되지 않았다. 공산주의를 포기하고 짓밟아 버리는 자들이 이미 빨갛게 물들어 있구나 하는 생각이 들자 그는 하나님을 다시 향하게 되었다. "주님, 저들은 저의 하는 일을 알지 못하고 있습니다. 용서해 주옵소서."

아네도레는 14살, 크리스티네는 15살. 모두 라이프찌히 시내에 있는 실업계 학교에 다니고 있었다. 두 딸을 보면 골케씨 부부는 한편으로 마음이 아프고 한편으로는 마음이 든든하고 오히려 위로를 받았다. 600명 가까이 되는 학생 중에 파란 스카프가 없는 아이들은 자신의 두 딸뿐이었다. 파란 스카프는 "평화와 사회주의를 위하여"라는 구호를 외치며 선서하는 아이들에게 주는 당(黨)의 선물이었다.

예수를 구주(救主)로 고백하는 골케씨는 자신의 아이들이 이 스카프가 없어 당하는 고통과 고난을 알지만 … 더구나 이제는 아이들이 자라 헛된 맹세를 하지 않기 위해 파란 스카프를 스스로 포기한 것을 보자 하나님께 감사하게 되었다. 아이들이 부모들의 신앙을 이해하고 핍박 속에서도 그 신앙을 지키려고 애쓰는 것을 볼 때 골케씨 부부는 확신했다. 하나님께서 살아 계시며 저 애들을 통해 영광 받으실 것을. 반에서 공부를 제일 잘하면서도 일 등을 받아 보지 못하고 선생님들이 공공연히 칭찬할 수 없었던 것은 모두 그들이 "예수쟁이"라는 사실에 있었다.

골케씨 가족은 미리를 마주하고 기도했다. 통일을 허락하신 하나님께. 파란 스카프가 없어진 시대를 감사하였다. 억눌렸던 신앙생활을 마음껏 할 수 있고 어디에서도 찬송할 수 있게 된 시대를 감사하였다. 예수쟁이라는 사실이 불평등의 이유가 되지 않고, 학교에서 당해야 했던 비웃음과 조소의 시간이 지나간 것을 감사하였다.

통일은 골케씨 가족에게는 다른 식으로 이해되었다.

통일 전야의 밤이 깊어간다 ….

헤브론에서

어느 날 아버지가 이렇게 말하는 것이 바썸의 꿈 속에 들렸다. "가축 시장엘 좀 다녀와야겠소."

아버지는 오래간 만에 행장을 차려 어디론가 급히 나가실 눈치였다. 바썸은 무슨 일인가 싶어 궁금했으나 잠자코 있었다. 그리고 얼마 뒤 바썸이 "어이쿠 이러다가 학교 늦겠구나"라는 생각에 후다닥 자리에서 일어났을 때 어머니는 이미 아침을 차려 놓으셨다. 바썸은 자기가 오늘 학교에 갈 수 없다는 사실을 그제서야 알았다. 어머니는 아버지의 말씀이라며 "애, 바썸아, 오늘 아버지가 예루살렘에 다녀올 동안, 염소 풀 좀 뜯겨라" 하셨다.

바썸은 학교 가는 일도 중요했지만, 아버지의 말씀이라 순종하는 뜻에서 "예!" 했다. 하기야 염소 풀 뜯기는 일 때문에 학교를 쉬는 일은 종종 있었다. 그러나 바썸은 아버지가 자신이 교회 나가는 것을 반대하는 이유를 알지 못했다. 바썸이 교회에 갔다 왔다는 소리를 들으면 아버지는 펄쩍 뛰었다. 바썸은 수없이 야단을 맞고 매를 맞으면서도 기회만 있으면 교회에 갔다. 교회에 가면 꾸벅꾸벅 절을 안 해서 좋기도 했지만 재미있는 이야기를 들을 수 있어서 더 마음이 끌렸다. 아버지는 이슬람 사원을 향해 절하고 또 절하는 분이었다.

바씸은 언젠가 교회에서 잃어버린 한 마리 양에 관한 이야기를 들었다. 아버지와 함께 밤 늦도록 잃어버린 염소를 찾아다니던 기억이 생생한 바씸에게는 이 성경 말씀이 너무 감명 깊었다. 한 마리 잃어버린 염소를 찾아 깜깜한 밤에 돌부리에 걸려 넘어지고, 무릎이 깨지고, 때로는 아버지마저 암흑 속에서 잃었을 때. 그러나 얼마 뒤 아버지도 만나고 염소도 다시 찾았을 때. 밤늦게 산길을 어머니가 기다리시는 집에 귀가해 같이 기쁨을 나누었을 때. 아, 그 마음은 표현할 수 없지만, 바씸은 열심히 가르쳐 주시는 선생님의 말을 이해하기도 했지만, "이와 같이 예수님도 우리를 찾고 계신 거예요" 하는 뜻은 아직 다 깨닫지를 못했다. 이 설교를 들은 뒤부터 바씸은 더욱 열심히 염소를 보살폈다.

그 날은 날씨가 너무 좋았다. 바씸은 웃옷을 벗어제치고 아버지가 가장 아끼는 나귀를 타고 나살 생각을 했다. 어머니가 싸 주신 점심 가방 (그 속엔 빵, 토마토, 올리브 열매 등이 들어 있었다)을 들고 산을 향해 나갔다. 알리 아저씨는 어디가 아픈지 문턱에 쭈그려 앉아 있다가 바씸이 콧노래를 부르며 지나가자 "얘, 바씸아, 너무 멀리 가지 말고 풀이나 뜯겨라" 했다. 알리 아저씨만 아프지 않았어도 바씸은 학교에 갈 수 있었을 텐데 … 라고 생각했으나 그게 문제되지는 않았다. 바씸은 그 날 따라 자기 혼자 일을 떠맡는 것이 조금도 걱정이 안되고, 한 마리 잃기나 하면 어떻게 하나 공연히 조바심이 나기도 했지만 교회에서 선생님이 가르쳐 주신 기도를 생각했다. 나귀를 타고 가면서 기도했다.

"하나님 아버지. 오늘 아빠가 예루살렘에 가셔서 제가 대신 염소 지켜요. 한 마리도 잃어버리지 않게 해주세요."

바씸이 나귀를 타고 산길을 돌아 나갔을 때 비탈 한 구석에서 벌써 염소들이 돌담을 뛰어나가려고 했다. 해는 조금씩 따갑게 비쳐오고 있었다. 바씸은 문을 열어 염소를 풀어 주기 전에 문득 오늘 어디로 몰고 나갈까 생각했다. 그 때 바씸에게는 동남쪽 사람이 잘 가지 않는 풀밭이 머릿속에 떠올랐으나, 그곳까지 가려면 조금은 먼 거리였다. 그러나 바씸은 벌써 나귀를 몰고 그 쪽으로 향하고 있었다.

바씸이 염소를 풀 뜯기며 자꾸자꾸 동남쪽으로 향해 갈 때 무슨 쿵 쿵 하며 땅이 흔들리며 기분이 좋지 않은 그런 것을 느꼈다. 그 소리는 어떤 때는 전혀 안 들리다가도 또 들려왔다. 바씸은 여태껏 그런 일을 안 당했었기 때문에 염소 모는 일에 그냥 열중했다.

햇볕이 머리 위에서 비쳐 너무 따가왔다. 바씸은 나귀를 내려 나무 그늘로 들어가 어머니가 싸 주신 점심을 열었다. 얼른 올리브 열매 하나를 입에 넣고 오물오물 씹어 씨를 힘껏 내뱉었다. 씨는 어느 큰 돌 위에 부딪쳐 기대하지 않은 곳으로 튀어나갔다. 바씸은 그 때 참 교회에서 밥 먹을 때도, 잠 잘 때도 기도하라고 배웠는데, 그런데 어떻게 한다? 바씸은 식사기도를 잘 배우지 못했다고 자신을 꾸짖었다.

염소들은 마른 풀을 뜯으며 더러는 이쪽에 더러는 저쪽에 한가로이 흩어져 있었다. 바씸은 풀 위에 누웠다. 바씸은 꿈을 꾸었다 …. 먼지 나는 들판을 바씸은 막 뛰어나갔다. 바씸은 기도하고 기도했다. 이 싸움에서 승리할 수 있도록 하나님께 기도했다. 자신이 생각해도 겁이 없는 것이 희한했다. 바씸이 한 쪽에 섰을 때. 또 한 쪽에는 키가 큰 갑옷의 장수가 내려다보고 있었다. 사람들은 골리앗! 골리앗! 하면서 환호했고 다른 한 쪽에서는 바씸! 바씸! 하면서 응원하듯 했다. 바씸이 조그만 돌을 들어 그를 향해 던지는 순간 바씸은 잠에서 깨었다. 그리고 그 때 쿵 쿵 하는 소리가 연이어 들려왔다.

바씸이 눈을 떴을 때 염소들은 놀라 사방으로 흩어졌다. 바씸은 나귀를 타고 염소를 모을 양으로 뛰어다녔으나 우선 무엇을 어떻게 해야 좋을지 몰랐다. 바씸은 자꾸 들려오는 소리의 정체를 알 수가 없었다. 그 때 바씸은 정말 기도해야 하는 것도 잊어 버렸다. 바씸은 소리나는 곳을 향해 눈을 돌렸다. 멀리서 하얀 꽃구름이 땅에서 피어올랐다.

땅이 또 울렸다. 염소 한 마리가 꽃구름을 향해 뛰어나가는 것이 바씸의 눈에 들어왔다. 잃어버린 양을 찾는 목자의 설교가 생각났다. 그것은 어린 바씸에게 거의 무의식적이어서 염소를 향해 바씸은 나귀를 몰았다. 소리는 점점 가까이 그들을 향해 다가왔다. 바씸이 계곡 한 모퉁이를 돌아 사라지는 염소를 힘차게 쫓아 나갈 때 뒤에서 "바씸, 바씸, 멈춰라. 가지 마라. 돌아와!" 하는 소리가 들렸다. 아버지와 알리 아저씨였다. 그들은 다급히 소리쳤으나 바씸은 저 녀석만 잡아다 놓으면 오늘 일은 끝이라는 생각에 더 급히 나귀를 몰았다. 바씸이 염소를 쫓아 산을 내려 갈 때 아버지와 알리 아저씨는 순간 눈을 감고 말았다 ….

(그 날 세계의 뉴스는 이스라엘과 아랍간의 전쟁이 다시 발발했다고 보도했다. 아브라함, 사라, 이삭, 레베카, 야곱의 무덤이 있는 헤브론의 마흐펠라를 방문했을 때, 두 손이 잘리고 불구의 몸을 한 어린 소년이 내게 다가왔다. 그는 버스에서 내리는 나를 보고서는 그 뒤로 나를 미행하듯 따라다녔다. 이상한 일이었다. 어느 나무 그늘에서 빵을 뜯으며 끼니를 때우던 나는 그에게 말을 걸었다. 그는 말을 할 수 없는 소년이었다. 내 입에 넣으려던 빵 한 조각을 그의 입에 넣어 주자 그의 얼굴은 환하게 타올랐다. 나는 또 한 조각의 빵을 포도주에 적셔 그의 입에 넣어 주었다. 우리는 그렇게 한 동안 빵과 포도주로 인해 하나가 되었다.

성지순례로 이스라엘을 여행 중이던 나는 여러 날 동안 아무 의미도 찾지 못한 채 방황하고 있었다. 예수여! 예수여! 하나님께서 어찌 이 죄많은 세상에 오셨나이까? 우리에게 주신 주의 살과 피는 정녕 무엇입니까? 수만 가지의 상념이 끊이지 않고 계속되었다. 나는 정신적으로 혼란상태에 빠져

들어갔다. 차라리 이스라엘에 오지 않았더라면 더 좋았을 것을 하고 후회하고 있던 차였다. 머리로 해결하려던 나의 의지는 혼란의 끝에 회의로 이어졌다. 이런 곤궁한 상황에 바씸이 나에게 던져준 의미는 "마음으로! 심장으로! 가슴으로!"란 말이었다. 그것은 하나의 영적인 가르침이었다. 나의 눈을 다시 뜨게 하였던 분명한 체험이었다.)

올가 또는 저 높고 높은 별을 넘어
이 낮고 낮은 땅에 오신 주님의 사랑 이야기

뒤셀도르프(Düsseldorf)의 황혼이 깊어 가고 있었다. 아직 켜지지 않은 가로등 사이로 땅거미가 오르려 하는 시각이었다. 시내 한복판 신호등에 빨간불이 보였다. 보는 차량이 일사불란하게 신호를 받고 섰다. 1초, 2초, 3초 ….녹색 신호등으로 바뀌는 순간이었다. 차량들은 다시 일제히 가스를 주기 시작했다. 경주장에 나선 차들처럼 출발을 준비했다. 그리고는 메르체데즈, 아우디, 오펠사의 위용을 자랑하는 차들이 쏜살같이 달려나갔다. 그러나 3차선의 다섯 번째 서 있던 차가 나가지 않았다. 여섯 번째 차는 경적을 울렸다. 그 소리는 날카롭게 울려 나갔다.

다섯 번째 차는 파란불을 받고도 출발하기는커녕 급하게 운전석 문이 열리더니 한 사내가 나왔다. 그는 보행자들이 있는 인도로 뛰어갔다. "Hilfe, Hilfe!"(도와 주세요!) 금방이라도 주저앉을 것 같이 보이는 차에서 나온 사나이는 몇 마디 단어 밖에 독일어를 할 줄 몰라 보였다.

그의 차림은 너무 남루하여 전쟁터에서 피난온 난민처럼 보였다. 눈에는 설움이 가득하고 용기라는 것은 있어 보이지 않았다. 체념, 절망이 지나치면 그렇게 보일까? 그가 보이는 동작은 소리 없는 절규 같았다.

한 청년이 그에게 다가왔을 때 그가 내 보인 것은 한 장의 종이였다. 내용은 이러했다. "저는 차라바초프라는 소련사람 입니다. 제 아들이 암에 걸려 죽게 되어서 독일 병원을 가려고 합니다. 병원으로 안내해 주세요" 서투른 독일어였다. 오래 전 러시아로 이주했거나 전쟁 후 그곳에 남아 살게 된 독일인 후예들이 대필해 준 느낌이었다.

가로등이 막 켜지려 했다. 다섯 번째 뒤의 차들은 영문을 모른 채 scheisssss!(제기랄) 하고 차선을 빠져나갔다. 다음 날 독일의 한 일간지에 이런 기사가 1 면에 실렸다. "아들을 살리기 위해 소련의 한 구석에서부터 5,200킬로미터를 달려온 아버지의 사랑." 그러나 이 이야기의 뒤에 숨겨 있는 사연에 대해 관심을 두는 사람은 별로 없었고 기자들도 정작 캐내지 못했다.

올가는 강변에 서서 손을 흔들고 있었다.

멀리 차 한 대가 중앙아시아의 지평선을 지나 사라져 갔다. 올가는 흐르는 강을 보면서 그렇게 서 있었다. "어찌해야 하나 …." 그녀가 느끼고 있는 것은 바람결에 힘없이 날리는 자신의 모습이었다. 이반의 얼굴이 떠올랐다. 웃음을 잃은 지 오래 된 얼굴. 겨울나무처럼 말라버린 아들의 몸. 약 기운으로 인해 빠진 머리. 몇 년 째 암에 시달리다 이제는 죽음만을 기다리고 있는 일곱 살 난 이반을 지켜보고 있는 어머니의 마음을 누구도 알지 못할 것이라고 올가는 생각했다.

목사님은 먼 길을 달려와 위로해 주셨지. 기도 끝에 눈물을 감추지 못하셨지. 그도 아들의 앙상한 몸을 붙잡고 주여! 주여! 만을 외치셨지. 올가는 하늘을 우러러 보았다. 구름은 하늘을 아름답게 수놓았다. 새털구름이 높이 떠 있었다. 어린 아들이 벌써 저 곳으로 가야한다고 생각하니 약해지면서 눈물이 났다. 주여 안됩니다. 주여 안됩니다. 이반은 이제 일곱 살 밖에 안됐습니다. 살려주세요. 살려주세요 ….

그녀의 곁으로 남편이 다가왔다. 올가는 그 때 외침으로 밖에 나오지 않던 기도의 어떤 끝에 와 있었다. 언어가 끝나고, 감정의 느껴짐도 끝나고, 그녀의 감각으로 느껴지던 주변의 모든 대상이 몸에 더 이상 느껴지지 않게 되는 끝에 와 있었다. 올가는 오랜 세월 동안 어떤 기다림으로 그렇게 버티고 서 있던 바위 같았다, 아니 산 같았다. 그리고 서서히 아들의 고통에 손을 대고 계신 분의 마음이 그에게 다가왔다. 올가의 마음이 열리고 있었다. 십자가에서 고통받고 있는 예수님으로 인해 아파하시는 성부 하나님의 마음이 그에게 다가왔다. 그 순결하고도 엄청난 고통이 올가를 감쌌을 때 올가는 '나는 아무 것도 아닙니다' 라고 고백하였다.

그 순간 올가의 고통은 신비로운 세계로 들어갔다. 고통 속에서 고통이 위로 받고, 고통 속에서 고통이 치유되며, 아픔 속에서 아픔의 상처들이 싸매어졌다. 아픔이 변하여 찬양이 되며, 고통이 변하여 환희가 되는 세계는 예수의 십자가였다. 모든 아픔이 "그 아픔"을 통하여, 모든 고통이 "그 고통"을 통하여 치유함을 얻었다. 올가는 자신의 영이 고통을 통해 역사하시는 주님을 찬송하고 있음을 알게 되었다.

남편이 앞으로 다가섰다. 순간 그녀는 자신도 모르게 이런 말을 했다. "이반을 데리고 독일로 가세요. 독일에 가면 이반을 고칠 수 있을 거예요." 차라바초프는 아내의 마음을 충분히 이해했다. 그러나 실현될 수 없는 말이었다. 기도의 응답이라고 하기에는 너무 허황되다고 여겨졌다. 이 촌구석에서 독일로 간다는 것은 불가능한 일이었다. 차도, 돈도, 길도, 공산당국의 여행허가도, 모든 여건이 될 수 없는 일이었다. 남편은 끝내 나는 자식 죽는 게 마음 편해서 이러고 있는 줄 아느냐고 쏘아붙였다. 남편이 올가에게 내일 아침 이반을 데리고 독일로 떠나겠오 라고 말한 것은 그로부터 6개월이 지난 후였다 ….

(올가는 아주 평범한 여인이었다. 세계지리도 잘 모르고, 국제정세도 알지 못하는 촌뜨기 아낙이었다. 그런 여인이 어떻게 이런 생각을 하게 되었을까 하는 것이 남편의 숙제였다. 차라바초프는 어느 날 기도하던 중 죄인들을 구원하시기 위해 머나먼 별의 길을 지나오신 예수님의 사랑 앞에 무릎을 꿇게 되었다. 아내를 움직인 그 사랑의 본체를 알 것 같았다. 예수님은 그 머나먼 별을 넘어 우리에게 오셨는데, 오셔서 우리의 아픔을 자신의 고통으로 치유하셨는데, 아버지 하나님의 사랑과 아픔으로 우리가 낫게 되었는데, 우리의 이 외부조건이 무슨 장애가 되리요? 그 먼 별의 길에 비하면 독일이 무슨 먼 땅이리요, 아버지 하나님은 독생자를 주셔서 우리를 살리셨는데 우리가 우리의 아들을 위해 무엇을 주저하리요? 아들의 고통을 덜 수만 있다면 내 어디든 가리. 올가는 아들을 차에 싣고 떠나는 남편을 보면서 이제 비로소 자신들은 하나님의 사랑을 깨달을 것 같다고 생각했다.)

미스 머시밀즈 그리고 시장여사들의 진격

책을 읽는 사람들은 감동적인 장면을 기대한다. 책을 읽다가 웃기도 하고 울기도 한다, 책을 읽다가 분노에 싸이기도 하고 안타까워하기도 한다. 나는 파벨칙이라는 독일 선교사님이 아프리카 가나의 선교지에서 경험하였던 체험기를 읽은 적이 있었다. 그 중의 어느 한 장면을 떠올릴 때면 나는 실없는 사람모양 웃게 되었는데 그 장면을 생각하면 배꼽 깊은 곳에서 웃음보가 터진 것같이 웃지 않을 수 없게 된다. 그것은 주일 예배의 헌금시간에 뒤뚱거리며 걸어나오는 여사(?)들의 정의로운 모습 때문이었다.

가나의 한 지역에 파송 받은 파벨칙 선교사님의 임무는 그 곳 집 없는 청소년들에게 성경을 가르쳐 주며 전도하는 일이었다. 그의 초기사역은 축구단을 조직하여 청소년들을 모으는 일이었는데 축구가 끝나면 그는 아이들을 모아놓고 예수님 이야기를 가르쳐 주었다. 그는 전직 축구선수였다. 이 선교사님은 빈민굴 한 가운데에 있는 교회에 출석하였는데 이 교회는 드럼통을 펴 만든 양철교회였다. 자, 이제 그의 글 중에서 웃음 외에도 그 무엇인가 여운을 남기는 장면을 머릿속에 떠올려 본다.

"광고에 이어 찬송을 부르면 시장여인들은 조금 상기되면서 자리를 뜬다. 반주자가 자기의 온 힘을 모아 풍금을 힘차게 밟아 바람을 불어넣으면 그것으로 시장여인들은 행동개시 할 주제찬양의 전주임을 알게 된다. '예수의 군병들아 앞으로 앞으로' 였다. 이 진격 나팔소리와 함께 미스 머시밀즈는 그의 여군부대(?)와 함께 양철교회로 진격해 들어온다. 그들은 큰 나무접시를 마치 방패라도 되는 것처럼 앞에 들고 그들의 얼굴은 무엇인가 크게 결심한 사람들처럼 상기되어 있었다. 미스 머시밀즈 여사는 별명이 그럴듯했지만 사실 구멍가게 주인아줌마였고 그의 부대는 다름 아닌 그 주변의 행상아줌마들이었다. 이들이 은혜 받고 변화되어 교회 일에 앞장섰다. 미스(Miss)는 교인들이 부쳐준 칭호였는데 그것은 그들 사이에서는 거의 백작부인에 버금가는 존경심을 내포하고 있었다.

아프리카식으로 끼어 앉아 얼마나 좁은지 비집고 들어오기도 힘든 판에 시장여인들은 기어이 파고 들어왔다. 그들은 할 수 있는 최대의 화사한 웃음을 띠면서 찬양만 부르는 것이 아니라 발을 구르면서 박자까지 맞추었다.

머시밀즈 성도는 뒤에서부터 교회 안에다 대고 소리질렀다. '우리 주님은 여러분의 마음만 회개하길 원하시는게 아니라, 여러분의 돈보따리도 회개하길 원하십니다!' 모두는 찬송 가운데 '아멘' 하고 대답한다. 그리고는 교회 안에 있는 모든 사람에게 나무접시를 들이댔다.

솔직히 말하자면 처음으로 내가 이 헌금 거두는 모습을 대하게 되었을 때 몹시 당황했었다. 머시밀즈와 그의 도당(?)들은 판판한 헌금 접시에 얼마를 헌금하는지 뚫어지게 쳐다보았다. 만약에 헌금이 너무 적다거나, 어떤 교인이 내야될 만큼 안내면 그대로 그 앞에 머물어 선다. 그리고 이렇게 말한다. '아니 지난 번에 수금하는 걸 우리가 봤는데 이게 고작 헌금이라고 하는 거야? 꾸어줄 테니까 다음 주일 내 돈 도로 주어야 해요.' 자기 주머니에서 돈을 꺼내어 헌금을 빌려서 내준다. 그리고는 계속 헌금을 거두어 나갔다.

어떤 형제는 돈이 없었다. 그는 헌금 접시에 한 쌍의 옥수수를 얹었다. 그러나 헌금위원인 이 여인들은 감격의 얼굴을 한다. 내 앞줄에 앉은 한 과부는 달걀을 하나 얹었다. 나는 그녀의 얼굴에서 그가 먹지 않고 절약해서 헌물한 것임을 읽을 수 있었다. 그 순간 나에게 예수님께서 칭찬하신 동전 한 잎 들고 온 과부의 모습이 떠올랐다.

한번은 예배를 보는데 내 옆에 산 닭을 가지고 들어온 한 사나이가 있었다. 그는 발밑에다 이 가엾은 짐승의 다리를 묶어 놓았다. 이 수탉이 꼭꼬댁 거리며 예배시간에 똥까지 싸 놓았다. 나는 처음에 이 사나이가 교회에 왜 이 가엾은 짐승을 들고 들어왔는지 알지 못했다. 혹시나 그는 예배시간에 자기 집에서 누군가 그 닭을 훔쳐 낼까봐 섭벅은 섯은 아니었을까? 그러나 헌금시간이 되자 그는 시장여사들에게 사정했다. "저는 돈이 없어서요, 이 닭을 경매라도 붙여 헌금을 했으면 합니다. 당신들이 그 방면에는 나보다 선배니까 좀 ···." "오케이." 미스 머시밀즈는 그 닭을 경매에 붙인다. 헌금 잘 안 하는 철물점 주인에게 닭을 들이대고 말한다. "값 좀 잘 해줘요, 헌금하겠다는 ···."

이렇게 헌금을 거두어 강대상에 갖다 놓으면 예배 사회자인 교회운영위원장이 헌금접시 위에 놓인 헌금이나 헌물을 기도가 끝나는 대로 목사님의 주머니에 찔러 넣는다. 그것이 돈이건 깨지는 달걀이건 또는 묶여 있는 산닭이건 관계없이 양껏 찔러 넣는다. 마지막으로 목사님께서 '주님께서 모든 성도에게 축복하실지어다' 라고 기도하시면 우리는 기쁜 마음으로 '목사님에게도요' 라고 응답한다."*

* 『즐거운 아프리카 양철교회』(F. 파벨칙, 홍성사, pp.87~92)에서 인용

수상적 상상력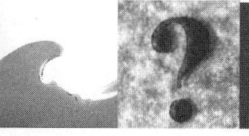

수상적(隨想的) 상상력

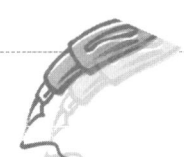

수상은 수필(隨筆)과 한 가족이다. 수필은 문자 그대로 붓가는 대로 쓴 글이다. 그렇다고 해서 수필은 결코 쉽게 써지지 않는다. 수필을 제대로 쓰려면 시적 상상력에서 요구되는 직관이 전제되어야 한다. 직관은 사물을 한 눈에 꿰뚫는 관통력, 또는 통찰력이다. 대상을 바라보고 나름대로 위상을 정할 수 있는 능력이 없다면 수필 쓰기는 어려워지게 된다. 수필을 읽기도 어려운 것이다.

수필은 시적 상상력을 가지되 시 형식으로 쓰는 것이 아니라 산문의 형태로 쓰기에 특별한 장르이다. 그러면 수상적 상상력이란 무엇인가. 수필과는 크게 다르지 않으나, 다만 일정한 주제를 깊이 있게 다루어 간다는 것에서 구별된다. 수필이 주관적이라면 수상은 보다 객관적이다. 수필이 자연과 삶에서 의미를 찾아내는 작업이라면 수상은 특별한 주제를 밝히는 작업이라고 할 수 있다.

수상적 상상력은 우리를 자유로운 사유의 세계로 안내한다. 그곳에는 의미가 카멜레온과 같이 보호색을 하고 숨어있다. 얼핏 보면 나뭇잎인지 도마뱀인지 구분이 가지 않는다. 의미가 세계 속에 숨어있는 것과 같은 형상이다. 하지만 수상적 상상력을 따라가다 보면 햇빛을 받아 번득이는 금속물체와 같이 반짝이는 의미를 만날 수 있다. 그 방법은 단편적이기 때문에 우리를 흥분시키고 쉽게 지치지 않게 한다.

예수님 예수님 우리 예수님

그분이 왕이신 줄 알았더라면 …. 우리는 모두 처음부터 무릎꿇고 그에게 나아가 경배했을 것이다. 우리의 죄 때문에, 우리의 수건에 싸여 있는 것 같은 무지하고 무식하고 온통 죄 밖에는 보일 것 없는 죄 때문에, 우리는 왕으로 오신다는 예수님을 저기 헤롯 대왕의 왕궁에서나 달라스 영화에 나오는 멋진 저택에서 태어나실 줄 알았다.

오, 주여 용서하여 주세요. 우리는 교만하여 우리의 왕이 총을 차고, 칼을 차고, 탱크를 이끌고 수많은 군대를 이끈 세대의 독재자처럼 오셔서 저희를 해방하리라는 기대에 가득차 있었습니다.

우리는 예수님이 부잣집 동네 유치원에서 자라지 않고, 버림받은 곳, 사람들이 돌보지 않는 곳, 나사렛에서 자라나신 것을 모른 채 로마의 유명한 선생들 제자들 속에서, 그리스의 말 잘하는 철학자들의 틈 속에서 계시리라 생각했었다.

주님. 아직도 저희는 먼저 오셔서 가난한 자들을 사랑하신 그 뜻을 모르옵니다. Mea Culpa! Mea Culpa! Mea Culpa Maxima!(나의 죄 때문에, 나의 죄 때문에, 나의 크고 큰 죄 때문에) 예수님이 갈릴리 언덕에서, 해변에서, 죄 많은 자들 속에서 죄를 깨닫지도 못하는 죄인들 속에서, 우리를 위하여 애통해 하시고, 기도하시는 모습의 의미를 깨닫지 못한 채 십자가에 못 박으소서! 라는 아우성에 우리는 합류했어야 했습니다.

그 분이 정말 우리의 왕이신 줄 일찍이 알았더라면, 나귀를 타고 오실 때 진작 나가 엎드려 절했을 것입니다. 그 분이 정말 왕이신 줄 알았더라면, 세리와 같이 계실 때 그렇게 가까이 계실 때 임금의 옷깃을 만지기라도 했을 터인데.

오, 주님 용서하여 주세요. 저희의 죄 때문에, 예수님께서 들판에서 주무실 때에 저희는 배부르게 먹고 마셨습니다. 예수님께서 사막에 계실 때 저희는 인생살이에 너무 바빠 눈 멀었었습니다. 정작 예수님께서 오셔서 하나님의 나라를 가르쳐 주실 때, 죄 때문에 죄 때문에 우리는 듣기도 거부했었습니다.

그 분이 왕이신 줄 진작 알았더라면, 우리의 발을 씻기실 때에, 아이쿠 왕이시여, 이 어쩐 일이십니까? 라고 놀라기라도 했을 것입니다. 오, 주님. 우리는 주님을 종으로 여겼습니다. 용서하여 주세요. 왕 중 왕이신 주님이 보여주신 사랑을 깨닫지 못하고 주님의 깊은 마음과 그 사랑의 행적을 깨닫지 못하고, 왕의 집으로만, 왕의 옷으로만, 왕의 군사로서만 왕을 만나려고 했습니다.

그 분이 왕이신 줄 알았더라면, 자기를 억지로 임금 삼으려는 무리를 떠나 산으로 기도하러 가시는 주님을 따라 저희도 기도하러 갔을 것입니다. 저희도 죄 때문에 고통받는 자신과 이웃을 위해 기도하러 산으로 갔을 것입니다.

그 분이 왕이신 줄 알았더라면, 멸망당하는 예루살렘을 향해 하신 말씀의 의미를 깨닫고, 죄의 길에서 곧장 돌아 왔을 것입니다. 죽은 자를 살리시는 기적, 병든 자를 고치시는 기적, 우리 죽은 심령을 새롭게 하시는 기적을 보고도 우리는 믿지 않았습니다. 오, 주님. 우리의 죄를 용서하여 주

세요. 그렇게 예수님께 가까이 있었던 가룟 유다, 정의파인 체했던 베드로
처럼 난 예수님을 모른다고 몇 번이고 소리지를 죄인입니다.

조용히 우리에게 오신 예수님, 오셔서 귓가에 대고 "나를 사랑하니"라
고 물으시는 예수님, 많은 자들이 절하는 그런 무덤에 계시지 아니하시고
다시 살아나신 예수님, 성령님으로 우리를 찾아오셔서, 법학에서, 문학에
서, 철학에서, 기계공학 속에서, 연극학 속에서, 인생의 개똥철학 속에서
하나님을 찾으려는 우리의 죄 많은 뜨거운 욕망을 새롭게 치유하시는 예수
님, 부활의 예수님, 영광의 예수님, 재림의 예수님, 예수님 예수님 우리 예
수님!

십자가의 의미

십자가는 고대사회에서 가장 잔인하고 무자비한 처형 방법이었다. 이런 십자가 위에서 예수 그리스도는 우리를 위해 저주 받으셨다.

성경에 쓰여진 대로 이루어져야 했다. "나무에 달린 자마다 저주 아래 있는 자"(갈 3:13)라는 말씀이 그것이다.

그러나 하나님께서는 저주를 축복으로 변화시키실 수 있는 분이시므로 십자가의 저주는 이제 가장 크고 영광스러운 축복의 근원이 된 것이다.

그것이 곧 성화이다. 성화는 우리의 이해를 뛰어 넘는 역설(Paradox)로 이루어졌다. 이것을 깨달은 사도 바울은 "내게는 우리 주 예수 그리스도의 십자가 외에는 결코 자랑할 것이 없으니"(갈 6:14)라고 자랑한다.

예수님께서 십자가 위에서 흘리신 피는 만물이 하나님과 화해케 됨을 위해서다(골 1:20).

우리가 예수 그리스도의 진정한 제자가 될 때 예수님의 다음 말씀을 이해하게 된다. "아무든지 나를 따라 오려거든 자기를 부인하고 자기 십자가를 지고 나를 좇을 것이니라"(마 16:24). 갈라디아서에서 사도 바울은 그가 예수 그리스도와 함께 못 박혔고(2:20), 예수 그리스도의 사람들은 육체와 함께 못 박혔고(5:24), 세상이 나를 대하여 십자가에 못 박혔다고 고백했다

(6:14). 하나님께서는 우리를 예수 그리스도의 십자가로 인하여 축복하시고, 십자가를 반대하는 자들이 되지 않도록 인도하신다(빌 3:18). 성도는 십자가의 치욕을 염두에 둘 것이 아니라, 그 때문에 우리에게 새 소망을 주신 하나님께 영광과 감사를 돌려야 할 것이다.

십자가, 그것은 예수 그리스도의 고난의 자리이기도 하자 승리의 자리이며, 불명예처럼 보이던 십자가는 우리에게는 구원과 축복의 증거인 것이다.

침묵 속에 맞이하는 대강절

주님이 이 땅에 오신 성탄을 향해 갑니다. 이제 우리가 행할 수 있는 일들 중에 정말 의미 있는 행위가 있다면 그것은 주님의 오심을 침묵 속에서 맞이하는 일일 것입니다. 침묵은 우리가 소유한 신앙의 다른 형태입니다. 침묵은 세속화된 종교적 습관과 감정을 다시 넘어서서 본질을 향해 질주해 가려는 우리의 적극적인 자세입니다.

이 침묵은 믿음에서 출발해야 합니다. 진정한 침묵 속에서 우리는 하나님의 행하시는 역사를 바라볼 수 있습니다. 너희는 가만히 서서 여호와의 행하심을 바라보라. 여호와 앞에서 잠잠하라. 침묵은 우리에게 요구된 경건 생활의 한 형태입니다. 겸손한 자에게 주신 특권입니다. 하나님의 나타나심 앞에 취할 수밖에 없던 욥의 정당한 태도는 침묵뿐이었습니다. "손으로 내 입을 가릴 뿐이로소이다."

하나님께서 인생들에게 오신다는 것은 엄청난 사건이었습니다. 그것은 하나님 외의 어느 이성체도 감당할 수 없는 사건이었습니다. 무한하신 하나님께서 유한(有限)세계의 한계 안으로 규정지어지게 하신다는 것은 인생들의 눈에 오히려 불가능하게 보였습니다. 아니 경건한 자들일수록 성육신을 신성모독이라고 생각했습니다. 그러나 인생을 구원하시려는 하나님의 사랑은 한 분뿐인 그의 아들을 이 땅에 보내셨습니다. 그것도 육신의 모양으로, 종의 형체를 따라서 말입니다. 예수님은 자신을 완전히 비우시도록 자신을 내어놓으셨습니다. 그리고 우리 인생들을 엄청난 사랑으로 안으셨습니다.

감사, 찬양, 영광 … 이런 내용이 인생들의 입술에 담기기 전에 이 사건은 인생의 눈에 견딜 수 없는 사건으로 보여졌습니다. 불신으로 인한 실존의 그림자 속에 깊이 갇혀 있었기 때문이었습니다. 죄인의 스스로 꺾여져 기어 들어가는 자기 중심성, 자기본위, 자기애(自己愛). 루터는 이것을 라틴어로 명백히 표현했습니다. incurvatus in seipsum. 어두움이 빛을 깨달을 수 없었습니다. 주여, 우리의 믿음 없음을 불쌍히 여겨주옵소서!

하나님께서 우리에게 오신다는 것은 온 바다의 물을 한 유리잔에 담는 것으로도 이해해 볼 수 없는 불가능한 개념입니다. 유한한 것이 무한한 것을 담을 수 없는 것입니다. 우주의 창조자이신, 언어와 인식을 뛰어넘어 계시는, 능력과 권능의 하나님께서 그의 아들을 종의 형체로 보내시는 그 끝없는 사랑은 단지 겸손한 믿음 안에서만 믿어집니다. 인생들이 이제 할 수 있는 것이 있다면 우리 주님의 강림 앞에 머리 숙여 경배, 회개하는 일입니다. 백부장과 같이 "주여 내 집에 들어오심을 나는 감당치 못하겠사오니" 고백하며 우리의 자리에서 일어나 거룩하신 하나님을 모셔드리는 일입니다. 문들아 고개를 들지어다, 영광의 왕이 들어가시리로다!

하나님께서 하시고자 약속하신 일을 이루십니다. 우리의 눈에 기이하게 보일지라도 하나님은 이루십니다. 이 땅에 주님이 오셨습니다. 말씀대로 육신으로 오셨습니다. 천사들과 별들의 찬양 가운데 태어나셨으나 정작 사람들 가운데서는 많은 배척을 당하셨습니다. 주의 탄생은 십자가를 지시기 위함이었습니다. 주의 오심은 자기를 위함이 아니오 이 땅의 백성을 위함이었습니다. 영광의 왕이 고난의 왕으로 오셨습니다. 전능의 왕이 육신의 몸으로 오셨습니다. 지혜의 왕이 척박한 땅에 오셨습니다. 영생의 주인이 죽음 앞으로 오셨습니다. 전능의 왕이 삼차원의 세계에 친히 오셨습니다. 보이지 않는 분이 보이는 분으로 오셨습니다. 자신을 주시기 위해 철저하게 자신을 낮추셨습니다. 우리는 하나님의 역사 앞에 우리의 입을 막을 수밖에 없습니다. Nur geschehen lassen!(하나님의 역사를 나타나도록 막지 마라!) 만약 우리가 무슨 말 한 마디라도 한다면 그 역사에 누를 더할 뿐일 것입니다 ….

믿음의 침묵 속에서 성육신의 사건을 구속사역을 알게 합니다. 믿음의 침묵 속에서 그 역사에 흠도 티도 더하게 하지 않고 받아들이게 합니다. 믿음의 침묵 속에서 이 땅의 인생들을 부르신 주님의 음성을 듣습니다. 믿음의 침묵 속에서 우리를 하나님 나라에 초대하신 자비를 깨닫습니다. 믿음의 침묵 속에서 머나먼 별을 지나 우리에게 오신 주님을 향해 우리는 다시 떠날 수 있습니다. 그리고 믿음의 침묵 속에서 상업화의 물결로 세속화 되어가는 성탄절의 의미를 회복할 수 있습니다.

성탄에, 성육신의 날에, 그 구원의 날에

지금 우리에게 성탄이 무슨 의미냐고 물으면 당황하게 된다. 복음서의 말씀을 생각하는 자들은 "지극히 높은 곳에서는 하나님께 영광이요, 땅에서는 기뻐하심을 입은 사람들 중에 평화로다" 라고 대답할 것이다. 신약의 디도서의 저자는 베들레헴의 이 사건을 다음과 같은 신앙고백으로 표현한다. "모든 사람에게 구원을 주시는 하나님의 은혜가 나타나…."(딛 2:11)

디도서의 이 표현은 현재의 우리를 포함하는 모든 사람을 강조한다. 하나님께서는 구원에 대하여 제약하지 않으시며 인간의 선행되어야 할 행위를 기대하지 않으시고 먼저 우리에게 오셨다. 성탄의 날 예수 그리스도로 인간이 되신 하나님의 구원의 은혜는 이사야 선지자의 예언을 성취시키셨다. "어둠 속에 다니던 백성이 큰 빛을 볼 것이며, 어두운 땅에 살던 자들에게 밝게 비치리라." 성탄이란 희미해진 우리의 현재를 밝게 비추이며 우리를 새로운 생명의 길로 인도하는 큰 빛의 출현을 말한다. 어둠이 물러가고, 어둠을 거느리고 인생을 정복하던 밤의 세력이 물러가고 아침이 온 것이다. 우리 인생에게 평화가 온 것이다. 그것은 곧 평화의 삶을 말한다. 이 화평의 삶은 예수 그리스도 안에서 나타나는 구원의 은혜로서만 가능하다.

에베소서에는 "그는 우리의 화평이시라"(엡 2:14)고 고백하고 있다. 예수 그리스도 자신이 화평이신 것이다.

유대 백성들 가운데 전승되는 한 이야기 가운데에 이런 것이 있다. 어떤 랍비가 제자에게 한번 물었다. 어떻게 밤이 끝나고 아침이 시작되며, 언제 그런 일이 일어나는지 그 순간을 알 수 있느냐고, 제자는 대답을 찾느라고 별 궁리를 다하였다. 개와 양을 구별할 수 있으며, 무화과와 대추나무를 구별할 수 있으며, 그 때는 낮이며 그 직전이 바로 그 시간이라고 제자는 대답했다. 그러나 스승은 고개를 흔들며 말했다. "잘 생각해 보아라. 만일 네가 다른 어떤 사람의 얼굴을 들여다 볼 수 있을 때, 그 속에서 네 형제나 자매의 모습을 볼 수 있을 때, 그 때는 낮이다. 그 순간이 될 때까지 우리는 밤에 있는 것이다."

성탄이란 곧 밤이 사라져 가는 순간이다. 이 때부터 우리는 다른 사람에게서 내 형제와 자매를 발견하게 된다. 내 이웃이 멀리 있는 것이 아니라 아주 가까이 있는 것을 알게 된다. 내가 혼자가 아니라는 사실을 체험하게 된다. 왜냐하면 예수 그리스도께서 먼저 우리의 친구가 되어 주셨기 때문에, 우리의 불안과 공포의 사슬이 풀어졌기 때문이다. 이런 뜻에서 올해도 우리는 성탄을 새롭게 체험해야 될 것이다.

예수님께서는 그의 구원의 은혜를 우리에게 주시고자 한다. 그리고 현재의 어두운 세계를 그의 큰 빛으로 비추시므로 우리를 평화의 백성으로 만드시려 한다. 바울 사도는 로마서에서 다음과 같이 말한다. "밤이 깊고 낮이 가까웠으니 그러므로 우리가 어두움의 일을 벗고 빛의 갑옷을 입자"(롬 13:12).

예수 그리스도 안에 보여지는 성탄의 세 가지 의미는 화평, 기쁨, 사랑이다. 이것을 디도서는 "구원을 주시는 하나님의 은혜"라고 고백했다. 이것을 깨닫지 못하고 자꾸 외형적인 것으로 그 의미를 생각한다면 성탄의 의미는 우리에게서 떠나고 만다. 우리가 하나님의 사랑이 예수 그리스도 안에서 실제화 된 것을 깨달으면 세계를 변화시킨 이 사건을 체험하게 될 것이다. 사랑이 있는 곳에 두려움이 사라지고 성탄이 있는 곳에 더 이상 세계는 사탄의 권세에 있지 않고 하나님의 세계에 보호되어 있는 것이다.

Sehen(보다) 동사에 관한 연구

1. 유물론자들은 이렇게 말해 왔다: 인간이란 무엇을 먹느냐에 따라 결정된다. (Der Mensch ist, was er isst.)

1.1 이 이론에 박수를 보내는 자들은 그래서 식탁으로부터 생기는 소외감을 극복하기 위한 방법을 고안해 내었다. 즉 짠지 먹는 자들은 "꽤기" 먹는 자들을 두드려 엎어버려야 하고, 꽁보리밥으로 생계를 때우는 자들은 하얀 쌀밥에 장조림이나 찍찍 찢어 얹어먹는 자들에게 유감 없는 시퍼런 식칼을 들이대어도 좋다는 것이었다.

1.2 세계, 인간 그리고 그 역사를 한 쪽에서만 보려했던 사팔뜨기였다. 소위 혁명이란 자기불만의 엉뚱한 화풀이요 열등감의 공연한 폭발일 뿐이었다.

2. 인간을 알기 위해서 우리는 너무나 많은 시간을 "Essen"(먹다) 동사에 낭비해 왔다. 무너지는 동구권의 철의 장벽은 무엇을 의미하고 있는가? 그들이 이루려 했던 빵의 역사는 어디에 있는가?

2.1 말씀이 가르쳐 주시듯이 사람이 떡(Brot, Essen)으로만 살 것이 아니요 하나님의 입에서 나오는 모든 말씀으로 살 것이라. 사람들은 하나님의 말씀을 외면하려 했지만 말씀은 역사가 증명하는 것처럼 사람들을 먹여 살려 왔다.

2.2 인간이란 무엇을 먹느냐에 따라 결정되어지는 것이 아니라 무엇을 보느냐, 어떻게 보느냐에 따라 결정되어진다. (Der Mensch ist, was er sieht und wie er sieht.)

3. 개 눈에는 똥만 보인다.
3.1 오매 고것이 집깃이제. 뒷마을 새침이년 밀이여. 딕정리 춘복이 하구 눈맞아 달아 났데. 앗따 새침떼기 골로 빠진다더니 옛말이 틀리지 않더라구잉.

3.2 어떤 차이점으로 인하여 니체는 산중의 산 알프스 깊은 계곡 실즈—마리아에서 초인(超人)철학을 만들어 내고, 이스라엘의 시인은 1000미터도 안 되는 사막의 산, 들 속에서 "산들과 모든 작은 산들아 여호와의 이름을 찬양하라" 라는 시를 지어내게 되었는가?

3.3 개 눈엔 똥만 보인다는 말은 시선과 시각의 영원한 차이점을, 그 소유자의 인격을 나타낸다고 할 수 있다. 결국 인간은 무엇을 보느냐, 어떻게 보느냐에 따라 결정된다/되었다. 그러니 새침이년이나, 니체나, 아니면 하나님을 부정하기까지에 이른 유물론자, 계몽주의자, 실존주의자들의 눈은 어떤 것이었는지, 무엇이 들어 있었는지 상상이 간다 : ㄷㄷㅗㅇ

4. 또 다른 시각의 봄(Sehen)

4.1 하나님의 사람 모세가 본 것 = "이 광경을 보리라"(출 3:3, Ich will die wundersame Erscheinung besehen.)

4.2 이사야가 하나님의 영광을 봄 = "내가 본즉"(사 6:1. Ich sah den Herrn ….)

4.3 스데반 집사가 본 것 = "예수께서 하나님 우편에 서신 것을 보고"(행 7:55. Er sah die Herrlichkeit Gottes und Jesus ….)

4.4 요한 사도가 하나님 곧 예수님을 봄 = "눈으로 본 바요"(요 1, 1:1. Was wir gesehen haben ….)

4.5 하나님 말씀으로 충만했던 자들이 본 것은 또-옹 밖에 볼 수 없던 자들과는 엄격히 다르다. 능동태로서의 봄(Sehen)은 하나님 말씀으로 차 있느냐 아니냐에 따라 은혜스러운 것을 볼 수 있느냐 아니냐의 차이를 낳는다.

5. 피동태로서의 봄(Von Gott gesehen zu werden)

5.1 새침이년이 춘복이가 눈에 들었다고 해서 루 살로메가 니체의 눈에 들었다고 해서 무슨 인생의 전격적인 변화가 있었겠는가. 그것은 스캔들일 뿐이요 삼류잡지의 애정 기사물일 뿐이다.

5.2 그러나 하나님께서 우리를 보시는 날에는 사정이 완전히 달라져 버

린다. 하나님 앞에서만, 그 분의 눈앞에서만 우리는 의미 있는 인생이 된다. 하나님이 봐 주셔야만 가치가 드러난다. "그 눈이 인생을 통촉하시고 (herabsehen), 그 안목이(seine Blicke) 저희를 감찰하시도다."(시 11:4)

5.3 "주께서 베드로를 돌이켜 보시니"(눅 22:61, Und der Herr wandte sich und sah Petrus an) 주님을 배반하고 홀로 있던 베드로, 과거로 돌아가려던 베드로. 그를 비겁자에서 순교자로, 인생의 과격분자에서 예수님의 열심당이 되게 한 그 비밀은, 예수님이 그를 봐 주셨다는(ansehen) 데에 있다.

6. 우리는 지금 무엇을 보고 있는가?
우리는 예수님의 시선 속에 거하고 있는가?
이것이 문제로다!

Kennen(알다) 동사에 관한 생각

1. **Verkennen**: 우리는 빛에서 멀리 떨어져 있던 사람들이었습니다. 저주, 자포자기, 교만, 욕망, 권력에의 의지 … 이런 것들이 우리를 떠나지 않았습니다. 헤어나올 수 없는 실존이라는 수렁에서 우리는 수십 년, 수백 년, 수천 년 살아왔습니다. 우리는 갑갑해서 견딜 수 없었지만 아무도 무엇이 진리라는 것을 가르쳐 주지 않았습니다. 우리는 죽음에 이르는 가슴앓이를 가지고 헐떡였습니다. 우리는 경건함도, 경외함도 없던 자였습니다. 깜깜함이 우리의 실존이었습니다. (Verkennen: 부인하다, 잘못 보다)

2. **Kennenlernen**: 그러던 어느 날, 우리들의 귓가에 무슨 소리가 들렸습니다. 그것은 처음에 아주 작은 미풍의 소리처럼 들려와 우리들 같은 버려지는 듣지 못할 뻔했습니다. 그 소리는 우리를 부르고 있었습니다. 와 보라! 놀라운 일이었습니다. 모든 사람들이 그 분 앞에 와 엎드려 잘못을 뉘우치고 용서함을 받는 것이었습니다. 장님이 눈을 뜨며, 앉은뱅이가 걷게 되고, 심지어 죽은 자가 살아나는 기적을 보게 되었을 때, 우리는 그 분이 누구신지 조금씩 알게 되었습니다. (Kennenlernen: 누구와 알게 되다)

3. **Kennen:** 그 분은 사람들이 'I.N.R.I.' 라고 써서 십자가에 못 박은 나사렛 예수였습니다. 갈릴리 해변에 계실 때 사람들은 상한 갈대 같다고 비웃기도 했습니다. 나와 하나님은 하나이니 라고 하셨을 때 사람들은 죽일 음모를 꾸몄습니다. 죄인을 부르러 오셨다고 했을 때 사람들은 죄사할 권세를 의심했습니다. 나사렛 예수의 인기가 사람들 속에 커가자 어떤 부류는 왕으로 세울려고 했습니다. 예수님께서 너희는 나를 누구라 하느냐 하실 때, '주는 그리스도시요 살아 계신 하나님의 아들이시니이다' 라는 고백을 듣게 되었습니다. 우리는 온 몸에 전율이 흐르는 듯한 것을 느끼게 되었습니다. 흐릿하던 것이, 우리의 삶과 관계없어 뵈던 일이 도치되어 보여졌습니다. 우리는 자신들의 숨통을 꽉 조르고 있는 죄를 보게 되었습니다. (Kennen: 알다, 인지하다, 분간하다)

4. **Anerkennen:** 예수님이 십자가에 달리실 때 우리의 모든 죄짐이 풀렸습니다. 성경이 예수님에 관해 기록한 모든 것이 이루어졌습니다. 예수님이 상하고 찢기심으로 우리가 나음을 입게 되었습니다. 우리의 빵과 절망과 죄짐이 예수님 앞에서 해결되었습니다. 만왕의 왕이신 예수님이 우리의, 나의 구주가 되셨습니다. 만물을 창조하신 지혜의 왕, 우주만물을 다스리시는 권세의 왕, 죽음을 이기시고 부활하신 능력의 왕, 그 예수님이 나의 주인이 되십니다. 나의 죄 때문에 치욕의 십자가에 달리셨으나 사단과 죽음의 세계를 파(破)하시고 승리하신 주님, 평화의 왕, 화목의 왕, 사랑의 왕, 나의 주님께 찬양을 돌립니다. 우리는 새롭게 되었습니다. 주님 감사합니다. 새롭게 만드신 주님의 사랑을 찬송합니다. 저희의 회개와 감사와 찬양을 받아 주옵소서. 버러지와 같은 저희에게 믿음을 심어 주셔서 주님 감사합니다. (Anerkennen: 승인, 시인하다)

5. **Erkennen**: 하나님의 비밀이신 그리스도를 깨닫게 해 주시옵소서. 예수 그리스도의 몸 되신 교회를 깨닫게 해 주시옵소서. 교회를 사랑하시는 주님의 섭리를 깨닫게 해 주시옵소서. 교회를 통하여 만물을 충만케 하시며 통치하시는 주님의 뜻을 깨닫게 해 주시옵소서. 겸손한 자, 충성된 자, 헌신하는 자에게 내리시는 주님의 은혜의 비밀을 깨닫게 해 주시옵소서. 진리를 깨닫게 해 주시옵소서. (Erkennen: 깨닫다, 인정하다)

6.**Bekennen**: 우리는 더 이상 비굴하지 않습니다. 예수님 안에서 능력 입은 자답게, 주의 자녀답게, 주님을 세상에 전할 것입니다. 사람들 앞에서 주님을 모른다 하면 주께서 저를 기뻐하지 않으시므로 우리의 신앙을 주님 앞에서 그리고 사람들 앞에서 고백할 것입니다. 우리는 이 땅의 나그네와 행인과 같은 자들입니다. 어제의 우리의 삶이 그랬듯이 말입니다. 이제 그 뜻은 적극적인 의미로 변했습니다. 세상의 고난과 풍파 속에서도 담대하게 주님 의지하며 주님 증거하는 삶을 살게 될 것입니다. (Bekennen: 고백하다)

7. **Auskennen**: 지금은 희미하나 주님 오시는 그 날에는 얼굴과 얼굴을 대면하여 보듯 확실하고 우리의 깨닫는 바 모든 것이 분명할 것입니다. (Auskennen: 환히 알고 있다)

* 필자 주: 독일어에는 접두, 접미어에 의한 파생어가 많이 있다. 여기에 보인 7개 동사의 기본동사는 Kennen이다. 이 동사에 Ver-, Aner-, Er-, Be-, Aus-, -lernen이 결합되어 서로 다른 뉘앙스를 보인다.

'똥 밟았네 똥 밟았어'

Gehen(가다) 동사에 관한 연구

고등학교 시절 한 친구를 잊을 수가 없다. 그 친구의 얼굴도 분위기도 희미한 기억 속에 사라져 갈 만한 시간의 간격에도 불구하고 아직도 생생하게 떠오르는 것이 있다면 그의 밀두었나. 한번은 숙제를 안 해왔다고 선생님한테 야단을 굉장히 맞고는 한다는 말이 "똥 밟았네 똥 밟았어". 나는 그의 표현이 익살맞다고 생각한 것보다도 이 표현으로 곤욕의 상황을 간단하게 지나치려는 일종의 대담성에 더 놀랐다.

얼마 뒤 교실문을 열고 들어오자마자 한다는 소리가 예의 "똥 밟았네 똥 밟았어"였다. 녀석은 말끝마다 이 말을 숙어처럼 사용했다. 얼굴이 시무룩한 친구에게는 "야, 너 똥 밟았니?" 라고 묻지를 않나, 잘난 척하고 까부는 친구에게는 "야, 임마 너도 똥 한번 밟아 봐라!" 약이 오를 지경이 되면 "너 똥 한번 밟아 볼래?" 라고 윽박지르기도 하였는데 실상 입이 거칠어서 탈이었지 본심은 좋은 친구였다. 결국 그는 우리 반에서 별명이 "똥타령"으로 불리어지더니 우리 학년에서 유명세를 얻었다.

어느 날 전혀 예상치도 않게 교감선생님께서 오시더니 "너희 반에 똥타령이라는 애가 도대체 누구냐?" 라고 물으셨다. 녀석의 별명이 급기야 교무회의에서까지 문제가 되었다는데 한 선생님께서 요사이 학생들 별명이 너무 지나치다고 지적하신 것이 그 요인이 되었다고 하였다.

어쨌건 그의 생애 최대의 날이 다가오고 있었다. 우리는 우이동 뒷산으로 봄소풍을 가게 되었다. 모두들 교복을 단정히 차려 입고 김밥도시락을 옆구리에 낀 채 산을 오르고 있었는데 녀석은 앞에서 "똥" 섞인 말을 계속하고 있었다. 우리가 목적지에 다가왔을 때 산언덕에 먼저 와 계시던 선생님이 "똥타령 이리 좀 와 봐라!"라고 웃으시면서 도움을 청하셨는데 그 명을 받고 겅중겅중 뛰어 올라가던 친구가 갑자기 미끄러지는 것이 아닌가! 그러나 그가 일어났을 때 우리는 그의 손에, 바지 앞자락에, 신발에 엉망이 되어 묻어 있는 그것을 보게 되었다. 우리는 웃지 않을 수 없었다. 누군지 "정말 똥 밟았네 똥 밟았어"라고 말했으나 그것은 빈정거림이라기보다는 어떤 위로나 깊은 동정의 말 같았다. 또는 올 것이 왔구나 하는 숙명어린 토로인 것 같았다.

우리는 이제 나의 기억의 내용을 비유적으로 이해해 보고자 한다. 그 친구를 사실 한 기독교인에 비유하려고 한 것이 나의 본래의 목적이었다. 그리고 다음으로 중요한 사항은 그 친구가 나의 고등학교 동창이라는 것에, 마음씨가 어떠했다는 것에 있는 것이 아니라 예의 "똥 밟는 것"에 있었다. 그렇다면 그 친구의 똥 밟는다는 것은 어떤 은유적인 의미가 있는가? 왜 똥을 밟게 되는가? 다시 말해서 성도들은 어떻게 해서 시험 당하고, 미혹 당하고, 실족하게 되는가? 라는 의문이 이런 좀 구린내 나는 말로 표현된 것이다.

이 문제를 해결하기 위하여 독일어 성경번역을 한번 들추어보자. 그러면 gehen(가다: 영어의 go에 해당)이라는 동사가 눈에 띄게 된다. 구체적인 용례를 든다면 "저희가 미혹하여"(sie gehen in die Irre. 벧후 2:15), "화

있을진저 이 사람들이여, 가인의 길에 행하였으며 …." (weh ihnen! Denn sie gehen den Weg Kains. 유 11) 이와 같은 말씀의 경고에 비추어 볼 때 실족의 원인에는 여러 가지가 있겠지만 가장 큰 원인은 다음이라고 여겨진다. "빛이 있을 동안에 다녀 어두움에 붙잡히지 않게 하라. 어두움에 다니는 자는 그 갈 바를 알지 못하느니라." (Wer in der Finsternis wandelt, der weiβ nicht, wo er hingeht. 요 12:35)

다시 질문을 제기해 보자. 왜 똥을 밟는가? 똥을 보지 못했기 때문이다. 그러면 왜 똥을 보지 못했는가? 어두웠기 때문이다. (여기에서 대낮에 어두웠기 때문이라는 답은 과학적이 아니다 라고 반문하는 사람은 우리의 시작이 언어의 비유적 이해라는 데에 근거한다는 전제를 무시한 연고라고 생각하여 질문으로 허락 않음) 왜 어두웠는가? 예수님이 그에게 안 계셨기 때문이다. 어떤 사람은 입이 간지러워 이렇게 말할 수도 있을 것이다. 아니 예수와 똥 밟고 안밟는 일에 무슨 상관이냐? 도대체 예수 믿는다는 사람들은 희한한 구석이 있다니까! 예수는 예수고 똥은 똥이고, 갖다 부치지 말아요 참! 그러나 똥을 비유적으로 보자고 했으니까 좀 더 깊이 있게 이론을 전개 시켜보자. 세상의 어떤 고상한 가치나 이념이라도 예수 그리스도와 관계가 없을 때 그것은 소경을 인도하는 소경(마 15:14)이며 끝내는 둘 다 구덩이에 빠지는 것은 명확한 일이다. 인생과 전 우주의 주인이신 예수님께서 우리에게 물으신다. "너희도 가려느냐?" (Wollt ihr auch weggehen?) 어떻게 우리는 대답할 것인가? 예, 가다가 똥을 밟는 한이 있어도 운명으로 받아들이고 제 원대로 가겠습니다 라고 대답할 것인가 (으이구 이 미련퉁이, 이 미련퉁이, 돌아와 돌아와!) 아니면 믿음의 모범인 베드로처럼 대답할 것인가? "주여 영생의 말씀이 계시매 우리가 누구에게로 가오리이까?" (Herr, wohin sollen wir gehen? 요 6:68, 69) 자, 결정은 그대의 손에 달려 있다. 똥 밟기를 원하는가 그렇지 않은가? 그대가 인생의 길을 가다가 똥 밟기를 원치 않는다면 정말이지 재수 옴붙지 않은 인생의 길을 가려면 예수님께로 가야 한다. 어두움을 벗고 빛되신 주께로 가야 한다. 빛되신 주님 안에 거해야 한다. 그리고 조금 원색적인 표현이긴 하지만 이렇게 간구해야 할 것이다.

"주여 다시는 똥 밟지 않게 해주옵소서!"

문화비평적 상상력

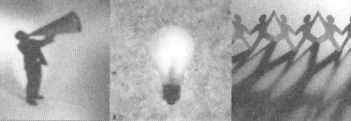

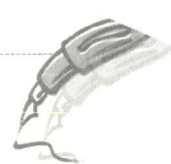

문화비평적 상상력

문화는 여러 방면에서 이해된다. 때로는 예술활동을 문화로 부르기도 하고, 고급문화를 문화로 보기도 한다. 문화를 정의하는 수많은 방법이 있지만 일반적으로 문화는 한 공동체가 공유하는 삶의 총체, 삶의 양식, 스타일을 말한다.

"문화는 명사가 아니고 동사다"라고 말한 반 퍼어슨의 이론을 빌자면 문화는 모빌(mobile) 상태로 존재한다. 문화는 유동적이며 항상 새로운 지향점을 찾아 움직인다. 문화는 사회구성원들의 생각과 가치관과 욕망을 토대로 꿈틀거리며 어디론가 나아간다. 현대인들은 이제 문화 없이는 살 수 없다. 자연보다는 문화와 함께 숨쉬고 살아간다. 더구나 현대인들은 대중이라는 익명의 집단 속에서 자신을 잘 드러내지 않는다. 그래서 현대인들을 알려면 문화를 들여다보아야 하는 것이다.

프로이트를 추종하는 학자들은 문화가 집단무의식, 욕망으로 이루어져 있다고 본다. 아닌게 아니라 문화는 그 속성을 파헤치면 집단 속에 존재하는 개체들의 모습이 드러난다. 문화비평은 동시대인들을 깊이 알기 위해서도 필요한 분야가 되었다. 대중매체를 들여다보면 우리 사회가 어디로 흘러가는지 맥을 짚을 수 있기에 문화비평은 유보될 수 없는 작업이 된 것이다.

우리 시대의 대중매체

은총과 우상숭배의 갈림길에 서다

참을 수 없는 매스컴의 가벼움

매스컴의 위력이 엄청나다는 것, 이제는 누구도 의심하지 않는다. 누구도 그의 파워를 무시하지 않는다. 지구촌을 문자 그대로 하나의 '마을'로 묶을 수 있는 것이 매스컴이다. 매스컴의 위력은 가히 무한하기까지 하다. 그래서 그런지 매스컴 앞에서 사람들은 주눅이 든다. 유명 연예인도, TV Star도, 심지어 대통령까지도 모두 모두 매스컴에서 나온다고 믿는다. 몇몇 뉴스앵커들이 매스컴 덕분에 의원배지를 단 것이 그 증거로 보인다. 매스컴이 서서히 위력적인 지배자의 자리에 오르는 이유가 여기에 있다.

매스컴의 이론과 현실에서 오는 격차는 우리를 당혹하게 한다. 그것은 마치 학교생활을 성공리에 마치고 사회에 나가는 예비사회인들이 느끼는 황당함 같다. 교과서에서 배운 것과는 무엇인가 다르다는 것을 발견한다. 매스컴이 바로 그렇다. 대중매체는 적어도 진실과 정의에 봉사해야 한다고 우리는 알고 있고, 그렇게 하리라고 믿는다. 그러나 현실 속의 매스컴은 어떠한가.

매스컴이 새디스트적이라는데 그 깨달음에 이르면 참을 수 없는 역지기가 일어난다. 진실과 정의는 자본주의적인 경쟁, 시청률 전쟁, 인기도 쟁탈

전 앞에서는 별나라 이야기가 된다. 그들은 철저히 자신들의 게임의 법칙대로 움직인다. 때로 매스컴에 저항하는 자들을 무참히 짓밟기도 한다. 인권이나 '안 볼 권리' 같은 이쪽에 대한 예의는 안중에도 없다. 매스컴의 역기능이다. 우리는 이 역기능을 걱정하지 않을 수 없는 것이다.

매스컴은 이렇게 말한다. '오늘의 청소년들이 걱정입니다!' 그러나 그 멘트 뒤에 등장하는 화면은 실상 어른들에게 음탕한 눈요깃거리를 제공하는 듯하다. 적어도 그런 뉴스는 몰지각한 어른들의 비상식적인 행태도 함께 질타했어야 했다. 청소년을 그렇게 만든 것은 어른들이기 때문이다. 또한 여름에 서늘한 것이 좋다고 고안된 납량특집 같은 것은 결코 반갑지 않다. 몇 개되지 않는 채널에서 머리 풀어헤친 귀신들이 역지기만 선사할 뿐이다. 무엇이 서늘하고 시청자를 위한 대목인지 이해할 수 없다. 여름의 우리 채널들은 정말이지 '귀신씌였다'는 느낌이 든다. 몇 가지 예에 불과하다. 매스컴을 움직이는 자들의 저의는 과연 무엇인지? 그들의 속심은 과연 어디에 있는 것인지 의심이 가지 않을 수 없다.

나쁜 매스컴?

페미니즘의 열기 속에서 하나의 개념이 탄생하였다. '나쁜 여자'가 그것이다. 나쁘다는 전통적인 개념을 뒤집어 엎어야 이 시대에서 존재를 드러낼 수 있다는 뜻이다. 이 '나쁘다'라는 수식어는 계속 꼬리에 꼬리를 물었다. '나쁜 영화'라는 말이 등장한 것이다. 그러면서 이 '나쁘다'라는 말은 정작 나쁜 것이 아니라 나쁘게 보일 뿐이지 실상은 '솔직한 것, 사실적인 것'이라는 역설(逆說)이 내포되어 있다. 그렇게 함으로써 '좋다'는 기존관념에 대하여 반기를 들고, '좋다'라는 편의 위선을 비꼰다. 아주 시니컬하다. 그 말은 끝내 '좋다는 너희들, 정말 좋은 거니? 이 위선자들아'라는 욕설도 은근히 풍겨온다. '그래, 난 나뻐. 그런데 넌 뭐 난 게 있어?' 매스컴의 한 쪽에서 불어오는 문화현상이 그렇게 말하고 있는 것이다. 대중매체여, 본연의 자세로 돌아갈 것이다.

　매스컴의 주제는 통일이었다. 각계 각층의 사람들이 갖고 있는 의견을 수렴하고 그것이 힘이 되게 하는 기능, 참 멋진 기능이었다. 만약 매스컴이 없었더라면 시민 민주주의가 이토록 빨리 우리에게 이루어질 수 있었을까. 하나의 멋진 신세계로 구습에 젖은 사회를 비판하고 도약시키는데 매스컴은 그 역할을 십분 발휘한 것이다. 여기에 대해서는 매스컴이 공치사를 한들 어쩔 도리가 없다. 그러나 이제는 매스컴이 오히려 분리를 강요하고 있으니 문제이다. 예전에는 흩어진 한 사람 한 사람을 묶더니 이제는 모인 한 사람 한 사람을 고립시키고 있는 것이다. 자기만의 방(房)으로 사람들을 가두어 버리고 있다. (노래방, 비니오방, 전화방 등 '외딴 방'의 폐해나 TV 앞에 함께 있으면서도 외로운 현대인의 고독에 관하여 독자님들은 익히 알고 있으시리라) 이렇게 하므로 매스컴은 대중의 정신과 내면세계를 조작, 조정해 간다(Manipulation).

　매스컴 앞에서 청취자, 시청자는 그 권리를 상실한다. 그들은 소비충동 효과에 희생되어야 하는 가여운 희생양일 뿐이다. '너희들이 이 상품을 믿느냐'고 추궁하는 게 메시지의 주테마이다. 그리하여 드라마나 상업 CF를 제작하는 PD가 현대인의 정서와 미적 감각을 움직인다는 지적은 틀리지 않는다. 어찌하다 몇 몇 사람의 튀는 감성이 대중을 지배하게 되었는지…

　이제 매스컴의 위험성은 수위를 넘어서고 있다. 매스컴은 현실인식의 도구로 사용되기도 하였지만 한 때 우민화 정책의 선봉이었던 적도 있었다. 히틀러 지배하의 독일은 '라디오 천국'이었다. 국가가 앞장서서 라디오를 보급하였다. 그 때까지 경제적인 이유로 라디오를 구입할 수 없었던 국민들에게 이 보급운동은 환영받을만한 일이었다. 히틀러는 어쨌건 정권

초기에 크게 인기를 얻었다. 그러나 그 라디오로 흘러나온 것은 무엇이었던가. 매일 매순간, 독일 국민들은 히틀러 추종세력인 국가사회주의당의 정치 선전을 들어야 했고, 히틀러의 허스키한 목소리가 담긴 연설을 들어야 했고, 씩씩한 군가를 들어야 했다. 이 모든 것은 하나의 목적에 사용되었다. 전쟁으로 국민을 내몰기 위한 선심공세였다. 2차 세계대전에서 맹활약한 것을 하나 손꼽는다면 매스컴의 중추적인 역할을 한 라디오였다. 주제는 모두 '전쟁과 승리' 였다. 그들은 참혹한 전쟁을 일으켰고, 그 전쟁에서 무참히 패배해야 했다.

당시와 현재 역사에 차이가 많다고 생각하시는가? 지금이야 히틀러 같은 정치인이 존재하지 않는다고 반론을 펴겠지만 매스컴의 전략은 더 교묘해졌다. 역사는, 과거의 것이라 할지라도, 하나도 쓸 데 없는 것이 없다. (조금 다른 각도의 말이지만 현재 박정희 망령이 우리 사회 일각에서 떠도는 것은 과거에 국민주택이나 라디오를 대대적으로 보급시켰다고 히틀러를 위대한 영도자로 회상하는 것과 뭐 다를 것이 있겠는가. 모두 비역사적 상상력인 것이다.) 역사의 비유를 바로 보고 깨달아야 할 것이다. 역사는 지금이 영적 전쟁인 것을 알려주고 있다. 매스컴이 더욱 무서운 무기가 될 수 있는 것은 그것이 영적인 세계까지 탐식하려 하기 때문이다. 우리의 보이지 않는 세계까지 매스컴은 틈입해 들어와 있다. 의심나는 분은 공중파의 오염도를 보시라. 악마주의가 무대 위에서 활보하는데 무슨 증거가 더 필요하겠는가.

바벨탑 중심이냐 성막 중심이냐

성경을 자세히 들여다보면 살 길이 보인다. '나를 찾으라 그리하면 살리라' 하는 말씀이 우리를 권유한다. 21세기 앞에서 왠 잠꼬대라고 말하는 분이 있을지 모르겠다. 화성에 로켓을 쏘아 올리고, 우주의 신비가 곧 벗겨질지 모르는 첨단과학시대에 무슨 낡아빠진 말씀 타령이냐며 코방귀를 뀔 분이 있을지 모르겠다. 하나님 말씀의 위력을 무시하지 마시라. 말씀 속에 인류 역사에 적용할 수 있는 문화모델이 들어있다. 크게 두 가지 모델, 성막과 바벨탑이 그것이다. 오래된 역사라 현시대에 적용할 수 있겠는가 반문하지 마시라. 성경 속에 하나님의 인도하심이 보인다.

바벨탑은 인본주의이다. 인간이 중심이 되고, 인간이 만물의 척도가 되고, 인간이 세우려고 했던 문화의 모델이다. 이 모델은 우상숭배와 다를 바 없다. 우상이 문화의 중심이 될 때 결과는 무(無)였다. 바벨탑이 무너지듯 인류문화는 사라지고 만다. 금송아지도 이에 버금가게 우리를 일깨우는 문화모델이다. 생명 없는 것이 숭배되고, 가증한 것이 문화의 중심에 있을 때, 그 공동체는 진노함에 떨어지게 될 것이다.

이에 비하여 성막은 어떠한가. 성막 중심의 문화는 어떠했는가. 그것은 하나님의 임재와 함께 행진했던 문화였다. 물론 그 속에서도 원망과 불평은 있었다. '차라리 과거가 더 좋았어, 노예라도 그 때가 좋았어'. 그러나 그들은 끝내 사막의, 죽음의 강을 건널 수 있었다. '광야의 식탁'이라는 비유는 하나님의 임재에 대한 증명이었다. 하나님이 함께 하지 않았다면 누가 그들에게 사막에서 생수나 KFC 같은 것을 선사할 수 있었겠는가.

'컴 백 홈', 매스컴!

이제는 돌아가야 한다. 너무 멀리 사막 같은 바깥으로 나돌지 말고 이제는 매스컴이고, 인류고, 문화고, 역사고 다시 '아버지 집'(눅 15:11 f, 요 14:2에 보이는 'Father's House'의 의미를 참고)으로 돌아가야 한다. 우리에게 이론이 없어서, 역사철학이 없어서, 문화이론, 문화비평이 없어서 그리 못하는 것은 아니다. 또는 우리에게 인용할 문화철학자, 미래학자 등의 자료가 빈약해서 그리 못하는 것도 아니다. 다만 '믿음'이 없어 그리도 방황하는 것이다. 눈곱만큼의 작은 믿음도 없는 우리 세대를 회개하자. 눈덩이처럼 불어만 가는 불순종의 역사를 회개하자. 그리고 아버지의 집으로 돌아갈 채비를 하자. 그리한다면, 정말로 그리할 수 있다면 흔들리는 우리 시대의 대중매체에게도 불가항력적 은총 예비되어 있으리라!

기독교 문화, 백년 동안의 고독에서 깨어나기

우리에게 기독교 문화가 과연 있는가?

우리나라의 존재와 위상을 생각할 때마다 스스로 놀라는 것은 대한민국이리고 불리우는 우리 나라의 특이성 때문이다. 우리 나라는 작다면 작은 나라이고, 크다면 (세계의 여타 소수민족국가에 비하여) 큰 나라이다. 특이성이라고 지적하는 것에는 우리 나라의 장점과 단점이 교묘하게 이루어져 있다는 자국민으로서의 경이스러움이 배어있음을 뜻한다. 국론에 대한 의견통일이 안되어서 여당, 야당 다투는 것이 일상사요, 남북으로 갈린 지 벌써 50년. 그럼에도 불구하고 한국은 세계에서 무시하지 못할 위상을 여러 면에서 세워놓았다. 그 사실을 여기에 일일이 열거할 필요는 없을 것이다. 확실한 것은 하나님의 도우심과 특별한 뜻이 아니고서는 우리 나라 역사가 지금까지 지탱될 수 없었다는 점이다. 한국 교회를 바라볼 때 우리 나라의 모습과 비슷한 면이 없지 않다. 우리는 하나로 연합되지 못하고 수십 개의 교파로 나뉘어져 제각각 열심을 내었다. 그래서 교회가 부흥하고 단기간에 '천만성도'를 자랑하는 교세를 떨치게 되었는지도 모른다. 다 하나님의 은혜인 것이다. 그러나 기독교 문화를 생각할 때면 얼굴이 붉어지고 화끈거린다. 왜 그럴까?

놀랍다, 이원론!

우리 나라에 복음이 들어온 지 벌써 백 년이 넘었다. 백 년이면 어떤 종교도 사회·문화적인 관습과 규범으로 자리잡을 만한 충분한 시간을 가졌다고 본다. 그렇다면 우리 나라에 기독교 문화가 뿌리내렸다고 말할 수 있을까? 유감스럽지만 우리 나라의 기독교 문화는 '교회문화' 외의 다른 어떤 성숙한 모습의 기독교 문화로 발전하지 못하였다. 교회문화란 교회를 중심으로 이루어진 문화를 말한다. 기독교인들은 신앙공동체의 핵심이 되는 교회를 중심으로 살아가야 한다. 그러나 여기에 언급되는 교회문화는 그것이 기계적이라는 데에 문제가 있다.

우리 나라의 기독교인들이 교회와 함께 보내는 시간은 현대사회가 강요하는 타임 테크에 비교할 때 적지 않은 시간이다. 그러나 그 내면을 들여다보면 창의적이고 생산적인 문화활동은 뒷전이다. 예배와 집회에 소극적이며 피동적으로 참여하는 일이 대부분인 것 같아 안타깝다. 다시 말하자면 크리스천들이 교회에서 하는 일이라고는 일방적으로 부여된 '충성'이 전부이다. 충성은 교회생활의 미덕이니 다른 말을 할 필요는 없다. 그러나 헌신 뒤에 종종 '소진현상'이 뒤따르는 것은 왜 그럴까? 기독교인의 내면에 살아 움직이는 생산적인 파토스(Pathos)가 거세되어가며, 교회생활이 획일화되어 가는 것은 왜일까? 그 이유가 개인의 신앙생활이 잘못되어서라고만 지적할 수 있을까? 아니면 한국적인 신앙스타일에 어떤 문제가 있는 것은 아닐까?

한국 교회는 성경적 초대교회로 귀환하려는 회귀성이 강하다. 이에 따라 초대교회가 가지고 있었던 문화적 폐쇄성도 함께 가지고 있다. 교부 터툴리아누스가 설파한 것처럼 "아테네가 예루살렘과 무슨 상관이 있는가"라는 관점을 아직도 고수하고 있는 교회가 또한 우리 나라의 교회이다. 니버의 지적과 같이 '문화를 대적하는 그리스도'(Christ against Culture)의

양상이 한국 교회 안에 번득이고 있다는 것이다. 세상은 사탄적이고 결코 세상과 짝해서는 안 된다는 이원론적인 사상이 한국의 기독교인들 내면 속에 잠재해 있다.

그렇다면 주님께서 우리에게 주신 '가서 제자 삼으라' 는 말씀(Disciple-ship)과 '지배하고 다스리라' 는 문화명령(Cultural Mandate)은 어떻게 되는 것인가. 편협하고 독선적인 교회문화 때문에 우리는 많은 것을 잃어왔던 점을 시인해야 한다. 이분법적인 신앙생활로 인해 우리는 그리스도의 주권이 온 땅, 모든 문화분야에서 드러나도록 하는 일을 방기한 것이다. 분명한 직무유기였다. 이 점 한국교회와 성도들은 깊이 반성하고 회개해야 할 것이다.

기독교 문화와 인식변화

새로운 시대가 다가오고 있다. 인류는 신밀레니엄의 도래가 마치 엄청난 희망과 발전을 가져다 주는 듯 들떠있다. 꿈은 단지 꿈일 뿐이다. 꿈이 현실이 되기 위해서는 꿈을 현실로 바꾸려는 고통과 수고가 수반되어야 한다. 기독교 문화를 세우기 위해서 우리는 먼저 열려야 한다. 종래의 교회문화 속에서는 건물 안에서 행해지는 예배가 전부인 것처럼 받아들여졌다. 하지만 성경이 가르치는 예배는 성도의 전 삶(The Whole Life)을 의미한다. 성전은 성도 각자를 의미하며, 예배는 성도의 거룩한 삶, 거룩한 문화행위를 가리킨다. 교계 일각에서 일고 있는 'IQ목회에서 EQ목회로의 전환' 은 이러한 열린 인식을 위한 노력이라고 보여진다.

IQ목회라는 말은 목회자들이나 평신도들 모두가 지적인 활동에 편중해 있다는 반성에서 기인한다. 성경공부도 머리로 하고, 교회행정도 머리로 하고, 전도도 머리로 하고, 성숙된 교회의 제일 모델을 '머리 위주' 로 삼고 보니, 성도의 내면은 고갈되어 가더라는 것이다. 사람의 삶은 수학문제 풀듯 머리로 배우고 익히는 데에서만 성숙되어 가는 것은 아니다. 사람의 삶은 이성과 감성이 어우러진 통합체이기 때문에 영육이 잘 조화되어야 하듯 교회생활도 머리와 가슴이 조화되어야 한다. 기독교 문화가 지금까지 형성되기 어려웠던 이유 중의 하나는 그것이 머리와 이성 일변도의 신앙생활이 강조되었기 때문이었다. 교인들의 창의적인 삶과 신앙의 조화가 가슴과 마음으로부터 솟구칠 때 균형 있는 기독교 문화를 세울 수 있게 될 것이다.

이제는 열린 사고 안에서 기독교 문화의 세 주체가 새롭게 만나야 한다. 즉 교회와 목회자, 그리고 평신도가 고착된 형식과 경건의 허울에 속지 말고 열린 대화로서 열린 신앙을 향해 나아가야 한다. 그동안 교회는 교회대로 목회자의 성공이데올로기에 제한되어 있었다. 평신도는 평신도대로 교회의 복종이데올로기에 제한되어 있었다. 이러한 연유로 인하여 교회가 문화 주체로 나서는 일을 마치 교회가 곧바로 세상과 타협한다거나 아니면 교회답지 못한 일로 치부했던 것이다. 목회자가 열린 목회마인드로 이끌고 나가려면 너무 급진적이라는 비판을 받게 되고, 평신도의 경우도 비신앙적이라고 질타를 받기 일쑤였다. 왜 교회가 세상에 대하여 겁을 먹고 있었는지 반문하지 않을 수 없다. 겁을 먹을 상대는 기독교인이 아니라 세상의 어두운 문화인 것이다.

이제는 시대가 다양한 면에서 문화적 접근을 요구하고 있다. 이론과 이성에 의한 도식적 접근은 전시대적이라고 거부하고 있는 것이다. 문화는 통합적인 삶의 양태로서 기독교 문화도 전인적인 접근으로 가능하게 될 것이다. 이에 따라 신학교육도 변혁되어야 한다. 신밀레니엄의 시대를 책임지는 영적 지도자들은 신학이론으로만 무장할 것이 아니라 복음과 유연한 문화의식을 겸비해야 한다. '목회성공'이라는 유교식 입신양명의 강박관념에서 벗어나 '문화목회'라는 넓은 시각을 가져야 한다.

평신도들이 교회생활을 통하여 문화를 익히고 세상문화를 변혁할 수 있는 의지와 방법을 가지고 세상으로 나아갈 수 있도록 자신감을 갖게 해주어야 한다. 평신도는 교회 안에서 문화인식의 폭과 훈련을 받기를 원하고 있는 것이다.

역동적 초월을 향하여

기독교 문화는 문화행위 주체들이 상황을 바로 바라보는 일로부터 출발한다. 교회, 목회자, 평신도들은 사회의 변화와 흐름을 민감하게 파악하고 있어야 한다. 성경은 하나님의 역사를 이루어 갈 때 사람들을 동원한 사실(Mobilization)을 알려준다. 믿는 자들은 곧 하나님 나라의 문화를 창출해 가는 하나님 역사의 손과 발인 셈이다. 기독교인들은 선한 일꾼이요, 선택된 도구들이다. 그들은 하나님께서 영광 받으시기 위한 문화를 만들어가도록 부르심을 받았다. 문화를 일으키고 변혁하는 일은 궁극적으로 하나님의 일이다. 그것을 우리는 '역동적 초월'(Dynamic Transcendence)이라 명명하고자 한다. 거룩하신 사역에 부르심을 받은 성도들이여, 기독교 문화를 세우는 역동적 초월의 장(場)으로 당당히 나아가자.

안스러운 청소년 문화의 현실

청소년 문화 확립에 적극적으로 대처하자

막다른 골목에 선 청소년 문화, 그 현실

'아이들이 내몰리고 있다. 우리의 아이들이 원하지 않는 곳으로 내몰리고 있다. 사막과 같은 저 황무지로 아이들이 내몰리고 있다.' 혹자는 우리 맘을 아프게 하는 이 말이 단지 한 신경과민자의 잠꼬대와 같은 소리라고 반박할지도 모른다. 아니면 근거 없는 헛소리에 불과하다고 무시할지도 모른다. 그러나 우리 아이들이 거리를 방황하다가 기웃거리게 되는 곳을 살펴보면 놀라지 아니할 수 없다. 한마디로 우리 시대의 청소년들은 아무런 보호장치가 되어 있지 않은 알몸 상태로 거친 문화현장에 노출되어 있는 것이다.

우리 동네를 한 번 둘러보자. 버스 종점에서 시장을 지나 주택가로 들어가는 길에서 청소년들이 자주 찾는 곳은 어떤 곳인가. 만화방이 먼저 눈에 띈다. 그곳 만화방에는 수많은 교양만화(?)들이 갖춰져 있다. 교양만화 뒤에는 그러나 엄청난 양의, 다양하고 흥미진진한 또다른 만화들이 그들을 기다리고 있다. 성인용이라는 제한 사항이 있음에도 불구하고 어른에게도 낯뜨거운 장면들로 채색된 만화들이 청소년의 손에 아슬아슬하게 들려 있다. 책에 관계해서는 만화방만 그런 것이 아니다. 책대여점의 경우도 비슷하다. 청소년들이 빌려보는 책은 대부분이 만화이며 또 그 만화의 대부분은 치정, 연정 등이 얽혀 있는 스토리로 되어 있다.

만화가게 못지 않게 아이들이 자주 드나드는 곳은 컴퓨터 게임방이다. 게임방의 양식은 만화와는 다르지만 청소년들의 아늑한 휴식공간만은 아니라는 게 필자의 경험이다. 게임방에 들어서면 아이들은 정서적으로 우선 흥분하게 되어 있다. 사방에서 나오는 기관총 소리, 폭발물 터지는 소리, 비명 소리, 신음 소리, 폭력이 난무하는 소리 … 비일상적인 소리들이 쉬지 않고 들려온다. 여기에서 폭력과 살인은 하나의 게임으로 인정된다. 그것은 화면에서 일어나는 일이지 결코 현실이 아니라고 받아들인다. 그래서 상대방을 넉아웃시키는 일도, 때로 살인하는 일도 윤리적으로 아무런 문제가 되지 않는다고 생각한다. 심리적 영향은 그러나 거기서 끝날까. 실제로 그렇지 않다. 폭력적이고 선정적인 게임을 즐기는 청소년들의 심리구조는 그렇지 않은 아이들에 비해 훨씬 잔혹하고 공격적이다. 그들은 비정서적인 데다가 신경불안증세까지 드러내 보인다.

청소년들은 컴퓨터 게임방을 무대로 만나고, 비정상적인 그룹을 형성해 가기도 한다. 게임방은 일종의 그들만의 아지트인 셈이다. 청소년들은 이제 컴퓨터 게임방을 지나 전화방, 노래방, 기타 닫혀진 공간을 전전하면서 그들만의 폐쇄된 삶을 즐기게 된다. 술과 담배, 나아가 본드 흡입과 같은 유혹에 빠지는 것은 척박한 청소년 문화의 현주소를 바라볼 때 어쩌면 부인할 수 없는 현상과도 같이 보인다.

책임은 기성세대에게 있다

우리 시대의 청소년들은 극심한 가치관의 혼란을 겪고 있다. 외적으로는 창조적인 놀이문화, 레크레이션 문화가 형성되어 있지 못한 채, 내적으로는 성공일변도의 학습에 내몰려 있는 것이다. 등급이 매겨지는 성적에 학생의 인격이 평가되고, 학교 안에서도 끊임없이 경쟁해야하며, 또한 일류대학과 일류직장이라는 성공이데올로기에 점점 목조이고 있다. 친구간의 갈등이 때로는 '왕따' 같은 불상사를 불러오기도 한다. 심각한 것은 일부 학생간의 감정문제와 일부 폭행사건들에 경찰과 검찰까지 동원되어야 할 정도가 되었다는 것이다. 우리는 야단을 맞은 학생이 교실 창 밖으로 투신을 하고, 교사를 경찰에 고발하여 교사가 구속직전까지 끌려가고, 야단친 스승에게 폭행을 가하는 등 어처구니없는 현실을 살아가고 있다.

또한 정부 차원의 교육개혁을 시행하는 과정에서 빚어진 교사에 대한 권위훼손은 치명적이라 할 것이다. 촌지나 교사자질을 공론화하는 과정에서 몇몇 교사의 몰지각한 행동이 교사 전체를 대변하는 양 비춰진 것이 사실이다. 또한 교육행정 개혁에서도 모든 것이 교사에게 일방적으로 떠맡겨져 있어 일선 교사들의 볼멘 소리가 들려오고 있다. 이러다간 학교와 교사, 학생 그리고 그들을 둘러싸고 있는 교육사회가 엄청난 불신의 늪으로 떨어질 위험을 안게 되는 것이다.

이제 중등학교는 자율학습이나 보충수업 등과 같은 제도를 폐지하고 그에 상응하는 인성교육, 자연학습, 특성과 창의성을 고양시키는 대안학습을 권장하고 있다. 하지만 교사와 학생 모두가 제자리를 잡지 못하고 있다. 문제는 학교가 그들에게 적절한 프로그램을 제공하고 있지 못할 뿐더러, 사회도 청소년들을 유도할 준비가 돼있지 않다는 것이다. 결국 학생들은 무작정 거리로 내몰릴 뿐이다.

한 국가를 중흥시킬 수 있는 백년대계가 교육에 있다는 것은 누구나 다 인정하는 사실이다. 그래서 한 국가의 교육은 그 어느 부문보다도 지속적이고 장기적인 계획을 수립해야 한다. 기성세대는 '요즘 청소년들이 예의도 버릇도 없다' 고 비판한다. 인사성도 없고, 대화를 조리 있게 이끌어갈

줄도 모른다고 야단이다. 오로지 개성이 왕인 세대라고 핀잔을 주기 일수다. 그러나 그것은 청소년들의 책임은 아니다. 청소년들은 우리들의 자식이다. 그들은 기성세대가 해온 모습을 모방하고 따라왔을 뿐이다. 청소년문화의 척박한 현실은 바로 기성세대가 뿌린 씨앗의 열매인 것이다. 청소년들이 예의가 없다고 말하기 전에 그들의 교과과목에서 고전교육을 빼버린 기성세대의 실수를 발견해야 한다. 청소년들이 피자나 스파게티 등 서구문물을 선호한다고 야단치기 전에 그들에게 우리 고유문화 교육을 게을리한 실수를 인정해야 한다. 청소년들이 대화할 줄 모르는 이기주의자라고 비난하기 전에 그들에게 시간을 내며, 인내심을 가지고 대화하지 못한 우리 기성세대의 천박한 경제성장 일변도의 삶을 반성해야 할 것이다. 청소년은 언제나 우리의 거울이었던 것이다.

교육개혁은 청소년 문화 창달에서부터

청소년은 우리 사회를 이끌어가는 동량들이다. 미래는 현 체재를 유지하고 있는 기성세대보다도 자라나는 다음 세대에 있다고 해도 과언이 아니다. 그러나 그들은 위에서 언급한 것처럼 자신의 본질 외의 문제들로 휩싸여 있다. 교육개혁이 대입제도 개선과 아울러 수행평가 등에 역점을 두기로 한 것은 잘한 일이다. 문제는 이제부터다. 청소년들에게 주어진 시간과 능력을 최대한도로 활용케 해야한다. 취로사업장에 나선 노동자들과 같이 한시적으로 적당히 일하다 노임을 받아가는 그런 형태로 변질되어선 안되겠다.

문화는 교육을 담는 그릇이다. 청소년 문화는 청소년의 이성과 감성, 인격과 개성, 창의성과 독창성을 육성할 수 있는 도구이다. 문화는 다양한 요소들이 모여 서로 상호작용함으로써 엄청난 시너지(Synergy) 효과를 낼 수 있게 하는 통합체이다. 학교에서 교과서만 가지고 일방적인 학습을 강요하는 시대를 우리는 현재 지나가고 있다. 사회 일각에서 대안교육, 자연교육, 가정교육 등 다양한 형태의 교육이 시도되고 있다. 학교교육도 IQ만을 사용하는 교육이데올로기에서 벗어나 학생들의 청소년다운 인성을 계발하고, 청소년다운 다양성을 인정하는 문화교육으로 그 패러다임을 변화해야 한다.

청소년은 결코 기성세대의 관습적인 규율과 가치관을 반복하는 기계가 아니다. 청소년은 흔히 말하듯 공부하는 로봇이 아니다. 청소년은 감정도 없이 따라오라면 묵묵히 따라오는 우공(牛公)이 아니다. 그들은 하나님의 형상대로 지음을 받아, 보내진 사회와 환경을 가꾸고 개발하기 위해 부름을 받은 고귀한 인격체인 것이다. 우리 나라와 사회의 미래는 아직 미성숙해 보이는 청소년들 안에서 자라나고 있다. 그들로 하여금 문화를 향유하고 창출할 수 있도록 하자. 그들이 꿈과 비전을 가지고 미래에 다가서도록 길을 터주자. 그들이 마음껏 숨쉬고 노래하고 활동할 수 있는 문화를 준비하자. 그리하여 이 땅에 소망이 넘치도록, 가득 넘치도록 길을 열어주자.

가정이 살아야 나라가 산다
가정문화회복을 위하여

위기 속의 현대 가정

우리의 가정이 위기를 맞고 있다. 여러 가지 면에서 위기를 맞고 있다. 가정의 위기는 이제 공인된 사회현상이 되었다. 지복할 수 있는 몇 가지 원인이 우리 사회가 안고 있는 부인할 수 없는 정신적 물리적 현상에서 기인한 것이기에 위기감은 더욱 고조된다.

첫 번째 이유로서 포스트모더니즘이라는 현대의 이데올로기를 들 수 있다. 포스트모더니즘이 갈구하는 극단적 개인주의, 해체주의는 역사와 전통을 보존하는 최소단위인 가정을 공격의 대상으로 삼았다. 즉 기존의 가치관을 인정하지 않고 즉흥적이며 전위적인 가치관을 내세우는 해체주의는 가정까지도 무시해 버린다는 것이다. 그동안 '가정' 이라는 집단이 보존해온 인류사의 순기능을 마구 짓밟고 있다. 그들의 논리에 의하면 가정은 해체되어야 할 그 무엇이라는 것이다. 권위주의로 옷 입은 폭력이 숨어있는 곳이 가정이라는 비난이다. 여기에서 페미니즘이 또한 싹튼다. 여성에게 가정은 여성성을 발견할 수 있는 '숭고한 현장' 이 아니라 여성성을 억압하는 장소로 보인다. 입센의 희곡 "인형의 집"에 등장하는 노라와 같이 가정에서 정체감을 찾지 못하는 여성은 언제든지 '가출' 할 수 있는 보증수표를

쥐어주고 있다. 급진적인 페미니스트들은 여성의 자유가 가정에로의 자유 (Freedom into the family)가 아니라 가정으로부터의 자유 (Freedom from the family)에서 출발한다고 주장한다. 가정이 깨어지는 비극에 대해서 '자유' 한 것이 그들의 생각이다.

두 번째로는 현대 사회에 만연되어 있는 자유분방한 성의식이 가정을 파괴하고 있다. 혼전 성관계는 물론이요, 결혼한 부부에게서도 '밀애', '애인', '로맨스' 등 불륜을 정당화하거나 미화하는 현상이 유행되고 있다. '내가 하면 로맨스요 남이 하면 스캔들' 이라는 행동이 우리 시대에 묵인되고 있는 가운데 가정은 서서히 무너져 가고 있는 것이다. 가정문제와 관련하여 간과할 수 없는 현상 가운데 하나는 동성연애자들의 주장이다. 동성연애자들도 '가정' 을 꾸밀 수 있다고 믿는 망상은 가정의 의미를 크게 왜곡시키고 있다. 이성이 사랑으로 만나 자식을 낳고 후손을 번식시키는 것이 가정이 갖는 일차적인 의미이다. 동성연애자들은 가정에서 남자와 여자의 기능만을 대신하고 있을 뿐이다. 그들의 만남이 가정이 될 수 없는 결정적인 이유는 존엄해야할 생식기능이 결여되어 있다는 데에 있다. 동성연애자들이 아이를 입양을 해서 키운다고 해서 그것을 올바른 가정이라고 부를 수 있겠는가.

우리 나라 가정의 이중적 위기

이러한 '세계적인' 현상 배후에 우리 나라의 가정은 경제위기라는 이중의 부담을 안고 있다. 환란이 불러온 경제위기는 가정을 서서히 좀먹어 가고 있다. 그렇지 않아도 불륜에서 오는 가정파괴가 심각한 지경이었다. 우리 나라의 이혼율도 서구의 수치를 따라가고 있다는 통계가 발표되어 충격을 주고 있는데다가 살림살이 마저 어렵게 된 것이다.

우리는 작금에 엄청난 사건들을 체험하였다. 부도난 가장이 가출하거나 자살하여 자식들을 하루아침에 소년소녀 가장을 만든 일이 심심치않게 발생했었다. 더구나 부모들이 경제적으로 어렵다고 해서 자식들과 함께 동반 자살을 기도한 일은 우리를 놀라게 하지 않을 수 없었다. 경제위기 앞에서 이혼을 택하는 가정이 급증하고 있다는 우려의 목소리가 끊이지 않고 있다. 가정의 중요성은 아무리 강조해도 지나치지 않을 것인데 현재 우리의 가정은 찬바람이 불어오는 황야로 내몰린 상태다. 지금은 우리가 위기를 말할 때는 아니다. 가정의 위기는 이미 그 도를 지나쳐 있기 때문이다.

결손 가정의 아이들이 사회에서 문제아가 되는 확률이 높다는 것은 주지의 사실이다. 그들은 정상 가정의 아이들보다 감정이 불안하고 가치관이 결여되어 있다고 한다. 생에 대한 원망과 절망, 그리고 회의를 쉽사리 떨쳐 버릴 수 없으며, 경제적으로도 피폐하기 때문에 범죄에 빠질 가능성이 많다. 임상의학은 어렸을 때 위기를 체험한 아이들일수록 성인이 된 후에 술, 담배를 하게 되는 확률이 높다는 것을 전해주고 있다. 또한 이혼한 가정에서 자란 아이들이 나중에 이혼하게 되는 확률도 비례한다고 한다. 이는 가정의 위기가 성장기에 있는 아이들의 내면에 치명적인 상처, 트라우마 (Trauma)를 만든다는 것을 알 수 있다. 따라서 현재 벌어지고 있는 가정의 위기는 우리의 제2세대, 제3세대에서 형성될 가정에 엄청난 피해를 끼친다는 것을 알아야 한다.

가정파괴는 가정문화의 결여에서 왔다

그러면 우리의 가정이 이렇게 무너지고 있는 것은 외적 요인에게만 기인하고 있는가 반성해 보지 않을 수 없다. 세계적으로 앓고 있는 정신적인 질병으로 인하여, 포스트모더니즘 때문이라는 변명으로만 가정파괴를 설명할 수는 없다. 근본적으로 무엇이 문제였던가. 미국 면역학자가 노벨의학상을 수상한 일이 있었다. 그의 주된 관심사는 어떻게 인체가 수많은 병원체에 대하여 항체를 형성하는가였다. 그의 이론을 적용한다면 현대 가정에 위기가 온 것은 외적인 공격요인에 대한 항체를 형성하지 못했다는 데에 있다고 본다. 가정 내에 항체라면 어떤 것일까. 그것은 단순하게 가정내의 사랑이라고 말하겠지만 사회학적으로 표현한다면 가정문화라고 명명할 수 있겠다. 가정문화의 결여가 치명적인 약점이었던 것이다.

현대의 가정은 기능만이 작동하고 있다. 예를 들면 아버지는 사회에 나가 가정의 경제적인 면을 책임지고, 어머니는 가사와 아이들 양육을 돌본다. 아이들은 학교공부를 하고 나름대로 문제없는 아이들로 자라준다. 이런 일반적인 가정은 문제가 없는 것처럼 보인다. 그러나 실상은 심각하다. 그들은 역할분담에 의해 자신의 자리를 지키고 있을 뿐 내면으로 연결되어 있지 않다. 그들을 묶고 있는 감정대는 인격이라기보다는 매스미디어다. 사랑과 인격적 결합이 아니라 관계와 기능이다. 그들은 TV 앞에 모여 앉아 시사, 드라마 토론은 할지언정 마음 속의 대화는 하지 않는다. 어려운 문제가 생기면 분업에 의하여 책임을 전가시키려할 뿐 공동으로 대처하려 하지 않는다. 부모는 부모 나름대로, 아이들은 아이 나름대로 문제를 해결하려 한다. 함께 문제를 해결한다는 생각은 하지 못한다. 현대 가정이 철저하게 분업화되어 있기 때문이다.

가정의 놀이문화를 보아도 가족 간의 소외현상은 골이 깊다는 것을 알수 있다. 명절을 예로 보면 분명해진다. 명절에도 어른은 어른끼리 모인다. 아이들은 어른 뒤편에 쳐져서 아이끼리 모인다. 아이들은 '어린것들이 감히 어딜'이라는 말에 공동의 자리에 낄 수가 없다. 물론 나이에 걸맞는 문화가 있게 마련이지만 명절은 바로 그런 악습을 깰 수 있는 가족 공동의 문화축제일이다. 그러나 명절이라고 해도 대부분의 가정은 '한자리'에 할 수 있는 만남의 가족문화를 제공하지 못할 때가 많다. 명절이 지나면 많은 가정들은 또다시 가족 속의 한 기능인으로 돌아가게 된다는 말이다. 그러니 어려울 때 가족이 함께 머리를 맞대고 세파를 헤쳐나갈 대화를 할 수 없게 된다. 사랑의 만남이 이루어질 시간이 없다. 평소에 항체를 기를 준비가 안되었는데 하물며 어려울 때 어떻게 항체를 만든단 말인가. 전반적으로 가정문화가 형성되어 있지 않다는 데에 가정의 위기가 도사리고 있는 것이다.

가정을 회복해야 한다

우리의 가정은 극도로 지쳐있다. 세상에 범람하고 있는 위기로 인해 현대인들이 지쳐있다면 가족 구성원들도 그러하다. 그러니 가성노 지쳐있다는 말이다. 우리는 본연적으로 개인주의를 살고 있는 존재들이다. 지금까지 사회가 부채질하는 그런 개인주의적 가치관에 편승하여 살아왔다. 어쩌면 우리 가정은 아주 미세한 박테리아나 바이러스에도 항체를 형성하지 못할 만큼 연약해져 있는지도 모른다. 외부의 공격을 핑계할 수만은 없다는 것을 우리 자신이 더 잘 알고 있다. 면역학은 우리에게 말하고 있지 않은가. 웬만한 병원체라도 건강한 육신이 갖고 있는 항체를 이길 수 없다는 사실을. 건강한 가정을 이루어야 한다. 건강한 가정만이 위기를 이겨낼 수 있다. 사랑과 신뢰, 인격적 결합, 그리고 우리의 믿음이 세상의 어떠한 위기도 이겨낼 수 있을 것이다. "세상을 이긴 이김은 곧 이것이니 우리의 믿음이니라" (요일 5:4).

신(新) 우상의 시대를 경계하며

밀레니엄 축제의 진정한 의미를 위하여

우상의 시대 예언

영국 철학자 베이컨이 인류의 문명 속에 도사리고 있는 인류발전의 장애물로서 '우상'을 간파한 것은 벌써 380여 년 전의 일이다. 그는 1620년 『신기관』(*Novum Organum*)이라는 역작을 발표하면서 4가지 우상을 지적하였다. 종족의 우상, 동굴의 우상, 시장의 우상, 극장의 우상이 그것이다. 종래의 철학이 이돌라(Idola)에 사로잡혀 추상적이며 사변적인 굴레를 벗어나지 못했다고 비판한 베이컨은 경험과 체험에서 추론된 과학적이며 귀납적인 진리만이 인간의 미래를 보장할 수 있다고 했다. 그의 이론에 발맞추어 대륙에서는 계몽주의가 형성되었고, 인류는 이른바 합리주의적 이성의 시대를 맞이하기에 이른다.

이성의 시대를 맞이한 인류에게 행복은 진정 찾아왔는가. 한동안 인류는 '계몽'으로 인하여 사회를 변혁하고 역사를 발전시킬 수 있다고 믿어왔다. 세계혁명사에서도 불란서 혁명(1789)은 구왕조와 사회체제를 변혁시킨 혁명으로—비록 그 뒤에 잔인한 폭정과 살인, 복수 등이 배태되어 있기는 하지만—그 이름을 남기게 되었던 것이다. 그 뒤 노동자 계급이 지배하는 시민사회를 건설하겠다는 이상으로 시작된 합리주의는 가공할 혁명의 바람을 몰고왔다. 전 세계는 혁명으로 몸살을 앓았다. 혁명에 가담하지 않으면 반역사적인 체제이거나 인물로 낙인찍히는 그런 시대가 있었다. 그러나 무수히 많은 '인민'들을 킬링필드(Killing Field)로 내몰고 공산사회주의는 무너지고 말았다. 그 시대 마치 제국의 군주처럼 등장한 '이데올로기'는 과학적 합리주의에 의해 치장된 우상이 아니면 무엇이었던가.

밀레니엄은 새로운 우상?

1999년은 점점 빠르게 지나가고 있다. 인류는 1999년을 거의 기억하지 않으려는 것 같은 느낌이 든다. 예를 들면 1999년은 20세기의 마지막 해이기에 뭔가 아쉽고, 20세기를 정리해야겠다는 의무감도 들법한데, 사람들은 그와 정반대의 감정에 젖어있다. 1999년은 21세기를 순비하는 해라는 의식이 보다 지배적이다. 나아가 1999년은 다가오는 새로운 천년의 시대를 준비하는 시기 정도라고 보는 것이다. 그래서 1999년은 징검다리의 해라는 생각이 만연해 있다. 이는 태양 앞에 킨 촛불 같다는 느낌이다. 1999년은 밀레니엄이라는 태양 앞에서 존재조차 없이 사라져 버린 것이다. 일컬어 '1999년은 없다.'

그렇다면 밀레니엄이라는 2000년대는 새롭게 만들어질 수 있는 역사인가. 역사가 과거의 토양을 전적으로 배제하고 허공에 쌓을 수 있는 건축물이던가. 그렇다면 그것은 한낱 모래성에 불과한 것이다. 지난 시대의 혁명들이 과거역사를 부정하는 강도가 강하면 강할수록 혁명의 참상과 결과는 참담했다. 공산주의 이데올로기가 시도했던 결과를 우리는 20세기 역사교과서로 분명히 알고 있다.

베이컨이 '우상'을 거론한 이후 현재까지 인류문명사는 휴머니즘과 네오휴머니즘 사이를 오갔다고 말할 수 있겠다. 휴머니즘을 인간의 본성에 뿌리를 둔 합리주의라고 한다면 네오휴머니즘은 인간의 초월성에 뿌리를 둔, 예를 들면 종교적이고 신비적인 경향을 말한다고 하겠다. 지금까지 다양한 인간성이 발견되고 그것이 거대한 사회운동으로 발전된 사상이라 하더라도 휴머니즘과 네오휴머니즘 사이를 오간 것이라 볼 수 있다. 거기에서 화려한 슬로건이 선포되었더라도 그 사이에 있었던 것이다.

세계 여러 나라들은 '사라진 1999년도'에 21세기를 준비한다고 바쁘게 움직인다. 미래를 준비하는 일은 인간만이 할 수 있는 고귀한 역사적 행동이다. 다가오는 세기를 상상하면서 정치, 경제, 문화, 사회의 변화를 예측하고 그 대안을 세우는 작업은 당연한 과정이라 하겠다. 어느 나라는 문화대축제를 준비하고, 어느 나라는 가장 먼저 해뜨는 나라라면서 관광상품을 개발하기도 한다. Y2K 컴퓨터 오류를 대비한 소프트웨어 개발에 혼신을 기울이면서 밀레니엄을 준비한다. 그러나 아직도 논의되지 않고 있는 부분이 있다. 세계 정치권력의 재배치, 세계 경제권의 대립, 무역시장의 개방, 인터넷과 같은 통신망으로 인한 문화권의 장벽파괴 등 가시적인 구도에 대한 논의는 서서히 열기를 띄어가는데, 그에 비해 '인간' 자체에 대한 논의는 아직도 들어보기 힘들다. 게다가 밀레니엄이 가져다 줄 '행복'에 인류는 취해 있다. 역사관이 자못 낙관적이다. 근거 없는 낙관주의가 근거 없이 우리 주변에 맴돌고 있다.

허무주의를 극복해야

이런 현상이 계속된다면 밀레니엄이란 말은 머지 않아 인류 역사에 비극을 가져오는 또 하나의 우상이 될 수 있다는 우려가 앞선다. 베이컨이 간파했던 대로 인류는 자연과 현실에 대한 바른 이해와 인식을 하지 못할 경우 우상에 사로잡히게 된다. 그러한 과오는 역사에서 이미 여러 번 반복되었다. 우리는 거대한 허무주의에 사로잡혀 있다. 인류는 허무주의(Nihilism)라는 '환경' 속에 살고 있다. 인생무상이라는 종교적 각성도 있지만 허무주의는 현대인들의 마음 속에 깊이 뿌리를 내린 상태이다. 허무주의는 사람들에게서 참다운 가치, 인간의 존엄, 자존심, 인권 등과 같은 절대적 가치를 박탈한다. 허무주의는 인간을 상대화하고 기능화시킨다. 그래서 허무주의는 속성상 도덕적 회의를 가중시킨다. 내면적 본질을 중요시하기보다는 가시적인 현상을 중시한다.

허무주의에서는 가정도 그 본래적 의미를 상실하고 만다. 예를 들면 가족 구성원들의 결집력은 사랑이 되어야하는데 허무주의에 오염되면 가정은 한낱 기능만으로 움직이게 된다. 학교도 그러하다. 교사와 학생간의 신뢰가 상실되어 교사는 지식공급자, 학생은 지식수요자로서 대립하게 되는 것이다. 가장 기초적인 공동체가 이러할 때 이익집단으로 구성된 사회는 또 어떻겠는가. 사회는 만인의 만인에 대한 투쟁만이 난무하는 곳이요, 강한 자만이 살아남는 약육강식의 사회, 또는 살벌한 적자생존의 법칙이 유효한 장소인 정글과 같은 곳으로 변모하게 된다. 사회는 상호간의 신뢰를 요구하기보다는 전시적인 '능력'에 의해 사람을 평가하게 된다. 그러한 사회가 이루는 국가에서 애국심, 조국애 등과 같은 단어는 유치하게 들릴 뿐이다. 우리 나라와 같은 단일민족을 자랑하는 나라에서조차 민족애, 애국심과 같은 단어가 퇴색해가는데 다른 어떤 곳에서 그런 고전적인 감정이 살아 있겠는가.

허무주의 끝에 가면 국가와 국민의 관계도 탈바꿈하게 된다. 보험계약과 같은 약관에 의해 국가와 국민의 의무와 책임이 정해진다. 국가가 마치 부모와 같은 심정으로 국민을 보호해주고, 국민은 자신의 친가를 생각하듯 하는 시대는 이미 지났다. 국가는 '법'을 가지고 자국민을 언제나 '범법자'로 만들어 버릴 수 있는 가능성을 가지고 있다. 국가는 어쩌면 전국민을 '반역자'로 낙인찍을 수 있는 가용성도 가지고 있는 것이다. 우리가 밀레니엄의 낙관주의를 조심스럽게 바라보는 것은 국가적인 권력이 한 순간 무서운 폭력으로 변할 수 있다는 역사의 증거를 가지고 있기 때문이다. 그때도 주범은 허무주의였던 것이다.

귀향의 의미

인류는 밀레니엄이라는 새로운 세기적 전환 앞에서 냉철해져야 한다. 베이컨의 말대로 역사의 진정한 미래를 건설하기 위해 우상을 찾아내어 부수어야 한다. 그러기에 우선 인간의 내면을 살펴야 할 것이다. 인간이 어디에서 왔으며, 어디로 가고 있으며, 결국 어디로 갈 것인가에 대한 냉철한 논의가 있어야 하겠다. 우리는 그것을 '역사적 귀향'이라고 부르도록 한다. 새로운 천년시대로 먼길 떠나기 위해서 우리는 보따리를 잘 꾸려야 할 것이다. 먹기도 잘 먹어두어야 할 것이다. 힘도 비축해 두어야 할 것이다. 귀향은 다른 어느 해가 아닌 바로 21세기를 맞이하는 마지막 해인 1999년에 시도되어야 한다. 그런 다음에야 우리는 새로운 밀레니엄 속으로 힘차게 도약할 수 있을 것이다.

'외딴 방'에 불을 밝혀라
이 시대의 음란성에 관한 고발

방(房)이 변하고 있다

방은 공간이다. 방은 일차적인 의미에서 거주공간이며 가족 구성원에게
평안과 휴식을 제공한다. 방에서 가족간의 대화가 이루어지고 방에서 사랑
이 싹튼다. 그래서 방은 집에서 가장 인간미가 넘치는 장소이다. 안방이 방
이라는 말로 표현되어질 수 있는 공간 중에서 가장 안온한 것은 그런 이유
때문이다. 안방을 지나면 방은 그 기능이 확대된다. 건너방, 아랫방, 그리
고 사랑방에 이르면 방은 교제의 장소가 된다. 만남이 이루어지고 일이 도
모되는 공간이 된다. 이제 그곳을 지나면 방은 일하는 공간으로 발전한다.
방이 곧 노동의 현장이 되는 것이다. 이렇듯 방의 의미는 사랑의 공동체에
서부터 시작하여 교제, 노동의 공간으로 확대되어 나가는 것을 볼 수 있다.

방은 열려 있는 공간이다. 외형적으로 닫혀 있다 하더라도 방은 원래 열
린 공간으로 존재한다. 그러기에 사람들은 방에서 평화와 안녕을 얻는다.
방의 원형(Archetype)은 에덴 동산이거나 어머니의 자궁에 비유될 수 있
다.

반면 방이 막힌 공간이 되면 문제가 된다. 그것은 마치 혈관이 막혀 동맥
경화나 뇌경색 등을 일으키는 현상과도 흡사하다. 닫힌 공간으로서의 방은

생명이 없다. 그곳에는 죽음의 그림자들이 어른거릴 뿐이다. 현대 사회 속의 그 수많은 방들이 '사건'을 발생케 하는 장소가 되어가는 이유는 방이 닫혀져 있기 때문이다. 열린 것을 지향하는 우리 사회의 거리 곳곳에 보이는 '방'들이 유독 닫힌 공간으로 변질되어가는 것이 정말 심각하다.

우리 시대의 방(房)

언제부터인지 방이 퇴폐업소라는 말과 연관지어졌다. 이발소, 목욕탕 등에 칸막이가 등장하고 그 장벽 뒤에서 '은밀한', '말하기도 부끄러운' 일들이 벌어졌던 것이다. 이런 행위들은 매스컴에 '터키탕에서 버젓이 윤락행위가 행해지고 있다'라고 고발당하기도 하였다. 탐욕의 육신들은 그들이 만날 수 있는 방을 떠나 그 뒤 산천을 떠돌기 시작했다. 그 원귀와 같은 영혼들은 불타오르는 육신을 잠재우기 위해 하나 둘 이 땅에 자리를 폈다. 언제부터 이 땅의 사람들이 뉴요커들의 사랑을, 파리지엔느의 사랑을 배웠는지 신기할 정도이다. 하기에 그 즈음에는 '사랑'이란 단어가 아주 유행했었다. 정욕이 사랑을 대신하는 시대가 온 것이다. 이름하여 러브 호텔이 산천 곳곳에 세워졌다. 개척교회보다 더 빠른 속도로 후미진 구석구석에 러브호텔이 들어섰다. 한강 상류 상수도 보호구역에도 막무가내로 러브호텔이 들어섰다.

이 타락한 방의 이미지는 서서히 도시로 들어왔다. 그리고 연령층에 관계없이 무차별 공격을 감행하였다. 도시 안에 서식하는 이 어두운 방의 원조는 무엇보다 만화방이다. 만화방은 청소년들로 가득차 있다. 그들의 손에는 만화가 들려있다. 그들 사이에 '독서실, 공부방'이라고 불리는 만화방은 유감스럽게도 불량만화로 채색되어 있다. 청소년들은 왜색만화, 성인만화, 폭력만화, 살인만화 등의 공격에 그대로 노출되어 있다.

만화방 옆에는 종종 게임방이 서식하고 있다. 그곳에서 펼쳐지는 장면들은 만화방의 그것에 비한다면 막상막하다. 사람을 때리고, 목을 조르고, 폭파시키고 결국에는 죽인다. 그것을 가상현실이라고만 말하지 말라. 가상현실에 탐닉하다 살인까지 저지르게 된 경우를 우리는 보아왔다. 리세트 신드롬(Reset Syndrom)이라 불리우는 신종 정신질환은 단추 하나로 현실과 가상세계를 오가다가 드디어는 그 구분을 상실하게 한다. 아이고 어른이고 할 것 없이 게임방에만 들어서면 그들은 아무런 양심의 가책을 받지 않고 인간을 살상한다. 가상현실에서 일어나는 일들은 윤리와 관계없다고 생각하는 것이 문제이다. 선악의 개념이 전도되어 있는 상태는 보통이다. 게임은 더욱더 교묘하고 사악하게 발전된다. 악마의 이름을 한 자들이 정복자로, 해방자로 둔갑하는 게임에 가면 아연실색하게 되지 않을 수 없다.

얼마 뒤 거리에는 비디오방, 노래방 간판이 등상하기 시작했다. 보통 사람들이 즐기는 노래와 영화가 왜 문제가 되겠는가. 문제는 '나쁜' 영화와 '나쁜' 노래다. 또한 '나쁜' 일은 그 '나쁜' 작품들을 감상하면서 '나쁜' 짓을 한다는 것이다. 우리 사회에 버젓이 행세하고 있는 비디오방, 노래방의 도덕지수는 의심받지 않을 수 없는 수준에 와 있다.

또 언제부터인지 전화방이라는 것이 생겨났다. 쾌락의 방법이 끝도 없이 새로워지고 있다는 증거다. 전화방에서 자행되는 폰섹스가 그것이다. 미지의 대상과 전화를 주고받으며 성적 쾌감을 즐긴다. 그것도 벌건 대낮에. 청소년들조차 전화방의 유혹에 빠져들고 있다는 심각한 통계가 이를 반증한다. 과연 이 도시는 그러한 사실을 부끄러워하고 있는지조차 의심스럽다.

안방조차 위태하다

우리는 우리의 영혼을 위협하는 타락한 방의 원귀들이 결코 집안으로는 못 들어오겠거니 생각했다. 거리의 방은 그렇게 전락해 버릴지 모르겠지만 우리들의 방은 안전하리라 생각했다. TV수상기를 꺼버리면 보고 싶지 않은 것을 거부할 수 있다고 생각했다. 너무 낙관적이었다. 그러자 사단의 전략도 초현대적으로 바뀌었다. 인터넷을 타고 나타난 것이다. 컴맹, 넷맹이 아닌 사람들에게 인터넷은 무한한 동경의 대상이다. 정보의 바다이기 때문이다. 어른이고 청소년들이고 한 번 이 바다를 맛보고 나면 또 나가지 못해 안달이다. 인터넷은 다양한 정보를 준다. 인터넷은 무한한 정보를 준다. 사실이다. 그래서 차세대 커뮤니케이션은 당연히 인터넷이 차지할 것이다. 그런데 이 바다에 덫이 있다.

인터넷은 세계 각 국의 거의 모든 컴퓨터를 연결해 준다. 선별하는 것은 네티즌의 자유에 속한 일이라고 할 수 있다. 그러나 우연히, 또는 실수로 클릭 하게 되면 알지도 못하는 사이트들이 화면에 떠오른다. (필자는 초보 네티즌이어서 알지 못하는 사이트를 시험삼아 클릭해 본 경험이 있다. 그랬더니 화면에 UFO, New Age, 몰몬교 관계, 성인 사이트들이 바로 펼쳐지는 것이 아닌가.) 대중매체도 이미 여러 차례 청소년들이 성인 사이트를 얼마나 쉽게 찾아 들어갈 수 있는지, 얼마나 정신적으로 타격을 입고 있는지 경고한 바 있다.

외딴 방에 불 밝혀 은혜의 처소가 되게 하라

그러면 왜 방이 본연의 의미를 벗어나 이렇게 왜곡되어가고 있는 것일까. 우리 시대의 '외딴 방'은 소외된 자들이 찾는 방이다. 청소년이던지 어른이던지 외딴 방을 찾는 자들은 자기 자신으로부터 소외된 자들이다. 그들이 비디오방을 가던, 노래방을 가던, 전화방을 가던 그곳이 '닫힌 방'일 때 그들에게 유혹은 너무 크다. 사단의 미끼가 이미 그곳에 던져져 있다.

외딴 방이 타락의 본거지가 되고, 외설의 훈련장이 되어가는 것은 그 이유 때문이다.

외딴 방은 분명히 본래의 의미를 획득해야 한다. 우리 사회가 건강해지려면 어두운 공간들이 다시 열려야 한다. 무엇보다도 외딴 방에 불이 밝혀져야 한다. 그곳으로부터 모든 어두운 생각, 나쁜 상상, 죄악된 자태, 음란한 몸짓이 제거되어야 한다. 외딴 방에 불을 밝혀야 한다. 외딴 방에 웅크리고 있던 사람들을 저 밝고 광활한 대지로 내보내야 한다. 저들을 지배하고 있는 어두운 영을 몰아내기 위해서는 무엇보다도 외딴 방에 불을 밝혀야 할 것이다.

우리 도시는 아직도 더러움으로 가득 차 있다. 도시 곳곳에 퍼져있는 외딴 방의 유혹은 의외로 막강하다. 이 함정은 우리 시대의 정신문화를 병들게 하는 독소이며, 역사발전을 저해하는 상애물이다. 우리 사회는 더욱 정결해지지 않으면 안 된다. 음란한 사회는 하나님의 진노를 피할 수 없기에 하루 빨리 참회의 불을 밝혀야 한다.

외딴 방에 '불'을 밝혀 방이 본연의 의무를 회복하게 하라. 그곳에서 온 백성들이 평화와 은혜를 다시 수혜받도록 하라. 우리 나라 방방곡곡에 있는 '모든 방'들에 불 밝혀 참회의 기도처가 되게 하라. 그리한다면 역사의 주인이신 하나님께서 희망찬 21세기를 우리에게 허락하실 것이다.

똥 묻은 영화가 겨 묻은 만화를 나무란다?

어화 벗님네들, 이내 말 좀 들어보소. 내 하도 기가 막히고 코가 막혀서 질겁할 즈음에 한숨이나 쉴 양으로 남산에 올랐더니, 날이 뜨겁고 무더운 여름 복중 한날이라 매캐한 스모그 서울 하늘 가렸는데. 얼쑤! 오존주의보 발령이요! 저기 마포강변 서강나루라도 나가 시원한 강바람이라도 쐬어 볼 까나!

지난 6월, 7월 검찰이 속속 발표한 포고문 들어보소. 보무도 당당한 영감님들 문화계를 순시하시고 침묵과 침묵 사이 드디어 일갈성을 내뱉는데. 〈거짓말〉은 거짓이 없고, 『천국의 신화』는 못쓰겠다는 논지. 아, 여름 하늘에 이 무슨 날벼락 같은 소리란 말이오. 〈거짓말〉은 음란성이 적당하고, 『천국의 신화』는 그렇지 못하다니. 그 어려운 사법고시 패스하시고, 아실 만한 것 모조리 달통하셨을 법한 분덜이 어찌하여 〈거짓말〉과 『천국의 신화』 사이를 오가며 그리고 헐 말 못헐 말 구분 못 하신단 말이요. 아니 이 여름에 더위라도 잡수셨단 말이오. 야야, 향단아, 저기 저 영감님네덜 냉수 한 사발 올려라.

〈거짓말〉이구 『천국의 신화』구 오래 전에 이미 음란성, 선정성, 폭력성, 인간성 말살 등등 식자덜두 아니구 보통사람들로부터 고소고발을 당하였던 '작품'이 아니것소. 그리구 〈거짓말〉은 유엔 인권 관계기관으로부터 포르노급으로 평가되어 문제라고 지적되었던 영화 아니것소. 검찰은 음대협 항의에도 불구하고 차일피일 시간을 끌더니 급기야 무차별적으로 비됴가 이 땅에 배포되기에 방치한 것. 막말로 볼 사람은 다 본 영화라고 무혐의 처리하시니 그 소신판결이 의구심 극도로 불러일으키게 하신단 말임시. 그것도 김 다빠지고 맥빠진 틈을 타서, 기회주의자도 무색하게 말임시.

음란성을 재는 검찰의 잣대는 대체 어디에 있는가 고것이 궁금하담시. 지금은 열린 사회라 애고 어른이고 손닿지 않는 구석이 없는 판국, 성인용, 청소년용 구분하여 음란이다, 아니다 할 때가 아니구먼. 음란한 것은 음란한 것이지 어찌 성인, 청소년 구분하여 판단한당가 말이여. 더구나 〈거짓말〉은 음란성의 정도가 사회가 그만큼 성숙하였으므로… 에헴, 그러나 『천국의 신화』는 유해하닷! 묘한 말장난을 벌리며 치고 빠지는 언론플레이는 차라리 줏대없는 치안당국이 주연하는 한 편의 또 다른 "네고시에이션

(Negotiation)"은 아닌감.

우리거튼 보통사람들에게는 영화에 던져준 면죄부는 거 뭐시기냐, 그려 신지식인론, 부가가치 극대화 등등 신경제부흥 슬로건에 검찰이 아부하는 인상을 듬뿍 준단 말임시. 만화는 로비도 약하고, 교섭단체로 별 볼일 없고 허니… 허 참. 영화는 정부 차원에서 이미 수천억 원 지원을 약속한 마당. 그럴 바엔 약한 넘헌테는 정의를 내세우고, 강헌 넘헌테는 얼마간의 야합으로 윤리공방적 난세지국을 평정하자는 복지부동은 아니신감? 어쨌든 한 나라 치안당국의 음란성 잣대가 정치놀음이 아니길 기원하면서 당황하고 황당한 일이 앞으로 확실히 자리잡히길 바라요.

끝으로 〈거짓말〉이 『천국의 신화』에게 이렇게 말했다 협디다. "나처럼 해봐요 요렇게! (머리를 한 대 치면서) 그러니까 니가 친구가 없는 거야."

인터넷이 수상하다

정보통신 시대, 디지털 시대의 혁명을 이끄는 선두주자라면 단연 인터넷이다. '인터넷이 세상을 바꾼다'고 야단을 떨 만큼 인터넷은 우리 생활 주변으로 깊숙이 파고들었다. 인터넷으로 신문을 읽고, 정보를 탐색하는 것은 네티즌들의 기초적인 활동이다. 이제는 주식거래도, 상거래도, 전화도 모두 인터넷으로 가능하다. 심지어는 인터넷으로 자장면이나 피자, 김치까지 배달시킬 수 있는 세상이 되었다. 인터넷으로 세배도 가고, 인터넷으로 사이버묘소에 성묘도 가는 시대가 된 것이다. 인터넷은 현대인의 생활패턴을 완전히 뒤바꾸어 놓는 매체가 되었다.

그런데 악화가 양화를 몰아낸다고 했던가. 인터넷이 이상해지고 있다. 전자시대가 될수록 사용자의 신용, 신뢰도, 책임감 등이 주요한 요소로 작용하는데 이를 부정하는 현상들이 늘어나고 있다. 해킹과 바이러스가 그것이다. 해킹과 바이러스는 불특정 다수를 곤경에 몰아넣는다. 때로는 어마어마한 재산피해를 주기도 하고, 중요한 파일을 갉아먹어 버려 혼란을 초래하기도 한다. 'iloveyou'라는 메일을 열었다가 낭패를 당하기도 하고, 어느 특정일에 컴퓨터를 작동했다가 체르노빌, 미켈란젤로의 유명세를 톡톡히 맛보기도 한다. 해킹과 바이러스를 유포하는 여러분들이여, 그대들의 실력을 인정할 테니 제발 유해한 행동을 그만 멈추시길 권유하는 바이다.

그런데도 피해의 범위가 멈추지 않고 서서히 노골적으로 확대되고 있으니 해결이 시급하다. 인터넷 상에서 벌어지는 상거래에 사기 행각이 등장한다든지, 원조 교제를 부르는 소리가 끊이지 않는다든지, 극우파나 테러리스트를 찬양하는 목소리가 생겨난다든지 하는 가운데 심지어는 살인청부업자의 홈페이지도 등장하였다는 것이다. 인터넷이 올 때까지 온 것은 아닌가 하는 우려가 멈추지 않는 것은 이 때문만은 아니다.

인터넷에 오래된 숙제가 있다면 음란성과 폭력성과의 전쟁이었다. 사이버경찰과 음란물대책에 대한 시민단체가 있어서 이를 경계해 왔지만 인터넷에서 이들과 만나기는 서울에서 김씨찾기보다 훨씬 손쉽고 수월하다. 특히 포르노급에 해당하는 사이트는 어쩌면 그렇게 연결이 자동에 가깝도록 링크되어 있는지 놀랄만하다. 청소년들을 보호하기 위한 어떤 특단의 조치도 이들의 자세하고 상세한 안내를 막을 길 없으니 지혜의 지혜가 필요하다고 본다.

이런 차제에 한술 더 떠서 인터넷방송이 우후죽순으로 생겨나고 있는데 방송을 보아하니 이 또한 점입가경이요 목불인견이 아니던가. 우려가 끊이지 않는다. O양의 비디오 사건에 등장했던 남자가 인터넷 방송의 성인프로그램을 맡는다 하여 문제시된 일도 있었거니와 인터넷 방송이 초기부터 음란물에 가까운 쇼를 제공하고 있다. 이유는 단순히 뜨기 위해서라는 것이다.

익명의 인터넷 시대에 요구되는 것은 무엇보다도 인격적 의사소통이라고 이구동성으로 외쳐댄다. 본격적인 인터넷 시대에 접어드는 이 시점에서 우리는 심각하게 거룩한 인터넷의 구축을 위하여 고민하지 않을 수 없다. 거룩한 인터넷, 그것은 수상한 인터넷뿐만이 아니라 우리 모두가 살기 위하여 필연적으로 행동에 옮겨야할 숙제임에 틀림없다.

홍석천의 용기, 우리도 필요하다

홍 석천을 아시나요? TV를 시청하는 사람 중에 홍석천을 모르는 사람은 없을 것이다. 머리를 시원하게 밀어붙이고, 애교 있게 말하는 남자, 그의 그런 말투와 동작 때문에 가끔은 조금 느끼하게 여겨졌던 남자. 어린이 프로도 맡았고 쇼프로에도 등장하면서 이제는 그의 존재가 시청자들에게 유명연예인으로 각인될 즈음, 그가 커밍아웃을 선언한 것이다.

충격이라고 할까. 홍석천은 한 TV 프로그램에 나와 자신의 상태를 고백했다. 사회를 맡은 사람도 울고, 홍석천도 울고. 그는 그동안 자신이 얼마나 큰 '고통' 가운데 살아왔는지 말했다. 고백하지 않을 수 없는 것은 '진실'을 밝히지 않고는 모든 것이 가식적인 삶이라는 것, 자신이 홍석천 자신과 자신을 아는 모든 사람들을 계속 속이고 있다는 양심의 가책, 그것이 그토록 고통스러웠다고 눈물 뿌리며 말했다. 덧붙이기를 그동안 솔직하고 진지하게 보여온 자신의 모습이 위선이 아니라는 것, 앞으로도 그렇게 살아가고 싶으니 도와달라고 했다.

그가 뿌린 눈물은 분명 연기는 아니었다. 그는 자신이 가식과 위선의 삶을 더 이상 살지 않으려고 동성애자라는 진실을 밝혔던 것이다. 용기 있는 행동이라고 아니할 수 없다. 왜냐하면 이 말 한 마디는 일파만파 대단한 파장을 일으킬 수 있기 때문이다. 가령, 동성애자를 모두 성도착증 환자처럼 대하는 사람이거나, 에이즈와 같은 무서운 질병을 발원시키는 바이러스처럼 생각하는 사람이거나, 아니면 정신질환자로 여기는 사람이거나 간에, 동성애에 대한 편견과 고정관념에 사로잡힌 사람들은 '홍석천'과 관계된 것을 모조리 거부할 것이기 때문이다. 과연 그래야 할까.

우리 사회에서 동성애는 아직도 금기시된 사안에 머물고 있다. 한 인격이 동성애자가 된 과정을 진지하게 고민해 보지도 않고 동성애자를 몹쓸 사람으로 단정짓는 흑백론이 우리의 현실이다. 홍석천이 도와달라고 말했던 그 부분은 무엇인가. 자신이 동성애자라는 사실을 발견하고 스스로 놀랐던 일, 그 후 진실을 밝힐 수도 없고, 밝히지 않을 수도 없는 진실과 사회적 통념 사이에서 고통하며 보냈던 일, 그러나 진실은 고통보다 앞선다는 그의 용단, 그것을 살아갈 수 있도록 도와달라는 것이 있다. 앞으로 그가 정상적인 생활을 할수록 도와달라는 것이었다.

어쩌면 그는 이전보다 더 혹독한 사회의 편견과 독단에 희생될지도 모른다. 그가 출연했던 프로그램들도, 그와 친했던 사람들도, 어쩌면 가족까지도 모두 색안경을 낀 시선으로 바라보게 될지도 모른다. 그는 사회적으로 매장될지도 모른다는 불안감을 떨쳐 버릴 수 없을 것이다. 그런데도 그는 진실을 말하지 않으면 안되었다.

여기서 우리는 우리 사회 안에 도사리고 있는 묵시적 폭력에 대해서 말해야 할 것이다. 동성애자, 장애인, 미혼모, 재소자 출신, 질병질환자 등 그들을 인격적으로 대우하고 더불어 살아갈 수 있는 사회적 따스함이 재생되어야 한다. 편견에 빠진 사회일수록, 대화가 부재한 사회일수록 그들은 부당한 폭력에 시달리거나, 희생양이 되기도 한다. 중세의 마녀사냥이나 나치시대에 행해졌던 잔혹한 학살 만행에 그들이 끼여있었다는 것은 한마디로 터부의 이데올로기를 말한다고 본다. 우리에게 용기가 필요한 것은 바로 만연된 억압의 이데올로기를 해체시키고, 그들도 인간다운 삶을 누릴 수 있도록 힘써야 하기 때문이다.

우리는 동성애를 똑바로 이해해야 한다. 동성애는 아직도 그 원인이 정확히 밝혀지지 않았다. 사람마다 다른 경로로 동성애자가 된다. 그렇다고 해서 동성애를 하나의 유행으로, 성적 쾌락으로 선택한 사람들까지 옹호하자는 것은 아니다. 동성애의 과정이 정확치 않은 것처럼 상당수의 사람들이 그 현상으로 인해 고통받고 있다는 사실이다. 피조물의 고통과 신음을 그대로 방치한다면 그것은 생명을 유기하는 것이나 마찬가지이다.

홍석천 씨가 진실이라는 문제로 고통받았던 것처럼 우리도 진실이라는 문제의 아픔에 정정당당히 나서야 한다. 그가 진실에 온몸으로 부딪쳤던 것처럼 우리도 그렇게 온몸으로 진실에 직면해야 할 것이다. 홍석천 씨가 용기 있었던 것처럼 우리도 최소한 그 정도는 용기 있어야 하지 않겠는가. 적어도 그는 한 사람으로서 그렇게 진실했는데 우리는 다수이지 않은가.

어젯밤 이런 꿈이 머릿속을 스치고 지나갔다. 예수님이 군중 속에 서 계셨다. 그 중의 한 사람, 마치 홍석천 씨처럼 머리 깎은 한 남자가 고개를 떨구고 있었다. 예수님은 그의 마음을 알았다. 그는 예수님에게 가까이 가는 것이었다. 그러나 다른 사람을 밀치고 앞으로 갈 수 없었다. 자신이 없었다. 사람들이 '너 같은 게!' 하면서 손가락질하는 것 같았다. 그 때 예수님이 사람들을 가르며 그에게 다가갔다. 사람들이 양 옆으로 나뉘었다. 군중들은 조용했다. 예수님은 그 사람을 부둥켜안았다. "너 얼마나 아팠느냐!" 예수님은 통곡하였다. 예수의 품안에 안긴 그 사람도 흐느끼며 울었다.

한국의 대중들에게 고하노니, 연예인을 흔들지 마라

연예인들은 만인들의 사랑을 받는 사람들이다. 사람들은 그런 의미에서 그들을 공인(公人)이라는 말로 높여준다. 하지만 최근에 일어나고 있는 일련의 사건들은 연예인의 "역사적 의미"가 퇴색해 버린 느낌을 준다. 왜 이렇게 되었을까.

연예인들의 이혼, 파경 소식은 어제 오늘의 일이 아닌 게 명확하다. 최근 보도된 연예인 사건들은 탤런트 S씨의 원조교제, J씨의 성폭행, 인기가수팀의 G씨의 음주운전, K씨의 누드사진집 공방, 그리고 몰래카메라에 의한 O씨와 P씨의 사생활 폭로, 방송진행자 P씨, K씨 등의 저질언어 사용에 따른 방송출연 정지 등등 일일이 열거하기도 힘들 정도다. 왜 이런 일이 자꾸 벌어지는 것일까.

연예인들이 스타가 되기 전, 그러니까 인류 사회에 대중이라는 익명의 무리가 생기고, 그들의 예상치 않은 무법천지가 역사 가운데로 등장하기 전, 연예인들은 어릿광대(Clown)라는 말로 불렸다.

그들에게는 고유한 직책이 있었으니 지금처럼 무대 위에서 시작도 끝도 모르듯 그렇게 몸을 뒤채이며 이상야릇한 몸짓을 일삼으려던 것은 아니다. 연예인의 원조는 엄숙하고 심각하게 인생을 연기했던 것이다. 과거의 연예인들에게 두 가지 귀중한 직책이 있었으니 하나는 사람들에게 웃음을 주는 것이었다. 자연스럽게 웃기든, 억지로 웃기든 그것은 어릿광대의 몫이었다. 반복되는 일상의 무기력과 갈등을 어릿광대가 선사하는 웃음으로 해결해야 했던 시대, 당시 연예인들은 나서서 조롱거리가 되었지만 삶의 활력을 제공해 주는 역할을 했었다. 그들이 바보가 되든, 원숭이가 되든 그것은 어릿광대만이 할 수 있는 전유물이었던 것이다.

이 역할이 희극적이라면 다른 하나는 비극적이다. 그러나 이 역시 어릿광대만의 특권에 속하는 일이었으니 그들이 펼쳐 보이는 생의 이면이었다. 왕족, 귀족이라는 계층이 실제로 존재했던 시대, 그들 곁에서 죽음에 관해서, 권력의 무상에 관해서, 만용의 부덕에 관해서 지적해 줄 수 있는 사람이 바로 어릿광대였다. 예를 들면 왕이 정치를 잘못하여 백성에게 폭정이 되는 경우, 만약 신하가 그 과오를 비판한다면 그는 정적(政敵)이라는 오명으로 죽음에 처해진다. 그러나 어릿광대는 면책특권을 누린다. 오히려 권력자들의 잘못을 해학과 익살이라는 얼굴로서 지적, 비판하도록 어릿광대가 존재했었다. 그들은 인간의 어리석음을 연기하고, 인간의 추잡함을 연기하고, 인간이 얼마나 권력을 잘못 사용하고 있는가. 백성이 얼마나 비참한 가운데 있는지, 신 앞에서 얼마나 부패한지, 인간이 쉽게 들여다보지 못하는 생의 심연을 연기했던 것이다.

그런데 여기에 큰 변화가 일어났다. 산업화, 도시화의 이면에 대중의 출현과 함께 어릿광대들이 스타(Star)라는 말로 불리기 시작하면서 어릿광대와 관중 사이에 묘한 역학관계가 생겨나게 된 것이다.

그들은 결코 권력자나 관중의 위에 서보지 못했다. 희극을 연출하든 비극을 연기하든 그들은 언제나 사람들로부터 동정을 유발해야 했다. 그게 생존전략이었다. 그런데 어릿광대가 뜨기 시작한 것이다. 부가가치가 높아진 것이다. 그들은 귀족들이 살던 집의 주인으로, 관중들이 누리지 못하는 부와 명예를 소유하기에 이르렀다. 여기서부터 연예인은 더 이상 동정의 대상, 연민의 대상이 아니게 되었다. 대중의 반란이라고나 할까. 한마디로 관중들 위에 서게 된 것이다. 관중들은 이제 스타가 된 연예인들을 선망의 대상으로 바라보면서 때로는 질투와 질시의 눈길을 보내게 된다. 그래서 그들의 일거수일투족은 대중의 감시를 받기에 이른 것이다.

현재 우리 사회를 시끄럽게 하고 있는 연예인 소식. 그들도 하나의 직업 인이다. 그들도 하나의 생활인이다. 누구만큼 간섭 안 받고 자신의 조용한 삶을 즐길 수 있는 권리가 있는 것이다. 연예인의 사생활은 보호받아야 한다. 연예인들이 사회에 보여주어야 하는 것은 은밀한 사생활이 아니라 그들의 연기이다. 그들만이 소유한 연기로 연출된 인생의 저 색다른 이면세계, 그것이 배를 잡고 웃든, 눈물을 훔치든 우리가 만나야 하는 연예인들이다.

한국의 대중들에게 고하노니, 연예인들로 하여금 진지하게 연기하게 하라. 죽음을 모르고 까부는 어리석은 자 앞에서, 권력의 무상함을 모르고 기고만장한 오만한 자 앞에서, 인간의 비참한 모습을 보지 못하고 신 앞에서 깝죽거리는 불쌍한 인생들에게 생의 진지함을 보여주는 예전 어릿광대의 그 진지한 위치로 돌아가게 하라. 생의 희비극을 연출하여 관중들로 하여금 진실에 대해 눈뜨게 하는 일, 그게 그들의 본래의 모습인 것을 알지 않는가. 매스컴이고 팬이고 이제 우리의 저 진지한 연기자들을 그만 흔들 것이다. 그들이 본래 자리로 돌아갈 수 있도록 그만 흔들 것이다. 그렇지 않는다면 우리는 서로 다치게 할 뿐이다.

사회적 상상력

사회적 상상력

성숙한 사회일수록 사회적 상상력이 건강하고 활발하다. 사회는 살아 있는 유기체로 존재해야 발전이 뒤따르게 마련이다. K. 포퍼가 지적한 것처럼 전제주의적인 이데올로기에 사로잡혀 있다면 열린 사회로 나아갈 수 없는 것이다. 이 과정에서 사회적 상상력이 얼마나 큰 힘을 발휘하게 되는지 역사는 증거하고 있다.

청교도들이 꿈꾸었던 종교의 자유를 보장하는 사회, 만인평등과 박애를 부르짖었던 불란서 혁명가들의 민중사회, 미국 독립전쟁에서 확인할 수 있었던 외세의 간섭으로부터 자유로운 국가, 우리 나라 독립투사들이 갈망하였던 독립국가 등등은 사회적 상상력이 가져다 준 선물이었던 것이다.

우리 나라는 유교문화로 인하여 오랜 세월동안 중앙집권적 권력에 의해 지배되어왔다. 그 결과 자주적이고 자립적인 의사결정에 빈약했고, 토론과 대화에 의한 의견수렴 방법은 아직도 완성되지 못했다. "공자가 죽어야 나라가 산다" 등과 같은 극장이 대변해 주듯, 권위주의와 관료사회는 열린 사회로 나아가는 데 치명적인 장애물이 된다.

우리 사회가 더욱 발전하기 위해서는 사회적 상상력이 다시 활발히 전개되도록 해야 한다. 이 점을 누가 의심할 것인가. 열린 사회는 사회적 상상력이 사회 구성원 모두의 것이 될 때 가능해질 것이다.

잃어버린 언어를 찾아서
우리 시대의 가벼움에 대한 항변

가벼운 것들이 판치고 있다

체코 출신의 작가 밀란 쿤데라가 우리에게 선사한 언어가 있었다. 그의 소설 『참을 수 없는 존재의 가벼움』이 그것이다. 소설 제목으로 인해 한동안 우리 귓가에는 '참을 수 없다'는 말과 '가볍다'는 말이 여러 수식어와 함께 유행했었다. 그러나 정작 우리가 심각하게 생각하고 돌아봐야 할 '존재'라는 단어는 뒷전이었다. 소 잃고 외양간 고친다고 했던가. 우리는 쿤데라의 제목으로 어떤 의미 있는 경고를 받는 듯 했으나 너무 가볍게 지나쳐 버렸다. 그래서 본질을 놓쳐 버리고 변죽만 울리다가 지금 큰 코 당하고 있다. '존재'에 관해 그렇게 무관심했던 결과이다.

우리 시대에 '가벼움'이 얼마나 판치고 있는가? 존재는 작은 샛길, 골목으로 숨어 버린 형국이고, 존재의 가벼운 것들만 거리를 활보하며 난무하고 있다. 지금 시대는 가벼움이라는 중병을 앓고 있다. 상점 앞에 서면 그 현상은 당장 비유적으로 드러난다. '왕창세일', '깜짝세일', '보따리 세일'이란 말이 그것이다. 심지어는 90~80퍼센트라고 빨간 색으로 강조한 세일도 있다. 그런 세일에 몰려다니는 소비자들은 또 얼마나 가벼운가. 세일에 몰려들어 상품 하나를 두고 우리 이웃들과 보이지 않는 전쟁을 치르는 사람들을 보면 얼마나 존재가 가볍게 취급당하고 있는지 우울하기까지 하다. 존재마저 세일당하고 있는 위협감이 든다. 우리 자신과 인격이 평가 절하되어 보이기 때문이다.

가벼움, 우리 시대의 페스트

세계는 한동안 묵직한 무게를 유지했었다. 세계의 구조는 존재의 무게로 인하여 자신의 자리를 지켜왔다. 존재의 무게는 질서를 유지하기에 안간힘을 써왔다. 그러나 당연한 존재의 무게가 '무거움' 이라는 색안경으로 보이게 되었다. 어느 때인지 무거움은 불편한 것, 허세부리는 권위주의, 나아가서 보수주의, 악습, 구습, 허위, 기만 등 소위 '나쁜 것' 으로 치부되었고, 존경과 예우받기를 거부당했던 것이다. 가벼움의 반란이 시작된 것이다.

가벼움의 반란은 '인간해방' 이라는 그럴듯한 명분을 내세웠다. 인간을 구태의연한 과거의 질곡에서 자유롭게 하자는 것이 그것이었다. 그것은 사회 각 분야에서 타오르는 산불처럼 번져갔다. 그 혁명의 클라이맥스는 신에 대한 도전이었다. 가벼움의 혁명을 시도했던 자들은 신이 인간의 성숙을 가로막고 있는 장애물이라는 비난을 퍼부었고, 그의 권위에 도전했다. 가벼움을 추종하던 사상은 존재의 질서와 무게를 인정하지 않았다. 모든 것을 상대화하고 즉물적인 감정으로 대체했다. 또한 인간에 대해서도 '나는 나 외의 다른 어떤 것으로도 규제 받지 않는다' 고 선언하였다. 자신의 감정이 곧 자유의 척도였다. 그들은 존재의 질서와 무게로 자유를 변호하려는 사상을 애초부터 염두에 두지 않았다. 그것은 결과적으로 역사의 흐름에 엄청난 지각변동을 초래했다. 가벼움은 어느 새 보통사람들의 생활양식이 되어버린 것이었다.

현대인들은 질보다는 양을 우선하게 되었다. 잠시도 인내하며 기다리지 못한다. 단 몇 초 내에 리모콘으로 기기들이 움직이지 않으면 불편하고 낡은 것으로 치부해 버린다. 한번의 스위치 작동으로 실행되지 않는 것이면 금방 갈아치워야 한다. 음식에도 인스턴트가 우위를 떨치고 있으며 일회용으로 쓸 수 있는 대용품들이 점점 인기를 높여간다. 독자에게 심리적 부담을 주고, 머리 싸매고 생각하게 하는 책은 읽히지 않는다. 소프트한 것이 좋다는 것이다. 그래서 작가도, 독자도 모두 가벼워지고 있다. 사람들은 더 이상 사상가나 철학가를 요구하지 않는다. 왜냐하면 그들은 가벼운 사회에 부담을 주기 때문이다. 가벼워지려는 습성은 정말이지 우리 시대를 병들게 하는 페스트이다. 그 병은 이미 무서운 전염병이 되어버린 것이다.

그래도 나는 가볍게 살고 싶다?

사람들에게 고통을 주고 있는 현대문명의 스트레스는 오히려 너무 심각하게, 너무 무겁게 사실을 받아들이기 때문이라는 지적도 있다. 조금 거리를 두고, 떨어져서 사태를 관망하다 보면 충격을 방지할 수 있다는 이론이다. 일리가 있는 말이다. 가볍게 보는 것이 유익할 때도 있다. 그러나 우리 사회에는 존재를 너무 무겁게 받아들여서 문제가 생기기보다는 너무 가볍게 받아들여서 문제가 된다고 본다.

가벼워진 생각은 우리에게서 고전적인 언어를 빼앗아 가고 있다. 가령 이러한 언어들이다: 존재, 존재의 근원, 영광, 존귀, 찬양, 은혜, 은총, 사랑, 거룩, 성결, 경건, 용서, 관용, 미덕, 양심, 확신, 신념, 신의, 희망, 소망, 위로, 겸손, 소명, 순결, 책임, 희생, 헌신, 고요, 묵상, 침묵, 자유, 우정, 우애, 기쁨, 동정, 연민, 기도, 참회, 회개, 고백, 정의, 공의, 교양, 현명, 지혜, 정절, 정숙, 용기, 의연, 비탄, 고뇌, 감사, 아름다움, 절제, 인내, 평화, 평안, 자족, 부끄러움, 수줍음, 명예, 신중, 박애, 정직, 윤리, 도덕, 권위, 예의, 예절, 사유, 사색 등등.

존재의 무게를 지탱하던 언어들이 사라져 가는 자리를 가벼움은 결코 채울 수 없다. 무게를 잃고 가벼워진 것은 사람의 내면이었다. 인간의 정신이 황폐해져 가는 것이다. 사람조차 사람에게서 사물화되어 가는 현상이 발생하고 있다. 생활고에 가계가 어려워진 부모들이 자신의 아이들을 길거리에 버리는 일, 보험금을 타기 위해 남편이나 아내를 살해하는 일 등이 그 대표적인 예다. 그것뿐이랴. 삶의 문제해결을 자살로 끝내려는 생각이 우리 사회에 얼마나 깊숙이 스며들어 있는가. 청소년들이 여타의 문제로 아파트에서 집단으로 뛰어내린 일, 사랑을 이루기 위하여 사랑하는 사람과 동반자살을 감행하는 일등이 그렇다. 모든 것을 가볍게 만들어 버리는 우리 시대의 전염병에 감염된 증후라 아니할 수 없다. 그럼에도 불구하고 지식인이라 하는 사람들이 "그래도 나는 가볍게 살고 싶다"고 선전하고 있으니 과연 우리 사회가 상실한 정신의 내면은 어디서 회복할 수 있단 말인가.

잃어버린 언어를 찾아서

우리는 우리 사회에 대하여 절망과 낙망, 그리고 실망을 수도 없이 해왔다. 비판과 따끔한 질책도 했다. 그러나 가벼워진 세대를 바로 잡지는 못했다. 이제는 돌아가야 한다. 다시금 존재에 생명을 불러오는 언어를 회복해야 한다. 그 용어들은 존재를 존재답게 만드는 힘이 있었다. 함석헌 선생은 《씨알의 소리》를 통하여 '생각하는 백성이라야 산다'고 갈파한 적이 있다. 그 경고를 염두에 둔다면 우리는 그동안 잃어버렸던 언어를 다시 되찾아야 할 것이다.

존경할 자를 존경하고 경외할 자를 경외해야 한다. 회개해야 할 죄는 회개하고 고백해야 할 일은 고백해야 한다. 용서해야 할 일은 용서하고 심판해야 할 일은 심판해야 한다. 정의는 바로 세워야 하고 불의는 비판받아야 한다. 신뢰가 다시 회복되어야 하며 사기와 속임수는 물리쳐야 한다. 사랑의 이름으로 잘못 표출된 잉여감정은 제자리를 찾아야 한다. 예의의 이름으로 강요된 권위는 척결해야 하지만 정당한 예우와 예의는 표현되어야 한다. 전통이라는 미명으로 남아 있는 악습은 뿌리뽑아야 하지만 지금도 유효한 윤리와 도덕은 지켜져야 할 것이다.

또한 우리시대에 잘못 사용되고 있는 언어들도 그 의미를 바로 교정해야 한다. 정의의 이름으로 불법이 자행되고 있다. 희망의 이름으로 역사의 목표가 오도되고 있다. 감사의 이름으로 아첨과 뇌물이 수수되고 있다. 침묵의 이름으로 악을 눈감아 주고 진리에 대해 입을 다물고 있다. 용서의 이름으로 자기편은 감싸고 남은 무자비하게 처단히고 있다. 설제의 이름으로 마땅히 절제해야 할 자들은 묵인하고 이미 극도로 절제하고 있는 자들에게 더 허리띠를 졸라맬 것을 강요하고 있다. 우정의 이름으로 야합을 일삼으며, 충성의 이름으로 복종을 강요하고 있다.

양심은 어디에 쓰여지고 있는가. 영광은 어디에 바쳐지고 있는가. 찬송은 어디에 드려지고 있는가. 우리가 사는 길, 우리가 이 험한 시대를 건너갈 수 있는 길은 다름 아니다. 잃어버린 언어들이 다시 자신의 자리를 찾게 하라. 또한 잃어버린 언어들이 소유했던 무게를 다시 회복하게 하라. 그것만이 이 시대를 지배하고 있는 가벼움의 광란에서 탈출하는 길이요, 우리의 존재를 다시 회복하는 길이 될 것이다.

과학은 윤리의 치외법권지역인가

현대과학의 만용을 경고하면서

현대 과학의 개가

최근 들어 매스컴은 우리를 놀라게 했다. 해외에서 들려온 유전공학, 의학 등 첨단과학 연구분야의 업적들은 세간을 아찔하게 하기에 충분하였다. 유전자 복제가 이론적으로 가능하다는 소식이 전해지고 얼마 안되어 실제로 복제양이 탄생하였던 것이다. 둘리라는 이름의 새끼양이 나타났었다. 첨단 과학이 아니면 성취할 수 없었던 일이었기에 사람들은 이 사건을 인류가 이룬 개가라고 추켜세우기까지 했다. 그런데 복제양 돌리가 임신을 했다는 소식도 들려왔다.

또 얼마 전에는 두 마리 원숭이의 머리—몸통 이식수술이 성공했다는 외신보도가 들려와 사람들을 다시 한번 어리둥절하게 했다. 과학의 발달이 시시각각으로 앞서가는 것이 몸으로 느껴졌다. 이 실험결과는 사람도 언젠가는 뒤바뀌어질 수 있다는 공상과학소설 속의 한 현실을 그려볼 수 있게 했다. 사람은 이러한 미래사회를 꿈꿀 수 있게 되었다. 즉 자신의 유전인자로 또 다른 자신이 살아 움직이는 것을 보게 될 날이 멀지 않을 것이며, 다른 사람의 몸을 빌어 버젓이 살고 있는 또 다른 자신과 악수할 수 있는 날이 도래하게 될 것이라고. 이런 환경들은 마치 새로운 시대가 도래하듯 앞으로 과학이 우리에게 어떤 시대를 열어줄지 상상조차 할 수 없는 '멋진 신세계'로 들어서는 착각을 받는다.

이제 인공수정이나 인공장기 등은 어느 정도 상식으로 받아들여질 정도로 과학은 앞서 가고 있다. 오히려 자연과학의 진보는 인간이 상상하는 것보다 빠른 속도로 진행해 나가고 있는 느낌이 든다. 그렇다면 이런 현상을 모두 당연하게만 받아들여야 하는 것일까. 유전자 복제, 인간 복제가 거론될 때 사회 일각에서는 '인간존엄'이라는 말과 함께 과학의 윤리문제로 논란을 벌였었다.

그러면 첨단 과학분야에서 윤리성을 운운하는 것은 시대착오적인 발상인 것인가. 아니면 기아나 질병으로 죽어가는 사람이 아직도 구원의 손길을 기다리고 있는 시대에 몇 가지 부작용 때문에 실험을 주저하고 있는 것은 값싼 휴머니즘이라 비판받아야 마땅한 일일까. 이떤 짓이 성발 값싼 휴머니즘일 것인가. 우리는 과학의 '위대한 능력'을 인정하지 않으면 안 된다. 과학의 덕택으로 인류가 역사와 문화를 얼마나 앞당기게 되었는지 부인할 수 없다. 반면 과학의 위험성은 또 얼마나 심각하게 우리는 위협하고 있는지 그 사실도 간과할 수 없는 것이다. 차제에 우리는 과학의 윤리성에 관해 반성해 봐야 한다.

기로에 선 자연과학의 실험정신

그러면 왜 이런 위기상황에까지 오게 되었는가? 자연과학의 대명제는 실험성과 기여도이다. 자연과학은 냉철한 실험정신을 바탕으로 한다. 그는 과연 이 물질세계의 진실이 어떠한가 하는 질문에서 한 시도 눈을 떼지 않는다. 자연과학이 감정과 상황에 지배되지 않고 차가운 이성으로 대상을 실험해야 하는 이유는 숙연하기까지 하다. 냉정한 실험성 때문에 자연과학은 현재까지 존재하였고 그 기본정신으로 인류에 봉사해 왔다. 그러나 자연과학의 실험정신과 기여는 반드시 비례하지만은 않았다. 노벨의 경우가 바로 그 예이다. 노벨은 폭약을 제조하면서 그 물질이 인류문명에 얼마나 크게 기여하겠는가 하는 꿈을 꾸었다. 그러나 노벨의 의도와는 반대로 다이너마이트는 사람을 살상하는 무기로 더 악용되었던 것이다. 한 과학자의 선량한 실험정신이 가공할 결과를 남겼던 것이다. 핵물리학자였던 오펜하이머 박사도 노벨과 같은 양심의 가책에서 자유롭지 못했던 것을 우리는 기억한다.

위의 예와 같이 과학의 실험정신은 종종 가치중립적인 면에서 이탈할 수도 있다. 〈지킬박사와 하이드〉같은 작품이 보여주는 경우가 또한 그렇다. 공상과학 스릴러 분야에 단골로 등장하는 호러물(Horror)인 이 작품은 과학의 빗나간 꿈을 지적하고 있다. 〈프랑켄쉬타인〉도 같은 경우다. 여기에서 과학자는 음흉한 호기심에 지배를 받고, 실험에 실험을 거듭한다. 그 결과 탄생한 것은 꿈의 세계가 아닌 악몽이었다, 바로 '괴물'(Monster)이었던 것이다. 물론 이 작품들은 허구의 세계에나 존재하는 이야기이지만 인류문명에서 야기될 수 있는 한 비극의 전형을 상징한다 하겠다. 이 작품들이 현대 사회에 전하는 경고의 메시지는 과학자들은 금단의 영역을 넘나들게 되며 그 결과가 언제나 해피엔딩이 아닌, 비극적 결말을 가져올 수도 있다는 것이다. 여기서 보건대 과학의 실험정신은 선악의 경계에서 결코 자유롭지 않다는 것이다. 인류에의 기여는 사실상 한참 뒤에나 언급될 문제이다.

과학의 맹신을 경계하라

현재 세계 각 국에서는 유전자 복제와 관련하여 엄청난 실험들이 진행되고 있는 듯하다. 인간 복제실험이 그러하며, 더욱 경악스러운 것은 동물과 인간의 배(胚)를 결합시켜 제3의 동물을 만들어 보려는 저의도 멈추어지지 않고 있는 듯이 보인다. 때로 그런 실험은 의학 혁명을 위하여, 새로운 환경에 적응하려는 인간의 종(種)을 개발한다는 명분으로 강행되려는 분위기다. 그러나 그것은 금단의 구역을 넘어가려는 인간의 욕망일 뿐이다. 멈추어야 할 때 멈출 수 있는 것, 그것이 과학자가 소유해야 하는 일차적인 윤리성이라 본다.

과학의 실험정신은 인정해야 한다. 또한 과학자들이 인류에 봉사할 목적으로 얼마나 숭고한 정신을 발휘하며 연구에 몰두하는지 우리는 경외를 표해야 할 것이다. 유전공학, 생명공학의 분야에서 인류에 부과된 여러 난제를 해결하기 위해 전력을 기울이는 것은 크게 찬사를 받아야 한다. 그러나 과학자들의 맹목적인 실험성은 냉정히 반성해야 힌다. 윤리석인 검증은 인류에의 봉사라는 명분에 앞서기 때문이다.

과학이 이루어 놓은 문화적 혜택으로 인해 현대인들은 과학을 신뢰하게 되었다. '과학적' 이라는 수식어가 얼마나 강한 설득력을 가지고 있는가! '과학' 은 이제 문화사관으로 자리잡고 인류에게 낙관주의를 웅변하고 있다. 계몽주의 시대에 이성이 인류 문명의 모든 문제를 해결해 줄 것처럼 들떠 있을 때와 다르지 않다. 계몽주의가 끝내 실존적 불안으로 이어졌듯, 과학에 대한 '신앙', 그 당당한 과학만능주의도 어쩌면 미래에 대한 불확실성만 가중시켜 놓을 수도 있고, 도리어 인류의 생존을 위협하는 자기당착의 빌미가 될 수 있다는 것을 알아야 한다.

과학을 맹신하는 행위는 중단되어야 한다. 또한 문명의 발전에 대한 이상도 검점해야 한다. 우리가 꿈꾸는 미래사회는 반드시 우리가 현재 원하는 방향대로만 이루어져서는 안될 수도 있다는 사실을 받아들여야 한다. 역사가 바로 그 점을 우리에게 교훈하고 있다. 당시에는 마땅히 진행되어야 할 것으로 믿었던 실험이었지만 인류에게 엄청난 피해를 준 예를 우리는 뼈저리게 체험해 왔다. 원자력과 핵폭탄이 바로 그것이다.

창조의 질서를 존중해야

인간의 질병을 고치고, 생명을 연장시킨다는 대의명분이 전제된다 할지라도 인간성을 무시하며, 창조의 질서를 파괴하는 실험은 중단되어야 한다. 그런 실험은 인류를 위한다는 명분은 있지만 실상 '지적 호기심'을 채우려는 의도가 더 앞서 있을 뿐이다. 그것은 명백한 교만이다. 바벨탑의 기록은 바로 그런 과오를 인류가 다시 반복하지 않도록 우리에게 경고하고 있는 것이다. 바벨탑의 비극적인 결말을 당하기 전에 우리는 인간의 한계와 지적 자만을 경계해야 한다. 무모한 호기심은 배척되어야 마땅하다.

그러기 위해서 국제사회는 창조의 질서에 어긋나는 원리를 강행하는 실험을 중단하도록 상호감시체계를 갖추어 감독을 강화해야 한다. 문제는 외부제재로만 인간의 호기심과 욕망을 잠재울 수는 없는 것이다. 과학자들의 양심선언과 윤리관이 더욱 중요하게 여겨지는 것은 바로 그 때문이다.

피조물의 탄식에 귀를 기울이라

환경문제를 다시 생각하며

환경파괴도 글로벌리제이션

우리에게 세계화니 국제화니 하는 단어는 결코 새롭지 않다. 경제와 교육 분야에서 귀가 닳도록 들어온 글로벌리제이션(Globalization)은 이제 아주 당연하고 자연스러운 개념이 되어버린 듯하다. 세계화라는 말이 이 경우 긍정적인 의미로 사용되었음은 재삼 설명할 필요도 없다. 그러나 또 하나의 세계화가 있다. 부정적인 의미로 국제화라는 용어가 사용되고 있으니 바로 환경문제이다.

현재 환경문제는 전 세계적으로 논란을 벌이는 주제가 되었다. 세계적으로 맹위를 떨치며 지구촌 곳곳에 예기치 않은 자연재해를 불러오고 있는 엘니뇨 현상은 모든 사람들 사이에 좀처럼 떠날 줄 모르는 대화거리가 되고 있다. 엘니뇨 현상이 지나가면 평온을 되찾을 줄 알았던 사람들은 이름을 바꾸어 나타난 또 다른 '현상'에 당황하고 있다. 라니뇨가 그것이다.

자연재해는 지금에 와서는 한두 나라에만 해당되는 골칫거리가 아니라 명실공히 세계적인 문제가 되었다. 그 예는 실로 거론하기에도 벅차다. 인도네시아 밀림에서 타오른 연기는 말레이시아, 싱가포르까지 영향을 미치고, 중국에서 기인한 대기오염은 우리 나라, 일본에까지 날아가 산성비, 호흡기 질환 등을 유발시키는 요인이 되고 있다.

자연재해는 전 세계적으로 연계되어 있다. 가뭄, 폭염, 홍수, 폭풍우, 한파 등이 세계 곳곳에서 지속되고 있다. 아프리카는 사하라를 중심으로, 중국은 내륙 지방을 중심으로 사막화가 점점 확산되고 있다. 지구 온난화 현상도 예삿일이 아니다. 대기오염은 지구를 온실효과 속에 가두었고 기후변화는 예측할 수 없게 되었다. 이상기후 현상은 자연스런 일상생활로 받아들여지게 되었다. 고산지대의 만년설이 녹아 내리고 해수면이 상승하는 등 그 피해도 적지 않다. 오존층 파괴 또한 심각하다. 피부염증이나 피부암을 유발하는 데까지 그 위험수위가 이르러 일광욕도 편히 할 수 없는 지경이 되었다. 따스한 햇볕 아래서 마음놓고 뛰놀던 어린아이들은 그늘을 찾아가야 할 정도이다. 오래가지 않아 대도시 사람들은 산소마스크를 필수품으로 휴대해야 할 시대를 맞이하게 될지도 모른다.

인간의 타락이 자연파괴를 불러

지구는 병들어 가고 있다. 아니 이미 병들어 있다. 여기에서 우리는 한번 반문하지 않을 수 없다. 어떻게 하여 이 자연을 그토록 병들게 하였는가. 자연은 묵묵히 인간의 노동에 응하여 수확을 거둘 수 있게 하였고, 풍부한 자원으로 우리를 살지게 하지 않았던가. 그런데 이제와서 인간과 자연이 가해자와 피해자의 관계로 전락한 것은 무슨 연유 때문인가. 자연과의 조화니 합일이니 하는 고상한 단어들은 어디에 숨어버렸단 말인가. 아니 사람들은 오히려 자연이 인간을 해치고 있다고 말한다. 파괴되고 손상된 자연이 인간을 위협하는 존재가 되었다고 불평한다. 그 현상을 '자연의 복수' 니 '자연의 반격' 이니 이름짓는 사람들도 있고 또는 '신의 저주' 라고 부르는 사람들도 생겨났다. 자연은 처음부터 인간을 그렇게 대해오지 않았다. 인간도 자연에 대해 마찬가지였다.

인간에게 자연은 신성한 것이었다. 모든 종교의 출발은 자연이었다는 것이 그 사실을 말해준다. 인간의 한계를 넘어서는 자연의 무한한 힘과 현상 앞에서 인간은 숭엄한 감정과 두려움을 갖게 되었고, 이것이 신비스런 경배의 예식으로 정착된 것이 종교라는 설명이다. 이 경우 자연은 하나의 신비스런 존재로 등장한다. 또한 자연은 신의 한 부분이라거나 신성을 부여받은 존재라는 범신론적 인식과 인간의 생존을 보장해주는 모태와 같다는 신화적 인식으로 자연을 '어머니'(Mother Nature)라는 말로 부르기도 했던 것이다.

신비한 것은 자연 그 자체가 아니라 자연과 인간의 관계이다. 자연은 생명과 의식을 가지고 있지 않으면서도 인간과 교감한다. 즉, 인간이 자연에 대해 어떻게 행동했는가에 따라 사연노 응답하는 것이다. 그것을 "뿌리는 대로 거두는" 원리로 생각할 수도 있겠고, 인과관계(Causality)로 설명할 수도 있겠다. 비극적인 것은 자연과 인간의 신비한 관계가 깨어지고 있다는 것이다. 자연파괴의 증거인 환경오염은 인간과 자연이 더이상 조화로운 관계를 형성하고 있지 않다고 역설한다. 기독교 문명이 그 주범이라는 주장도 거세다. 즉 자연을 정복하고 다스리라는 신적 명령 (창 1:28)이 서구 문화를 통해 자연을 착취하고 결국에는 파괴하기에 이른 것이라는 비판이다. 이 말씀은 남성적 지배권력을 옹호하는 말씀이 아니고 문화를 육성하고 계발해야 하는 인류의 소명을 가르친 위임명령인 것이다.

환경이 파괴되어감에 따라 인간은 상당한 대가를 치르게 되었다. 이상 기후가 불러온 자연재해로 인한 경제적 손실은 이루 말할 수 없다. 재산, 자원의 피해는 가히 천문학적이다. 가뭄이나 홍수가 지나간 대지를 복원하는 길은 요원해 보인다. 게다가 인명피해 또한 적지 않으니 사람들은 정신적인 불안과 공포에 휩싸이게 된다. 여기에서 환경오염이 세기말적 현상으로 받아들여지는 요인이 된다. 스트레스와 불쾌지수가 점증되는 열악한 정신환경은 서서히 인간의 내면도 황폐하게 만들게 될 것이다.

결국 환경오염 문제는 인류라는 종의 생존에 결정적 영향을 끼치고 있다. 산업화로 인한 물과 공기의 중금속 오염, 그리고 음식, 장난감, 생활필수품 등에 섞여 인체로 파고드는 화학물질인 환경호르몬이 대두되면서 인체의 생식기능까지 위협받게 되었다는 것이다. 미래학자들은 수세기 뒤에는 인류가 후손을 번식시킬 기능을 잃게 될 것이라고 경고하고 있다.

피조물의 구속, 창조신앙으로 문 열어야

인간의 무절제한 개발, 이윤 추구 그리고 천박한 소비 행태가 오늘날의 환경오염을 불러들였음을 부인할 수 없다. 그러나 이 이론들은 외형적인 원인만을 보고 있지 않나 생각된다. 문제를 더 깊이 파고 들어가면 환경오염은 바로 인간의 죄성과 연관되어 있다는 것을 알게 된다. 이 면에 있어서 성경의 지적은 의미심장하다. "피조물이 다 이제까지 함께 탄식하며 함께 고통하는 것을 우리가 아나니…"(롬 8:22) 자연파괴는 인간의 타락과 관계가 있다. "육신에게 져서 육신대로 살 것이 아니니라"(롬 8:12)고 했는데 인간이 죄의 지배를 받고 육신대로 살아온 결과, 환경파괴를 자초한 것이다. 그것이 환경오염의 주범으로서 인간을 파악하는 더 정확한 관점이라고 본다.

'구속'은 인간에게만 목마른 것이 아니고 자연에게도 마찬가지다. 자연계도 '구속'을 기다리고 있다. 인간의 죄와 타락으로 인하여 만물도 함께 고통하며 신음하고 있다. 환경오염은 죄와 타락으로 얼룩진 자연의 한 부분인 것이다. 고통하며 신음하는 지구. 자연이 병든 것이 확실하다. 그것은 신앙적으로 이렇게 해석할 수 있다. 즉 선지자들은 하나님의 규례와 법도에서 떠난 백성들은 땅의 소출과 소산을 제대로 거둘 수 없다고 경고하였다. 이상기후현상으로 강과 바다의 고기떼가 죽어가고, 땅에서 추수할 수 없으며, 지하에서조차 마실 물을 퍼낼 수 없게 된 지금의 상황을 바로 깨닫기 위해 우리는 자연 안에서 운행하는 하나님의 질서를 발견해야 한다.

환경문제는 피조물 가운데 깃든 창조주의 신성함이 드러나도록 창조의 아름다움을 회복시켜 주는데서 그 열쇠를 찾아야 한다. 환경오염은 피조물이 하나님을 찬양해야 하는 자리를 상실당하고 있는 상태를 말한다. 자연의 파괴는 곧 인간의 죄가 그만큼 깊다는 것을 반증한다. 환경오염을 극복하는 일, 다시 말해 자연이 자연으로서의 위치를 회복하도록 하는 일은 신석 능력에 속히는 일이다. 하지만 그 작업은 우리 손을 거쳐 이루어질 것이다. 왜냐하면 하나님께서 우리에게 자연을 다스리도록 위임해주셨기 때문이다. 그래서 환경문제는 다시 본래적인 문제로 회귀한다. 자연은 하나님의 피조물로서 잘 보살피고 가꾸도록 위탁받은 세계이며, 우리는 그 소명을 지닌 청지기라는 믿음, 바로 그 마음가짐이 아닐까!

사회의 주도적 개혁세력은 바로 교회

사회안전망 건설을 남에게 미루지 마라

사회의 불안수위가 높아지고 있다.

회상하건대 올 여름은 무더울 틈이 없었던 것 같다. 기온이 30도를 오르 내리고 열대야가 찾아온다고 수군거렸지만 정작 그런 무더위는 만나지 못 했다. 지난 여름은 더위보다는 차라리 '냉랭한' 분위기를 맛보며 지냈다고 하는 것이 더 옳은 표현이리라. 이유인즉 이렇다.

7월 말 즈음 방송사들은 기상청 자료를 인용해 '이제 장마가 지나고 본 격적인 무더위가 시작될 것' 이라고 보도했다. 그러나 예상은 완전히 빗나 갔다. 좀 더워지려나 싶더니 양쯔강을 지나온 저기압권이 우리 나라까지 내려와 자리잡은 고기압과 만나면서 엄청난 기압골을 형성하고 갑작스레 호우를 쏟기 시작했다. 양쯔강은 물론이고 우리 나라도 서울, 경기 일원과 지리산 부근이 집중호우의 엄청난 피해를 입었다. 문자그대로 게릴라성 호 우였다. 언제 어느 지점에 쏟아 붓는 줄 예측하기 어렵게 비는 '밤사이 안 녕!' 인사라도 하듯 그렇게 우리의 삶의 터전과 생명을 앗아갔다.

손쓸 겨를도 없이 밀려든 산사태에 집들이 파묻혔고, 거리에 세워놓은 승용차며, 가축들이며, 사람마저 급류에 떠내려갔고, 제방을 넘어 골목까 지 들어온 흙탕물은 '가난한' 서민들이 단잠을 이루는 방과 아껴 쓰는 가재도구를 모두 먹칠해 놓았다. 하루아침에 이재민으로 내몰린 서민들은 무얼 먼저 손대야 할지 몰라 망연자실해 있다. 그럴 때 제기능을 발휘해야 할 관청의 재해대책작전은 늑장을 부리기 일쑤여서 시민들의 원성은 줄어들지 않았다. 이로서 재해대책을 위한 사회안전망이 존재하느냐고 반문하는 목소리가 비등했다.

그런 와중에서도 우리 나라는 빅딜, 빅뱅, 구조조정, 정리해고 등 경제위기 극복을 위하여 감원과 퇴출의 찬바람이 연일 계속되고 있다. 어쨌든 현재로서는 경영의 슬림화를 위하여 사람 줄이기가 최선책이라는 일방적인 방향설정 때문에 이재민처럼 거리로 나앉은 직장인들이 150만명을 넘어섰다는 통계다. 그리고 그 실업자수는 더 늘어날 전망이다. 대책도 없이 직장을 잃은 사람들은 집으로 돌아갈 용기마저 상실한 채, 때로는 빚쟁이를 피하여, 때로는 가족에게 면목이 없어, 거리의 귀퉁이를 배회한다. 홈리스(Homeless)의 숫자가 쉽사리 줄어들 것 같지 않아 사회문제가 되고 있다. 홈리스의 최저생존을 뒷받침해 줄 수 있는 사회안전망이 존재하는가 반성해 보아야 할 것이다.

총체적 사회안전망, 우리에겐 없다

사회 각계에서 사회안전망에 대한 논의가 끊이지 않고 있다. 유감스러운 결론이지만 우리 나라는 현재 폭발적으로 늘어나는 실업자를 위한 사회안전망이 극히 빈약하다는 것이다. 사회안전망의 구조는 실로 다양하다. 실업인들을 위한 대책에는 직장을 다시 마련해주는 일이 가장 시급한 일이겠지만 구조조정 당한 사람들은 여타의 환경변화로부터 공격을 당하게 된다.

따라서 사회안전망이라면 실업에서 맞게 되는 경제적 부담을 극복하도록 하는 일과 함께 정신적인 상처도 감싸안아야 한다. 또한 새로운 직장에 적응할 수 있도록 기술을 재교육하는 일, 가정의 갈등을 극복하도록 돕는 일, 사춘기 자녀들이 탈선하지 않도록 돕는 일 등등 각양각색으로 생존을 위협하는 일로부터 보호되도록 해야 한다.

중소기업보호라는 구호도 무색하다. 중소기업의 경영자들은 제시된 조건을 충족시켜 자금을 대출 받으려는 일은 불가능하다고 하소연한다. 정부는 정부대로 지원자금을 운용하지만 정작 그들에게 지원되어 생산기계를 가동시키는 데까지는 요원한 일이다. 실업자금도 마찬가지다. 얼마나 많은 실업자들이 그 '화려한' 실업자금의 혜택을 받았는지 실제로 따져봐야 한다. 거리에 나앉은 홈리스들에게 당장 한끼의 식사를 제공하는 일도 중요하다. 그러나 근본적으로 그들이 다시 가정과 사회로 돌아갈 수 있도록, 재활의지를 불어넣은 일이 보다더 중요하다고 본다.

실업자들은 모두 자기 스스로 자기 앞가림을 해야 하는 현실이다. 사회와 국가가 그런 안전망을 설치해 주고 있지 못하기 때문에 개인 각자가 알아서 해야 한다. 그래서 우리는 명목적으로는 선진국이지만 실제적으로는 아직 아니다. 누구도 그 점을 부인하지 못할 것이다. 그렇다면 누가 총체적 의미의 사회안전망을 갖추어 줄 수 있단 말인가. 이러한 문제를 당하면 자연스레 우리는 정부 주도의 제도가 구축되어야 한다고 생각하게 된다. 그도 그럴 것이 우리는 현대복지국가라는 이념 속에 살고 있지 않은가.

기독교는 창조적 역사의 원동력

여기서 논지의 방향을 돌려보자. 우리는 시급하게 필요한 총체적 의미의 사회안전망에 관해 말했다. 그리고 과연 누가 이일을 주도해야 할 것인가 하는 것도 거론했다. 당연히 정부가 해야하지 않겠는가 하는 복지국가의 이념도 끌어댔다. 그러나 정부에게 모든 책임을 전가시킬 것인가 되묻지 않을 수 없다. 우리 나라의 인구 중 25퍼센트, 즉 천만 명이 크리스천이라고 한다. 이는 사회개혁을 일으키기에 충분한 수치이다.

이 문제와 연관하여 잠시 뒤돌아 볼 것이 있다. 기독교는 언제나 사회의 중심에 서왔다는 것이다. 그것은 어떤 이들의 비판과 같이 기독교가 헤게모니 장악에 앞장 서 왔다는 말은 아니다. 기독교는 역사를 긍정적으로 받아들이며 하나님의 뜻을 이 땅에 실현하기 위하여, 복음 중심의 문화를 꽃피우기 위하여 적극적으로 노력해 온 종교이다. 그러니 사회의 중심에 기독교가 있었다는 것은 오히려 기독교에게 당연히 주어지는 명예라고 할 수 있다.

기독교는 로마시대부터 역사의 전면에 서있었다. 즉 기독교는 정치인이나 사회주도세력을 변화시키고, 하나님 나라를 알게함으로써 곧바로 문화변혁의 구심체가 되게 했다. 땅을 정복하고 다스리는 일, 그리스도 예수의 사랑을 전하는 일, 이웃을 사랑하는 일, 변화된 자들의 경건한 삶 등등, 신앙이 형성하는 가치관은 구체적인 생활과 문화로 변형되었다. 그것은 복음이 가지고 있는 창조적 능력이요 생명력 있는 역사 구현이었다. 그래서 기독교가 먼저 건너갔던 서구문명에서 자연스럽게 사회안전망이 구축될 수 있었던 것이다. 서구 교회는 역사를 통하여 문화혁명과 사회개혁을 주도해왔다. 다시 말해 서구 교회는 세속사회에 대해 '공격적' 복음전략을 실현함으로서 우리가 지금 부러워하는 사회안전망의 정신과 제도를 형성시켰던 것이다.

교회도 개혁에 관해 공격적인 자세를 보여야

그러면 현재 우리는 어떠한가. 아직도 우리는 서구교회의 좋은 모델을 배우지 못하였다. 서구교회의 노화현상과 자유주의를 비웃고 있는 우리는 불행하게도 서구교회가 자신의 사회에 대해 얼마나 성실한 태도로 책임지려 했었는가 하는 점은 간과하고 있다.

우리의 교회는 급변하는 사회에 대해 구태의연한 방법만을 고집하고 있는 형상이다. 사회는 하루가 다르게 급박해져 가는데 '빛과 소금에 합당한 생활'이라는 슬로건을 앵무새처럼 되뇐다. 빛과 소금이라는 비유가 비유만으로 존재할 때 복음은 설득력을 잃는다. 빛과 소금의 상징이 벗겨지고 구체적인 삶의 현장 속에 들어올 때 크리스천도, 교회도 우리 사회를 변혁할 수 있는 구실을 얻는다. 왜 복음이 현대사회에서 설득력이 약해지고 있는가. 그것은 교회가 도그마의 베일 속으로 숨어들기 때문이다.

사회안전망에 대한 요구가 그 어느 때보다 절실하다. 경제위기, 실업문제, 구직문제, 자연재해 등으로 인하여 사회의 불안요소들이 점증되고 있다. 이런 시기에 파생되는 생존문제를 정부나 특정단체에만 맡길 것이 아니라 교회가 책임질 수 있어야 한다. 교회가 역사를 주도하였던 시기를 되돌아보고, 교회가 공격적으로 사회를 리드해 나갔던 역사를 배워야 한다. 교회가 나서자. 사회안전망 구축은 교회가 나서서 해야 할 일이다. 사회안전망은 돈으로만 건설되는 것이 아니다. 한 푼의 돈으로 해결할 수 없는 엄청난 부분이 있다. 먼저 인간의 숭엄한 존재의의와 내적 가치를 회복할 수 있는 사회안전망이 건축되어야 한다. 사회에 팽배한 불안의식을 이겨내도록 교회가 나서야 한다. 교회가 우리 시대의 역사를 주도할 수 있는 정도까지 문화변혁의 강도는 강화되어야 한다. 교회가 나서자. 우리는 우리 나라 교회가 그만큼 성숙되어 있다고 믿고 있다.

우리 아버지 세대는 용서를 빈다, 진정으로 용서를 빈다

기성세대의 회개를 위하여

기성세대, 막다른 골목에 서다

일련의 사건들이 우리를 흔들고 있다. 정신 가다듬을 틈도 주지 않고 우리를 흔들고 있는 것은 예상치 못했던 곳에서 터져 나오기 때문에 우리를 더욱 어지럽게 한다. 우리는 지금 흔들리는 사회 속에 살고 있다. 그것은 IMF 이전에 있었던 일로 IMF는 조금의 촉매역할을 했을 뿐 근본 원인은 우리 자신 안에 있었다. 경제위기라는 말은 낯뜨거운 변명에 지나지 않는 것이다.

몇 해전 "지금 당신의 자녀가 흔들리고 있다"라는 이성호 교수의 책이 세간에 등장하여 경고를 한 바 있다. 우리 아이들이 흔들리고 있다고, 아이들이 아이들답게 자라날 수 있도록 해야 한다는 평범하지만 예언자적인 목소리를 담았었다. 사막에서 외치는 예언자의 절규는 언제나 그렇게 외로운 것인가. 아니면 예언의 목소리를 비웃기라도 하듯 아이들 주변에서는 엄청난 사건들이 계속 터져 나왔다. 촌지사건이 우리를 부끄럽게 했던 것이다. 뇌물성 촌지가 난무하는 우리 교육계의 현실이 서로를 부끄럽게 했다. 교사와 학부모간에 신뢰하지 못하게 촌지라는 틈새가 생겼다. 감사의 정표라는 미덕은 옛말이 되고 '봐주고 봐달라'는 음성적인 계약 관계가 생겼다.

우리에게 또다시 충격적인 사건이 폭로된 일이 있다. 고액과외사건이 그것이다. 아이들을 몇 천만 원이나 되는 수강료를 지불하고 학원에 보낸, 이른바 족집게 과외를 시킨 학부모들이 검찰에 적발되었다. 우리가 살고 있는 사회가 자본주의 사회임을 생각한다면 학원비는 법적으로 제재를 받을 이유가 없다고 본다. 문제는 학생들에게 부당한 수강료를 내게 했다는 비도덕성과 그 돈을 지불한 학부모 중에는 공무원들도 끼어 있었다는 데에 있었다. 결국 한 대학총장은 이 사건에 연류되어 총장직을 중도에서 사퇴해야 했고, 유명문필가도 세간의 빈축을 사기에 이르렀다.

최근에 밝혀진 체육특기자 학생선발은 또 어떤가. 학생들이 돈으로 팔려 다니는 현실 앞에 교육계는 무슨 이상과 포부를 아이들에게 제시할 수 있단 말인가. 아이들이 과연 기성세대를 믿고 따를지 의문이 간다. 이제 무슨 말을 더 하겠는가. 이것이 다만 구조적인 문제만이라고 하기에는 우리 기성세대가 그들을 위해 마련한 계획이 거의 전무하다는 데에 사태의 심각성이 있는 것이다. 우리는 입이 열 개라도 할 말이 없다. 반성만이 우리가 할 수 있는 최선이다.

아이들의 아픔을 바로 알아야

우리 아이들은 흔들리는 정도가 아니다. 우리 아이들은 지금 목 졸리고 있다. 우리 아이들은 지금 질식당하고 있다. 우리 아이들은 지금 죽어가고 있다. 입시전쟁, 입시지옥이라는 유행어가 그것을 말해주고 있다. 교육자들, 정치입안자들, 학부모들이 알면서도 고치지 못하는 것은 교육현실이 인간다운 인간육성에 뿌리를 두고 있는 것이 아니라 출세라는 만국지병에 걸려있기 때문이다. 일류대가 인생의 운명을 바꿀 수 있다고 믿는 불치병에서 빨리 놓여나지 않으면 우리들의 백년대계 교육농사는 망칠 수밖에 없다. 바로 한국적 교육의 현실이다. 그런 의미에서 우리 기성세대 모두는 공범자들인 셈이다. '적어도 우리 아이들만은' 이라는 한정어를 남용하고 있지나 않은지 반성해야 한다.

서태지와 같은 10대 그룹들이 불렀던 노래가 유행했던 이유를 다시 생각해 봐야 할 것이다. 그들이 '어른들은 몰라요' 라고 노래부를 때 문제가 어디에 있는지 우리는 과연 심각하게 고민해 본 적이 있는가. 아직도 우리는 아이들에게 기성세대의 논리를 강요하고 있다. 아이들을 사랑과 대화로 끌어안기 보다 권위와 힘으로 지배하고 있는 것이다. 그들은 신세대, X-세대 등의 낯선 이름으로 불리고 있는데 우리는 아직도 보수전통의 관습에 머물러 있는 것이다.

〈여고괴담〉이라는 영화를 본 아이들이 '그래 우리 학교 이야기와 똑같아' 라고 말하는 것도 우리 세대는 예사로 여겼다. 아이들이 학교에서 이지메를 당하고 따돌림 끝에 죽음을 택하기도 하는 현실이다. 성적, 입시, 학우관계에서 오는 중압감을 견디지 못해 아파트에서 뛰어내리는 아이들이 자꾸 생겨난다. 우리 아이들이 학교에서 교사들로부터 '매' 가 아닌 '몽둥이' 로 구타를 당할 때 아이들이 과연 교사를 사랑하고 신뢰할 수 있겠는가. 비록 자신들이 '매맞을 짓' 을 했다 하더라도 말이다. 아이들도 당당한 하나의 인격체라고 교육학이론을 공부했지만 그 정신을 교사들이 얼마나 실생활에서 적용하고 있는지 반문해 볼 일이다.

경제위기로 인하여 가정까지 흔들리고 있는 현실 속에서 우리는 아이들도 몇 겹의 고통 속에 처해 있다는 것을 인식해야 한다. 아이들이라고 느끼지 못한다고 생각한다면 그것은 대단한 오산이다. 오히려 '너희들은 공부나 해' 라고 다그친다. 대화의 장에서 몰아낸다. 아이들은 나름대로 현실에 참여하고, 자신의 존재를 확인하려 한다. 그러나 우리는 '아이들은 몰라도 돼' 하며 공부방으로만 몰아댄다. 아이들은 심한 소외감에 빠진다. 우리는 하루 빨리 그들과 마음을 여는 대화, 함께 마음을 나눌 시간을 갖아야 한다. 다변화되는 사회는 그러한 시간을 허용하려 하지 않기에 또한 문제가 된다.

아이들의 고통은 바로 만물의 신음

엘니뇨, 라니냐라는 이름으로 우리에게 익숙해진 자연재해는 천재가 아니라 인재(人災)라는 결론에 도달했다. 자연환경에 대하여 인간은 무모한 개발을 불태웠고 그로 인해 자연은 깊은 상처를 받기에 이르렀다. 자연은 균형을 잃고 흔들리다가 인간에게 예기치 못한 현상을 불러온다. 자연재해를 "자연의 반격"이니 "복수"라고 말하는 것은 그런 의미에서 타당하게 여겨진다. 자연의 반격은 이미 시작되었다고 할 수 있다. 환경호르몬이 또한 그것이다. 환경호르몬은 인간이라는 종(種)이 언젠가는 이 지구상에서 사라질 수 있다는 것을 경고하고 있다.

그렇다면 세대간에는 이러한 인재가 존재하지 않을까? 아니 기성세대에 대한 신세대의 반격은 벌써 시작되었는지도 모른다. 부모를 구타하는 일, 보험금을 타기 위해, 유산을 물려받기 위해 부모를 살해하는 일, 핵가족 중심으로 부모와 함께 살기를 거부하는 일 등등 존속에 대한 불륜의 행위들이 늘어가고 있는 추세는 그것을 반증해 주고 있다.

용서하라, 우리를 용서하라

그런 가운데 우리는 끝내 아이들의 손가락을 절단하고야 말았다. 우리 세대는 그런 아버지였다. 내 배가 고프다고 아이들의 손가락을 잘라내었다. '손가락 하나 주면 안 잡아 먹지' 하는 그런 비정한 아버지가 되고 말왔다. 북한에서는 아이들의 인육을 먹었다는 보도도 있어 경악스러운데 우리에게서도 버금가는 일이 터지고야 말았던 것이다. 누구도 이 사건 앞에서 "나도 아버지다"고 얼굴을 들 수 없었으리라.

우리 기성세대는 막다른 골목 앞에 서 있다. 그것은 절벽일 수도 있다. 아버지가 자식의 몸을 잘라 살리려고 하는 기막힌 현실 앞에 우리는 벌거벗은 몸으로 서 있다. 이제 자식들의 반격이니 복수가 시작되어도 변명할 여지가 없다. 왜냐하면 우리는 아이들을 죽음의 급박한 절벽으로 몰아부쳤기 때문이다. 그들이 엘니뇨처럼 폭우로 쏟아져 모든 기성세대를 쓸어버려도, 그들이 라니뇨처럼 모든 기성세대를 사막처럼 고사시켜도 우리는 할 말이 없으리라. 왜냐하면 우리가 그들을 그렇게 몰아부쳤기 때문이다.

손가락이 잘린 아이들이여, 몸이 잘린 아이들이여. 우리 아버지 세대 때문에 신음하는 아이들이여, 아버지를 용서하라. 너희를 앞에 무릎꿇고 이렇게 용서를 빈다. 이 아버지는 너희들에게 용서를 빈다. 손가락이 잘리고도 "아빠, 난 괜찮아"라고 말하는 아이여, 갸륵한 너희 아이들이여, 비수를 들이대는 '못난 애비'에게 복수는커녕 오히려 감싸고 도는 아이들이여, 정말 기특한 아이들이여. 이 못난 아버지를 용서해다오, 정말 용서해다오. 그리고 우리에게 한번만 더 기회를 다오.

역사적 상상력

역사적 상상력

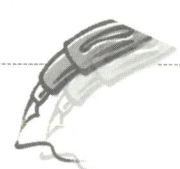

역사는 개인과 집단이 공동으로 나아가는 방향을 지정한다. 역사는 일정한 시간과 공간에서 한 공동체가 이루어낸 정치, 경제, 사회, 문화, 교육 등 모든 분야의 집적을 가리킨다. 역사를 어떻게 정의하더라도 "한 사회의 구성원이 살아온 총체적 증거"라는 정의에는 이의가 없을 것이다.

한 나라와 민족이 흥망성쇠의 길을 걷게 되는 결정적인 요소를 손꼽는다면 무엇보다도 역사적 상상력이라 할 수 있다. 사회적 상상력이 횡적인 시각을 제공한다면 역사적 상상력은 종적인 시각을 제공한다. 역사적 상상은 통시적 관점을 가져야 하기 때문에 인과관계를 중시한다. 다시 말해 과거, 현재, 미래를 잇는 연계선상에서 사건과 문제를 바라본다는 것이다. 이를 위하여 넓고 길게 볼 줄 아는 안목이 필요한 것은 당연한 일이다.

역사적 상상력으로 과거를 판단하고, 미래를 설계하는 민족은 부흥할 수 있다. 역사적 상상력이 비전으로 가득 차고, 왕성한 민족은 세계 역사에서도 그 족적을 남기고 있는 것이다. 크리스천으로서 역사적 상상력은 하나님 나라에서 발견해야 한다. 정의와 공의로운 '그 나라'에 초점이 맞추어져 있지 않은 역사적 상상력은 존재의 의미가 없으며, 역사를 왜곡하고 만다.

예언자들의 패러다임으로 돌아오라

하나님이 웃으시는 역사의 촌극 앞에서

성경에 보면 하나님이 웃으신다는 표현은 그리 많이 등장하지 않는다. '하나님이 좋아하시다, 기뻐하신다, 마음에 흡족케 하신다' 등은 쑹쑹 만나게 되는 표현이지만 '하나님이 웃으신다' 는 말씀은 드물다. 그러나 웃음에 '비' 자 하나 덧붙여 전혀 다른 뜻이 되는 비웃다는 표현은 성경에 명확한 사례와 함께 발견된다. 하나님이 비웃는 경우는 '하나님이 없다 하는 자들' 에 대해서다. 하나님이 없다하는 자들을 무신론이라 이름지으므로 그러한 논리를 주장하는 자들만이 하나님 없이 사는 자들이라고 보는 경향이 짙다. 그러나 무신론은 우리 생활 깊은 곳에 여러 형태로 녹아져 있다. '나는 무신론이요' 라고 떠들어대지는 않지만 마치 하나님이 안 계신 것처럼 사는 자들의 삶이 곧 무신론인 것이다. 이러한 삶의 형태는 습관, 전통, 관습 등으로 굳어져 개인으로서는 극복하기 힘든 규범 (Norm)과 행동의 '틀' 로 고정되어 집단의 역사와 미래를 지배하기에 이른다.

우리 나라는 국제통화기금에 구제금융을 신청한 적이 있다. '97년 12월 3일 우리 나라 정부와 IMF가 협정함으로서 우리는 국가적 수치와 모멸감, 민족자부심에 대한 치명적인 손상을 입었던 것이다. 한 일간지는 이를 '경제신탁통치'와 '경제의 경술국치'라고 명명하며 위기의식을 촉구하기도 하였다. 문제는 단지 '돈이 없다, 외화보유고가 없다'는 사실에 있다기보다는, 하나님이 없다하는 자들의 행태가 불러온 결과였다는 데에 그 심각성이 있다. 우리 경제가 걸어온 몰락의 시나리오는 비유적으로 '어리석은 부자'(눅12:16~21)에서 그 원인을 유추할 수 있다. 이 붕괴는 몇 년 전부터 '예언'되어 왔다. 대구지하철 공사장 폭발, 성수대교 붕괴, 삼풍백화점 붕괴, 괌 비행기 추락, 한보그룹 부도, 기아자동차 부도 등등 연속적으로 이어졌던 사건들은 모두가 무사안일, 맹목적 이윤지상주의, 무리한 투자, 방만한 운영, 정직과 신뢰부재가 공동원인으로 엉켜져 있었다. 이러한 행동양식 안에는 하나님이 없다하는 자들의 방자한 삶이 뿌리내리고 있었다. 어리석은 부자가 자신의 곳간을 만족한 눈길로 바라보면서 불룩한 배를 두드리다 그만 영혼을 잃고마는 형국이 천민자본주의의 수준을 벗어나지 못한 우리 모습은 아닌지? 여호와 하나님이 보낸 선지자들이 목이 터져라 그의 뜻을 외쳐대어도 듣지 아니하던 백성들이 끝내는 심판과 열방의 침략 아래로 떨어지듯이.

너희가 패러다임을 찾느냐?

21세기를 한 해 앞둔 우리 나라는 금융위기, 부도사태 등으로 3저3고 시대에 돌입하게 되었다. IMF의 구조조정과 통제 아래서 저성장, 저투자, 저주가와 고실업, 고환율, 고물가가 맞물려 국민경제는 더욱 심각한 상황을 맞이하게 되었다. 이를 극복하기 위해 IMF식, 재경원식, 금융계식, 재벌식 난국 타개 시나리오가 제시되고 있다. 그러나 정작 이 사건이 어디에서 기인했는지 정신적이며 내면적인 근본이유를 따져 보는 일은 등한히 하고 있다. 정신적 요소를 따질 만큼 한가한 때가 아니라는 투정도 가능하겠지만,

정부와 기업이 외국의 신뢰를 잃은 것이 금융위기의 가장 큰 원인이라는 지적을 인용한다면 결국 도덕성의 결핍으로 문제는 회귀한다. 난국 극복의 전환점은 도덕성 회복에서 시작되어야 할 것이다. 따라서 미성숙한 정신의 취약성을 복구하려는 시나리오가 먼저 제기되어야 했다. 껍데기만 만지작거려서는 근본적인 치유가 될 수 없는 것이기 때문이다.

이런 말씀이 들린다. "너희가 무엇을 보려고 광야에 나갔더냐? 바람에 흔들리는 갈대냐?" 필자의 귀에는 이렇게 들린다. "너희가 무엇을 보려고 거리에 나갔더냐, 돈이냐 패러다임이냐." 엄청난 위세로 다가오는 위기를 이겨내기 위해서는 무엇을 해야 할 것인가. 이 사태는 몇몇 위정자들의 실책에 그 책임이 있는 것은 아니다. 우리 모두의 잘못을 인정해야 한다. 그리고 이 난국은 불의, 부정, 불법, 불신 등을 자행해온 우리 민족 전체에 대한 하나님의 심판임을 깨달아야 할 것이다. 우리는 상상할 수도 없는 내가를 치러야 한다. 기왕에 실추된 신뢰를 회복하기 위하여 큰 부담을 져야한다. 벌써 우리는 국가의 자존심을 지불했고, 경제통치권을 반납해야 했다. 또한 뼈를 깎는 구조조정 작업을 감행함으로서 이웃과 동료들이 실업자의 대열에 서도록 잔혹한 칼날을 휘둘러야 했다. 그런 작업은 당분간 계속될 전망이기에 더 난감하다.

기업의 부도사태로 인하여 실업자 수가 늘고 있는 지금 총 실업자수가 100만명 (잠재실업인구 200만 명)을 넘어설 것이라니 우리사회가 건강성과 활력을 잃지 않을까 걱정된다. 사회 안에 정신적 대공황과 아노미 현상이 돌출되지나 않을까 염려된다. 민심이 흔들리고 있다. 이럴 때는 원망, 분노, 저주, 자괴감, 복수심들이 고개를 쳐들게 된다. 사단의 교묘한 전략이 스며드는 것을 경계해야 한다. 우리는 이 사태를 구원사적인 시각에서 바라보아야 할 것이다. 이 사태는 멸망이 목적이 아니라 불구덩이에서 다시 우리 민족을 구원하시려는 하나님의 구속과정의 일부인 것이다. 그러니 우리는 마땅히 하나님 앞에 무릎꿇고 회개해야 하며, 철저히 우리 죄악을 고백해야 할 것이다.

오히려 혼란과 난국이 이 정도인 것을 감사해야 한다. 불의한 자들에 대한 하나님의 심판은 더 엄중할 수도 있다는 것을 알아야 한다. 성경은 하나님께서 이보다 더 무섭게 진노하셨던 역사를 기록하고 있다. 불의와 악을 행하던 소돔과 고모라는 흔적도 없이 사라졌고, 고대왕국으로 찬란한 영화를 자랑하던 이집트 (애굽), 이란 (바사), 이란 (바빌론) 등은 역사의 주무대에서 서서히 사라져 갔다. 하나님의 심판은 그러나 가혹하지만은 않다. 하나님은 그의 사랑하시는 백성을 치료해주시고 다시 감싸주시는 것을 성경은 언약으로 보여주고 있기 때문이다.

교회가 치유의 손길이 되어야

1990년대에 들어오면서 기독교계는 교회 성장율이 감소한다고 지적하였다. 지난 20년 동안 누려오던 눈부신 교회 성장율은 더 이상 기대할 수 없다고 하기도 한다. 하지만 우리가 다시 시작할 수 있다는 것이 얼마나 큰 위로인가. 도덕불감증과 위선, 허세 등이 그동안 우리의 교만을 거품처럼 부풀려 놓았었다. 경제위기로 인하여 거리로 나선 수많은 노동자들은 수심에 싸여있다. 사회 전체가 생존의 문제와 실존의 근심으로 전전긍긍하고 있다. 사회구성원 간의 신뢰도 느슨해져 있고, 사회중심부에서 밀려난 부류들이 복수를 기도할지도 모른다.

그러면 앞으로 어떻게 할 것인가? 여기에서 성경에 귀를 기울여보자. "위로하라, 위로하라, 내 백성을 위로하라"(사 40:1). 한국 교회는 그리스도 예수가 내뻗는 위로의 손길이 되어야 한다. 그 분이 손을 내밀어 약한 자, 병든 자, 귀신들린 자들을 치유해 주셨듯, 그 분이 몸으로 사람들에게 다가가 자신을 주심과 같이, 그 분이 빈부귀천 따지지 않고 사람들을 사랑으로 부둥켜안은 것같이 교회도 그리해야 한다. 그리한다면 전도폭발이라는 전략, 목회성장 세미나의 독특한 방법론에 의존하지 않고도 그리스도의 몸된 교회로 돌아올 것이다. 교회는 자연히 성장할 것이다. 사람들이 원하는 것은 전도이론이 아니라 따뜻한 사랑이다. 사람들이 필요로 하는 것은 방법론으로 찾아오는 도식적인 교리선포가 아니라 예수의 몸으로 표현되었던 실천적인 교리실행인 것이다.

역설적인 얘기지만 한국교회는 다시 부흥할 수 있는 전환점을 맞이했다. 아이러니컬하게도 우리들 자신이 도저히 고치지 못했던 고질적인 실책과 악성습관을 외부의 강압에 의해 바꾸지 않으면 안되게 되었다. 그것이 부도, 도산, IMF구제라는 말로 표현되었지만 그것은 분명 '하나님 없다' 하는 자들의 방자한 행태에 대한 하나님의 심판이었던 것이다. 우리 크리스천들은 그 무신론적 행동을 방관하고 간섭하지 않았다는데 책임을 회피할 수 없다. 크리스천들의 빛됨과 소금됨은 다 어디로 가버렸단 말인가. 아니면 대선주자들의 공약처럼 선거 뒤 모두 사라지고 말았는가.

재기를 꿈꾸는 자들이여, 부활을 꿈꾸는 자들이여, 2000년대를 희망과 포부로 맞이하기를 진정으로 원하는 자들이여, 그래서 무슨 화끈한 패러다임이 없나 하고 이곳저곳 두리번거리는 자들이여, 거품으로 가득 부풀었던 무덤의 유회에서 떠날지어다. 허황된 꿈으로 잔뜩 들떠있는 낮도깨비들의 난장을 걷어치울지어다. 이쑤시개 하나 송곳니 사이에 꽂고 음흉한 눈빛으로 골방을 나오는 졸부들의 저 어기적거리는 몸짓을 집어치울지어다. 이제는 귀향을 서두를 때이다. 우리가 지난 날 상실했던 따뜻한 언어들, 좋은 습관들, 고상한 가치들, 위대한 이념들이 기다리는 곳으로 귀향을 서두를 때이다.

우리를 시험에 들게 하지 마옵시고

"해 아래는 새것이 없나니"

역사란 무엇인가? 우리에게 풀려지지 않는 문제가 다가오면 자연스레 등장하는 것이 바로 이 질문이다. 역사란 과연 무엇인가? 역사는 근본적으로 추상이다. 역사는 불확정적인 시간대 안에 사건과 의미로 형태를 부여받게되지만 역사는 원래 무형이다. 이 무형의 대상에 다가가서 의미를 천착하고 미래를 예측하는 일은 그리 쉬운 일이 아니다. 그래서 구체적인 역사의 사건을 연구하는 것은 연구자의 관심과 태도에 종속되어 있다고 해도 과언이 아니다. 역사는 다가가는 입장에 따라 달라질 수 있다는 말이다. 그것을 역사해석의 결정론이라고 비판한다고 해도 그런 현상이 존재하는 것은 어찌할 도리가 없다. 패러다임은 역사에 등장하는 일정한 현상이나 규칙을 한 도식 안에 넣고 이해하려는 의지의 산물로서 역사이해를 안이하게 만드는 위험을 가지고 있다. 역사는 그렇게 단순한 수치들의 집합이 아니기 때문이다.

역사에는 동일한 것이 있을 수 없기 때문에 역사는 항상 새롭다고 볼 수 있다. 그럼에도 불구하고 역사가 새롭지 않다면 어떻게 들릴까. 성경은 "해 아래는 새것이 없나니"(전 1:9)라고 가르친다. 역사에 새것이 없다는 이 구절은 모순되어 보인다. 그러나 이 구절을 다른 각도에서 이해한다면 과거 역사에서 미래를 위한 패러다임을 도출할 수 있다는 가능성이 시사된다. 우리는 지금까지 역사를 그런 방식으로 응용해 왔다. "이 세대를 무엇으로 비유할꼬?"(마 11:16)라고 물었던 예수의 질문은 우리로 하여금 현시대를 다시 돌아보게 한다. 그 결과 우리는 "세기말적 현상"(Eschatological Phenomenon)으로부터 자유롭지 못하다는 것을 감지하게 된다.

세기말적 공포가 몰려온다

지구촌은 의심할 바 없이 세기말에 접어들었다. 그것도 세기말의 가장 깊은 중심에 와 있다. 앞으로 한 해만 더 맞으면 새로운 세기로 도약하는 것이다. 그것도 천년을 단위로 하는 새로운 밀레니엄 (Millenium)의 세기를 맞는 것이다. 현재도 미래학 분야에서 "충돌"(『문명의 충돌』), "충격"(『미래의 충격』)이니 "쇼크"(『21세기 쇼크』)니 하는 개념들로 새로운 세기를 예측하는 학자들이 있다. 우리는 새로운 세기를 아직 알지 못한다. 그러나 분명한 것은 새로운 세기는 우리 안에 있다는 것이다. 예수께서 하나님 나라는 이미 너희 안에 있느니라고 말씀하신 것과 연관시킨다면 새로운 세기는 우리 밖의 그 어떤 것으로부터 기인한다고 여겨지지 않는다. 새로운 세기는 현재의 역사와 동떨어져서 형성되지 않을뿐더러, 새로운 세기는 지금 우리의 상황에서부터 결론지어지기 때문이다. 지금 여기에 살고 있는 '우리'라는 인간학적 요소 안에 미래역사를 형성하는 유전자가 배태되어 있다고 해도 틀린 말은 아닐 것이다.

우리 나라는 현재 어떠한가. 21세기는 문화의 세기로 맞이해야 한다고 야단들 떨었지만 금융위기, 경제위기는 국난을 불러왔고 끝내 대량실업문제가 예고되고 있다. 이를 반영이라도 하듯 신문은 정장차림으로 도시근교

산에 오르는 실업자의 뒷모습을, 지하철이나 버스로 종점과 종점을 오가며 시간을 죽이고 있는 소위 'EH'(Everyday Holiday)족의 모습을, 날로 늘어나는 사기, 절도, 강도행위 등 사회범죄를 보도하고 있다. 앞으로 또 어떤 아노미적 사회현상이 매스컴에 비쳐질지 아무도 예측할 수 없다. 어쩌면 계시록의 예언과 같이 대환란이 전개되는 상황에 비할 엄청난 고난의 시기가 도래할지도 모른다는 불안감에 사람들은 젖어 있다. 외적상황은 달라도 "세기말적 공포"라는 인간 내면의 공황사태를 다른 역사에서 찾아본다면 나치 지배하의 독일에서 유사한 시대증후를 발견할 수 있다. 그렇다면 당시 독일기독교인들은 어떻게 그 시대를 이겨냈는가?

나치시대는 종말론적 세계관이 판치는 시대였다. 나치운동을 주도하던 자들은 그 시대를 독일이 세계역사를 주도할 수 있도록 신이 허락한 시기라고 주장하였다. 나치주의자들은 당당하게 자신들의 주장을 강요하였다. 정치, 경제, 문화, 교육 등 모든 면에서 나치의 독재권력이 간섭을 안 하는 곳이 없었다. 나치운동이 경건한 신학자들에게 세기말적 적그리스도(Antichrist)의 출현과 같이 받아들여지게 된 것은 당연한 일이었다. 반대파에 대한 탄압은 지극히 비인간적이었다. 나치운동에 반대하던 자들은 마치 로마시대 기독교인들이 핍박당하고 처형당하듯 죽음으로 내몰리는 시대를 맞이해야 했다. 독일은 나치가 정권을 이양 받고 난 다음 세기말적 공포와 불안에 떨어야 했다. 모든 생활과 사회활동은 나치의 검열을 거쳐야 했다. 그것은 공포정치를 시도하려는 집권자들의 술수였다. 시민들의 불안과 공포는 일상생활이 되었다.

신앙의 시대저항

당시 나치에 저항하였던 세력은 여러 부류였다. 평화주의자, 공산주의

자들도 나치반대운동에 가담하였지만 무엇보다도 그 기반을 이루었던 것은 기독교인들이었다. 그들은 잘못된 역사관을 가지고 있었던 나치주의자들과 일군의 광적인 기독교인들에 항거하였다. 여기에서 흥미로운 사실이 발견된다. 로마가 기독교를 박해할 때 기독교인들은 "물고기"(Ichthus) 형상을 그들의 비밀스런 의사소통도구로 사용하였다. 나치시대를 살아가던 기독교인들에게 그런 암호가 있었다면 단연 주기도문이었다. 그 중에서도 "Fuehre uns nicht in Versuchung!"(우리를 시험에 들게 하지 마옵시고)는 나치시대라는 고난의 역사 한 가운데를 지나는 크리스천들에게 가장 가까이 다가갔던 구절이었다.

나치독일을 지배하고 있었던 불안과 공포를 문학적으로 극복했던 작가가 있었다. 베르겐그륀(W. Bergengruen)이라는 기독교작가였다. 그는 나치시대에 『대폭군과 심판』 『하늘에서와 같이 땅에서도』라는 소설을 발표하였다. 이 작품들은 세상에 발표되자 나치에게서 훌륭한 시대소설이라는 평을 받았다. 하지만 얼마 지나지 않아 작품이 갖고 있는 시대저항정신이 발각되어 금서목록에 오르게 되었다. 작가는 문학을 통하여 나치시대의 사회상황을 고발하였는데 당시 횡행하던 세기말적 공포와 불안에 대한 치유책을 그 주제로 삼고 있다.

『대폭군과 심판』은 카사노라는 한 도시에 수도승이 살해되면서 암울한 분위기가 펼쳐진다. 모두들 범인으로 의심받는 상황에서 가장 당면한 일은 적어도 자신은 결백하다고 증명하는 일이었다. 그 과정에서 사람들은 의심과 불신의 연쇄고리에 빠져든다. 알리바이를 성립하려고 하면 할수록 불안이 가중되는 것이다. 서로 잘못이 없다고 항변하지만 도시는 묘한 집단공포증에 휩싸인다. 서로에 대한 불신감이 팽배해지면서 도시는 불안이 지배하는 아수라장으로 돌변한다. 세기말적 공포인 것이다.

작가는 여기에서 불안이 어떻게 해소되어가는지 해법을 제시한다. 모든 사람이 자기만을 위한 알리바이를 만들기 위해 혈안이 된 상황 속에 한 사람이 등장한다. 그는 자신이 범인이라고 고백한다. 그러자 뜻밖에 해결의 실마리가 풀린다. 신뢰가 다시 확인되기 시작하였던 것이다. 어느 누구도 책임지려하지 않는 불안 속에 등장한 자기희생은 불신사회를 청산하는 전환점이 된다. (작가는 예수 그리스도의 대속의 죽음과 화해를 여기에서 모델로 하고 있다.) 이 사람의 등장으로 대폭군은 자신이 암살명령을 내린 장본인이라고 고백하게 되고 이로서 도시에 만연했던 공포는 사라지게 된다.

『하늘에서와 같이 땅에서도』라는 작품도 시대불안과 공포가 주테마이다. 점성술에 의해 대홍수가 예언된 북유럽의 한 지역, 사람들은 마치 노아의 홍수와 같은 재난이 있을 것이라는 예언 때문에 불안에 떤다. 그들은 배를 만들기도 하고, 타지로 피난가는 등 사회는 대혼란에 휩싸인다. 봉건 제후들은 혼란을 막기 위해 금족령을 내린다. 그러나 바로 그 금족령 때문에 백성들은 더욱 공포에 휩싸인다. 반면 상류층 사람들은 도주할 계획을 세우고, 그 소문이 돌자 백성들은 분노한다. 예언이 사실일 것이라는 추측이 사람들에게서 믿음까지 앗아가게 되었다. 그 불안, 공포, 분노는 급기야 사회봉기로 비화되고 예언을 핑계로 백성을 억압하던 봉건 제후들은 정의를 부르짖는 백성들의 심판을 받게 된다. 그 뒤 평화가 다시 찾아온다는 내용이다.

"너희는 이렇게 기도하라"

두 소설은 시대상황에 대한 비유였다. 나치정권을 역사소설이라는 비유를 통하여 폭로하고 불안에 떠는 시민들에게 극복의 신념을 전하기 위하기 위해 쓰여진 작품들이었다. 문학연구가들은 당시 기독교문학이 나치지배 하에서 불안과 공포에 떨던 사회상황을 비유하고 있다고 해석한다.

인간은 실존적으로 불안하다. 인간은 미래를 알 수 없기에 불안할 수밖에 없다. 실존주의 철학자 하이데거(Heidegger)는 인간은 실존 앞에서 근본적으로 근심한다고 말한다. 근심(Sorge)하기 때문에 불안하다. 여기서 말하는 실존은 존재의 기본상황으로서 그렇다는 말이다. 그러나 우리는 사회구조적으로 불안을 인위적으로 생산할 수밖에 없는 현실에 직면해 있다. 명예퇴직, 실직, 기업 도산, 정리해고, 열악한 취업전선, 게다가 스태그플레이션 등등 사회불안요소가 도사리고 있다. 개인적인 실존이 가져다 주는 불안도 그러하거니와 사회공동체적 불안도 가중되고 있는 실정이다. 문제는 이런 사회심리현상이 위 작품에서 보듯 집단히스테리로 발전되지 않을까 하는 우려이다.

나치시대와 우리시대를 비교한다는 것은 억측일 수 있다. 그러나 이런 질문이 그냥 지나치지 않는다. 당시 사회가 가졌던 "세기말적 공포감"이 지금도 존재하는 것은 무엇을 말하는 것일까. "해 아래 새것이 없나니…" 정신적 공황 앞에서 당시 기독교인들이 의지하였던 기도제목이 "우리를 시험에 들게 하지 마옵시고"였다는 것은 오늘 우리에게 무엇을 말하고 있는가.

"너희는 이렇게 기도하라"는 예수님의 음성이 귀에 쟁쟁하다. 그 음성은 우리로 하여금 시험에 들지 않게 깨어 있어야 할 것을 촉구하고 있다. 그렇다. 만약 시험에 떨어진다면 미래를 위한 모든 계획이, 재건을 약속하는 하나님 나라의 능력이 수포로 돌아가지 않겠는가. '세상'을 이길 힘은 믿음 밖에는 없다. 역사를 지키고, 국가를 지키고, 사회를 지키고, 가정을 지키고, 나 자신을 지킬 수 있기 위해서는 믿음을 회복해야한다. 불안과 공포의 위협 가운데서 일어서기 위해서는 무엇보다도 시험에 들어서는 안되겠다. 오늘도 내일도, 적어도 당분간, 이 험난한 시대의 먹구름이 걷혀지기까지 우리는 이렇게 기도해야 할 것이다. "우리를 시험에 들게 하지 마옵시고!"

내니 두려워 말라
두려움에 떨고 있는 우리 세대에게 부침

인간, 그 결핍의 존재

세상에 살아가면서 질문하지 않는 사람이 있을까? 사람이 살아간다는 일은 언제나 무수한 질문과 연결되어 있다. 그런데 그 질문이라는 것은 가장 당연하게 여겨지는 시안에서노 일어난다. 가령 사람이 산다는 것은 무엇인가? 사람은 왜 사는가? 사람은 어떻게 이 땅에 있게 되었는가? 나는 누구인가? 등등이 그것이다. 보통의 경우 본질적인 질문과 씨름하던 사람들은 산다는 것은 의심할 필요조차 없는 당연한 일이라고 수긍하고 더 이상 의문부호를 붙이기를 포기하고 말지만, 아이러니컬한 일은 이러한 질문이 한번 꼬이기 시작하면 목숨까지도 불사하도록 심각한 사태로 비화되는 일이 비일비재하다는 것이다. 현재와 같이 상황이 급변하고, 사회와 국가의 정체성조차 흔들릴수록 우리에게는 가장 당연하고도 본질적인 질문들이 들이닥친다. 끝내 우리를 떠나지 않는 '어리석은' 질문 한가지, 과연 인간이란 무엇인가?

인간학자인 A. 겔렌은 이렇게 정의한다. "인간은 결핍의 존재(Mangelwesen)이다." 어딘가 시적인 분위기가 풍기는 정의이지만 의미하는 바가 심상치 않다. 인간이 무엇인가 결핍되어 있는 존재라는 이해는 인간이 완전한 존재가 아니라는 말과 다르지 않다. 겔렌의 시각에서 '결핍'은 인간의 발전을 가로막는 장애물이 아니다. 오히려 인간의 결핍이 여타의 행동을 추진하는 원동력이 된다는 것이다. 인간은 무엇엔가 결핍되어 있기에 활동한다. 사회활동, 문화활동, 정치활동, 경제활동 등 인간이 전개하는 여러 유형의 행동은 본질적으로 결핍되어 있는 존재를 채우기 위한 생존의 몸부림인 것이다. 따라서 '결핍'은 인간을 인간되게 하는 가장 본질적인 요소라고 할 수 있겠고 결핍에 대한 자각이야말로 인간됨을 향한 과정인 것이다. 문제는 결핍을 어떻게 채우려하는가 하는 방향에 초점이 맞추어진다. 결핍의 존재인 인간이여, 그대는 어디로 가고 있는가?

근심은 실존의 조건이다

그렇다, 인간은 자신에게 부족한 그 무엇을 채우려고 발버둥치는 존재이다. 그 발버둥은 현대 철학자들에게서 실존(Existence)이라고 이름지어졌다. 인간은 불완전한 존재로서 세계 안에 현존하고 있다. 인간은 싫건 좋건 세계 안에 있어야 하는 존재이다. 그것을 운명이라고 부르던 숙명이라고 부르던 그것은 전적으로 개인의 자유에 속한다. 어쨌건 인간은 이 세계 안에 실존하고 있을 수밖에 없다. 인간은 어디로 가고 있는가. 세계가 이끄는 대로 가고 있는가 아니면 궁핍된 그 무엇을 메우려고 헤매고 있는가. 크게는 역사의 흐름을 따라 가고 있다고 말할 수 있겠지만 개인적으로는 결핍된 것을 보완하려는 방향으로 나아가고 있다고 볼 수 있다. 실존주의자들은 이것을 '실존적 근심'(Existenzielle Sorge)이라 파악하기에 이르렀고 어느 누구도 이 근심에서 자유로울 수 없다는 사실을 발견했다.

이 실존적 근심은 지금 우리에게 산더미 같이 부풀어 있다. 한동안 우리의 허위의식은 정말 산더미 같이 컸었다. 교만도 허세도 그러했었다. 그러던 것이 거품이 빠지자 이번에는 정반대로 근심이 산더미 같이 밀려왔다. 거짓말 같은 현실이 도래한 것이다. 어느 누구도 실존이라는 인간 상황은 피할 수 없는 것이지만 그들이 당해야하는 근심이 반드시 산더미 같을 이유는 없었다. 비극적인 것은 우리가 현재 몸으로 부딪치며 고민하는 근심이 산더미 같다는 데에 있다. 그것도 우리의 범죄함과 실수 때문에 말이다.

근심은 두려움을 낳고, 두려움은 우상을 낳고…

실존주의자들이 말하는 근심은 가치중립적이다. 그것은 긍정적인 것도 부정적인 것도 아니다. 그것은 존재하는 자가 체험하게 되는 존재의 한 요소이다. 그러기에 근심은 존재하는 자가 삶이라는 터널을 지나가는 실존의 과정이다. 하지만 사람들은 근심 자체를 두려워한다. 미래를 알 수 없기에 근심은 불안을 동반한다. 결핍된 부분을 메워야만 한다는 당위성은 행동을 조급하게 만든다. 급변하는 사회 속에서 살아가는 현대인들에게 본질적인 의미의 근심은 그래서 어느 덧 두려움으로 탈바꿈해 있다. 두려움은 미래라는 미지의 세계로 내몰린 사람들에게 엄청난 결과를 가져온다. 두려움의 정체를 바로 알지 못하는 사람들은 파도처럼 몰려오는 '두려움'을 두려워하게 되고 그리하여 사람들은 두려움에서 자신들을 보호해줄 '우산'을 찾는다. 두려움을 극복하기 위한 행동은 현재 우리 시대 문화에 어두운 그늘을 드리웠다. 누가 예측이나 했겠는가, 잠시 쉬었다갈 요량으로 피한 우산이 자신들을 집어삼키는 우상으로 돌변할 줄은 ….

우상으로 가는 길은 여러 갈래이다. 그것은 처음부터 우상으로 등장하지 않았다. 실존적 근심을 이루고 있는 아주 당연한 생의 의지, 결핍을 보완하려는 소박한 생각 등이 방향을 잡지 못하고 두려움에 의해 상처를 받을 때 사람들을 왜곡된 욕망에 사로잡히게 되는 것이다.

어떤 사람들은 권력에 의지한다. 권력이 그들을 보호해줄 것이라 믿기 때문이다. 정치하는 자들이나 이권을 탐하는 자들이 권력의 주변으로 꼬여 드는 것은 이 때문이다. 권력에의 의지(Wille zur Macht)는 급기야 이데올로기를 만들고 스스로 지배논리가 되어 사회와 국가, 심지어 개인의 삶까지도 통제하려 한다. 공산주의 이데올로기는 무산계급의 사회혁명과 유토피아를 건설한다는 명목으로 지금까지 1억 명에 가까운 목숨을 앗아갔다.

어떤 사람들은 돈에 의지한다. 물질만능사회에서 믿을 것은 역시 돈밖에 없다고 생각한다. 그리하여 그들은 돈벌기 위해, 돈을 더 풍부하게 만지고 소유하기 위해 돈으로 꼬여든다. 돈이 되는 것이면 금이고 그림이고 땅이고 아파트고 무엇이든 자신의 손아귀에 넣으려 한다. 사람의 장기, 심지어 사람까지도 사고 파는 부류가 기생하고 있는 것은 돈이 이미 우상의 자리에 올라 있다는 증거이다.

어떤 사람들은 종교가 그들을 보호해줄 것이라고 믿는다. 이 때 종교라는 의미는 신비적이다. 과학과 이성이 지배하는 이 시대에 신화적이며 신비적인 세계가 다시 관심을 끌고 있는 것은 현대인들이 이성의 한계를 체험했기 때문이다. 뉴에이지 운동이나 신비적인 명상, 자연합일 사상 등이 활개를 치고 있는 현상은 과학만능시대에 대한 정신적 반동현상인 것이다.

어떤 사람들은 육체적 쾌감에 빠져들기도 한다. 자유연애, 동성애 같은 현상이 이 시대에 만연해 가고 있는 것은 이를 반증한다. 록음악이나 마약, 또는 명상종교 등이 문란한 성관계의 배후에 도사리고 있는 것은 무엇을 말하는가. 그들이 주장하는 육체적 구원은 결코 온전한 구원의 대체물이 될 수 없다.

어떤 사람들은 보험에 의지한다. 생명보험, 의료보험, 생활안정보험, 교통상해보험, 자녀교육보험, 노후생활대책보험, 노동상해보험, 화재보험 등등 우리가 알지 못하는 보험의 수도 엄청나다. 보험은 현대사회에서 그

맹위를 떨치고 있다. 보험은 현대인의 의식 속에 만병통치약이나 심지어 전능자와 같은 권좌를 누리고 있다. 이제 보험은 종교적 신념이나 믿음 등의 개념을 대치할만한 힘을 소유해 가고 있다.

어떤 사람들은 기술(Technic)만이 살 길이라 주장한다. 기술은 문명을 발전시키고 문화를 육성하는 좋은 도구임에 틀림없다. 기술은 우리가 다가오는 21세기를 보다 합리적으로 준비하게 하는 수단이다. 그러나 기술은 나름대로 취약점이 있다. 기술은 사람의 삶을 편리하게 해줄 수 있지만 사람의 영혼을 성숙하게 하지는 못한다. 기술만능주의는 사람을 영혼 없는 육체와 같이 건조하게 만들어 갈 위험을 내포하고 있다.

어떤 사람들은 예술이나 대중 문화로 두려움을 극복하려 한다. 그들은 때로 대중의 우상을 만들기도 하고, 영웅을 만들기도 한다. 사람들은 그들의 영웅에게 박수를 보내지만 그들을 진정으로 사랑하지 않는다 청소년들이 무작정 환호하는 캐릭터나 인기인들은 오히려 그들을 귀찮아한다. 그들은 팬들을 소비자로 관리하고 이익을 챙길 뿐 팬들의 영적 고양을 위하여 아무 것도 하지 않는다.

영생의 말씀이 여기 계시오니…

현대인들은 두려움을 극복하려다 끝내 셀 수도 없이 많은 우상을 만들어 세웠다. 사람들이 두려움의 막다른 골목에서 만든 것은 다름 아닌 우상이었다. 그리고 삶의 본질과 전혀 무관한 우상에 의존하므로 서서히 우상의 지배를 받기에 이르렀다. 사람들은 이제 우상이 없으면 살지 못한다. 자신들이 섬기던 우상에게 모든 것을 바치고 경배하였기에 우상을 떠나서는 살 수 없는 존재로 전락해 가고 있다. 우상은 어쩌면 사람들이 지니고 살아가는 액세사리와 같이 현대인들의 분신과 같은 존재가 되었는지도 모른다.

우상은 현대사회에서 보이지 않게 그 영향력을 넓혀가고 있다. 유행이나 이즘과 같은 집단무의식 그리고 개인주의라는 극도의 자유 방임 안에서 우상은 자라나고 있다.

우리는 자유하기 위하여 떠나야 한다. 그러나 사람들은 현실로부터 도피하기 위하여 자유를 오용하고 있다. 이 현상을 에리히 프롬은 자유로부터의 도피(Escape from Freedom)라고 지적하였다. 그렇다 현대인들이 이루어놓은 현대문화는 자유를 향한 도피(Escape into Freedom)가 아니라 자유로부터 이탈하고자 하는 도피인 것이다. 그곳에서 발견하게 되는 것은 절망일 뿐이다.

하나님은 존재를 세우셨다. 그가 존재를 계획하심으로 우주와 인간이 존재하게 되었다. 사람이 '세계-내-존재'로 존재할 수 있는 것은 하나님의 존재와 관계짓는다. 그가 계심으로 모든 사람이 존재하는 것이다. 평화와 질서, 정의와 공평, 용서와 화해는 하나님의 계획으로부터 온다. 생명의 주인 예수께서 계신 곳, 그곳에 결핍을 메우기 위해 우리가 찾아 헤매는, 아무래도 영원히 찾아 헤맬 수밖에 없는 해법이 있다. 그곳엔 생명이 있고, 그 생명으로부터 움트는 자유와 해방이 있다. 그런 의미에서 베드로의 고백은 우리의 고백이 되어야한다. "영생의 말씀이 여기 계시오니 우리가 어디로 가리이까?"

우상의 지배 아래서 신음하는 현대인들이여. 불안과 두려움 앞에서 안절부절못하는 우리 동시대인들이여, 우리 주 예수와 사도들의 음성에 귀를 기울일 것이다. "세상에서는 너희가 환난을 당하나 담대하라 내가 세상을 이기었노라"(요 16:33). "하나님께로서 난 자마다 세상을 이기느니라. 세상을 이긴 이김은 이것이니 우리의 믿음이니라"(요일 5:4). 신적 권위(Divine Authority)를 가진 말씀이 우리 시대를 향해 포효하신다. "사랑 안에 두려움이 없고 온전한 사랑이 두려움을 내어쫓나니"(요일 4:18). 우리

안에 계신 주의 성령이 이렇게 위로하신다. "안심하라, 내니 두려워 말라."
(마 14:27)

사막의 메타포를 수용하라
위기시대의 영적 무장을 위한 제언

어느 해 겨울 우리는 IMF의 극단처방을 받아들이지 않으면 안되게 되었다. 그동안 우리는 모든 면에서 긴축하는 삶을 제1의 미덕으로 여겨왔다. 사회 단체들은 앞을 다투어 절약, 내핍생활을 강조하였고, 7개 조항이니 10개 조항이니 하는 생활실천 요강들을 발표하였다. 교통환경도 나아져 가고 있으며 대기오염도 그만큼 떨어지고 있다는 소식도 들리곤 하였다. 음식쓰레기, 생활쓰레기, 물품재활용 등 소비지향에서 절약지향으로 생활모습도 바뀌고 있다는 소식들이 연일 끊이지 않았다.

때는 꽃피는 4월. 꽃소식과 함께 심상치 않은 소식들이 들려온다. 그동안 정신을 차렸는가 했던 자각현상이 언제 그랬냐는 듯 사라지는 것 같다는 것이다. 뜸했던 자동차들이 다시 거리를 메우고 있다. 기름값이 다소 내렸다고 해서 벌써 차들이 겨울잠에서 깨어나고 있는가 우려된다. 또한 이 봄에 해외로 나들이 가는 여행객들이 작년에 비해 크게 줄지 않았다는 통계도 발표되고 있다. 어떤 신문은 국민경제의식이 벌써 해이해져 가고 있다는 우려를 나타내기도 하였다. 기업들의 구조조정이 이제 시작인데 벌써부터 외채부담을 잊은 것이 아닌가 하는 걱정이다. 외신들도 우리 국민들이 벌써 IMF 처방의 심각성을 망각하고 있다고 의아해 하기도 한다.

수십 년 동안 우리는 문자그대로 앞만 보고 달려왔다. 그 결과가 작금과 같다는 것은 경제적으로만이 아니라 정신적으로도 의미하는 바가 크다. 결국 인간은 빵만으로 살 수 없다는 것이다. 우리는 지금까지 빵으로 인간사회를 해결하려고 하였다. 빵으로 이상사회를 이룰 수 있다고 믿었던 '종교'가 공산주의였다면, 현재 만연하고 있는 경제지상주의, 이익극대화 등의 패러다임은 빵이 이미 종교가 되어 가고 있다는 것이 아니고 무엇이랴.

다시 인용하지만 인간은 빵만으로 살 수 없는 존재인 것이다. 인간은 전인적인 존재이다. 인간은 어느 한 부분이 충족된다고 만족하지 못한다. 만약 그렇게 믿는 사람이 있다면 인간학적인 오류에 빠져 있는 사람일 것이다. 인간은 더구나 빵만으로는 살 수 없다. 인간은 정신적, 영적인 존재이다. 그것이 이번 경제위기로 증명되었다. 이보다 더 명확한 역사적 증거가 있을 수 있겠는가.

지금까지는 경제우선으로 정책이 수립되었다. 급한 것이 경제회생 아니겠느냐는 것이 그 이유다. 맞는 말이다. 그러나 동시에 관심을 가져야 할 것은 정신적이며 영적인 부분의 회생이다. 경제회생의 주역이 사회구성원들이라면 그들의 정신상태가 균형 잡히지 않고서는 행동방향을 바르게 설정할 수 없는 일이다. IMF 시대 돌입 후 우리 사회는 범죄율이 증가하고 있으며, 생활고, 부도 등을 비관해 스스로 목숨을 끊는 사람들이 날로 늘어나고 있는 실정이다. 방치해선 안될 일이라고 본다. 문제는 자유시장체제 도입, 산업구조조정, 조직축소만을 우선으로 하는 경제개혁에서만 해결의 열쇠를 맡길 것이 아니다. 급한 것은 정신적 기반을 구축하는 일이다. 방법은 무엇인가.

성경은 이스라엘 역사를 통하여 지금 시대에도 유효한 메시지를 전해 주고 있다. 하나님은 젖과 꿀이 흐르는 땅을 이스라엘 백성들에게 주시기 전에 그들을 사막으로 내몰았다. 이스라엘 백성들이 사막을 헤맨 것은 그들의 불순종과 아라비아 사막이라는 이유만은 아닌 것 같다. 사막을 통과해 온 자들만이, 초막절의 의미를 아는 자들만이 풍요로운 대지를 향유할 수 있는 정신적 조건을 소유하게 되는 것이다. 그것은 하나의 통과의례였다. 사막에서 성막을 중심으로 살아본 자들이 아니면 어떠한 부와 축복도 옳게 유지할 수 없을 것이라는 성민(聖民) 교육내용 때문이었다. 눈물과 함께 빵을 먹어본 자가 아니면 그 참 맛을 모르는 것과 같이.

기독교회사는 우리에게 사막이 영적 성숙에 어떠한 의미를 갖는가 하는 것을 교훈하고 있다. 우리에게 알려진 교부들 중에는 "사막의 교부"로 불리는 분들이 있다. 그들이 추구한 극단의 금욕주의, 세상과의 분리주의 등은 지적될 사항들이지만 사막교부들의 금언집은 소비와 향락이 지배하는 이 시대에 오히려 정신적 지표로 떠오른다. 그들은 그리스도를 따르기 위하여 '자신의 것'을 버렸다. '심령이 가난한 자'가 되기 위하여 소욕과 정욕을 포기한 것이다. 그들은 진정한 가난이 진정한 행복과 통한다는 것을 복음 안에서 발견했다.

사막은 영적 성숙을 위한 훈련장이었다. '작은형제회' 설립자 샤를르드 푸코는 세속 도시를 떠나 사하라 사막으로 향했다. 이유는 예수를 따르기 위해서였다. 그 뒤를 따랐던 사막순례자들 중 한 사람이 있다. 카를로 카레토 신부. 그도 모든 것이 갖추어진 안온한 수도생활을 포기한 채 사하라의 한 끝으로 들어갔다. 그는 『사막에서의 편지』에서 이렇게 썼다. "우리가 사막에 대하여 이야기할 때, 사막을 너의 생활 가운데 살려야 한다 … 하지만 그대가 만일 사막에 갈 수 없다면 그대의 생활 가운데 사막을 만들어야 한다. 그렇다 그대의 생활 안에서 사막을 만들고, 때로 사람들을 피해 침묵과 기도 가운데 영혼을 재건하기 위해 고독을 찾도록 하라…"

사막은 단순히 모래와 바람, 그리고 태양이 이글거리는 지역을 말하는 것은 아니다. '사막'은 하나의 거대한 메타포이다. 메타포는 웅변과 정치 연설에만 쓰이는 장치가 아니다. 또한 문학적인 수사도구만도 아니다. 메타포는 곧 삶이다. 메타포는 사람들이 지나가야 할 운명이다. 메타포는 미래를 엿보게 하는 실루엣이다. 메타포는 역사를 추진해 나가는 세계관인 것이다.

우리 동시대 이웃들의 심성이 각박해지고 스트레스에 시달리는 것도 다르게 말하면 메타포가 상실되었기 때문이다. 인생은 하나의 항해다라는 메타포, 인생은 하나의 순례다라는 메타포, 인생은 하나의 엄숙한 예배다라는 메타포가 상실되었기 때문이다. 인생철학을 넘어서는 포괄적인 메타포, 논리와 이성의 한계를 넘어 생 전체를 함축하는 메타포를 찾아 나서야 한다.

우리는 사막과 같은 대지를 건너왔다. 구한말의 혼란, 일제 식민지시대, 6.25 전쟁, 군사 독재시대. 현대 어느 한 시점도 편하지 지내오지를 못했다. 마치 이스라엘 백성들이 외세 틈바구니에서 그렇게 시달렸듯이. 지금 위기상황은 그 엄청났던 과거의 잔재들이 청산되지 않고 남아 있었던 결과였다. 사막의 일차적인 뜻은 그런 척박한 역사를 의미한다.

그러나 성경은 그 사막의 이미지를 바꾸어 놓았다. 사막은 우리를 더 이상 죽음으로 위협하는 땅이 아니다. 사막은 우리에게 내면의 눈을 뜨도록 부추기는 땅이다. 현실문제는 그 사막에서 새롭게 구조조정 되어질 것이다. 따라서 그곳은 저주가 아닌 축복의 땅이다. 다만 사막의 메타포를 회복해야 한다는 전제조건은 이루어야 한다.

예수는 유대사막으로 나갔다. 그곳은 척박한 땅이었다. 사단의 유혹이 기다리고 있던 땅이었다. 하나님의 아들에 대한 엄청난 배반과 시험이 도사리고 있던 땅이었다. 우리 현실보다 나을 것 없어 뵈는 그런 모래땅이었다. 그러나 동시에 그곳은 성령이 임재하신 땅이 되었다. 사막의 이차적인 의미가 가능케 된 사건이었다. 악한 자의 유혹을 성령의 도우심으로 승리한 곳, 그곳이 바로 사막이었다.

사막의 메타포를 회복해야 한다. 그 뜨거운 태양 아래서 구름기둥으로 함께 하셨던 하나님의 임재, 그 차가운 밤바람 속에서 불기둥으로 함께 하셨던 하나님의 임재, 그 임재가 가득했던 사막을 회복해야 한다. 사단의 유혹을 이기고 승리의 개가를 부르게 했던 성령의 임재현장, 그 사막을 회복해야 한다.

우리 가슴 속에 '사막'이 척박한 땅이 아니라 하나님의 임재가 가득했던 땅이 되게 하라. 우리 현실 속의 사막을 성령의 간섭하심이 임하는 땅이 되게 하라. 그런다면 우리는 구조조정이고 경제회생이고 뭐고 하는 현실적인 압박감을 극복하게 될 것이다. 사막이 '사막'이 되게 하자. 이제 '가난'을 두려워말고 '사막'으로 가자.

이제는 다시 '역사'를 이야기하자

한국적 역사관 정립을 위하여

흔들리는 '한국'의 정체성

얼마 전 현정부가 한자병기를 공포함으로써 또 다시 한글전용과 한자혼
용의 논란이 일고 있다. 우리 나라가 겪고 있는 정체성의 혼란을 기시적으
로 보여주는 대표적인 예이다. 한 나라가 전통문화유산 보전을 주장하면서
문화재 보전 사업을 서두르고(그것도 아주 미비한 예산과 인력으로), 무형
문화재, 인간문화재를 발굴한다고 법석을 떨면서도 정작 천년 이상 우리
나라 문화의 핵과 맥을 이루어왔던 한자를 국민교육에서 폐기한 일은 아무
리 좋게 받아들이려해도 이해할 수 없는 일이었다. 한자를 가르치지 않는
것이 반대로 한국인으로서의 정체성과 독자성을 가져다 준다는 공식으로
받아들이는 것을 이해할 수 없다는 말이다. 비록 한자가 중국으로부터 전
래된 외래문자라 하더라도 한자는 이미 한국화되었으며 한국식 한자로 발
전되었던 것이다.

우리가 아직까지 이름 석자를 한자를 빌어 작명하고 사용하고 있으며,
또한 한국민 내면에 살아 움직이고 있는 가치관과 윤리관의 뿌리가 한자로
인해 개념화되고 형상화되었는데 어찌 하루 한날 한자가 단순히 외래문화
라고 배척하며 사용을 금지했단 말인가. 그렇다면 지금 더욱 판치고 있는

외래문화인 미국식 영어를 사용금지 내지는 사용제한을 하지 않고 있는 이유는 무엇인가. 미국식 영어는 처음부터 우리네 가치관과 윤리관과는 관계 없이 유입된 글자가 아니었던가 말이다. 이는 우리가 겪고 있는 정체성 혼란의 극히 일부분을 나타내는 예이다. 이 정도를 극복하지 못하고 정권에 의해 국가백년지대계인 교육정책, 문화정책이 흔들리는데 무슨 자격으로 2000년대를 말할 수 있단 말인가. 또한 누가 그 신밀레니엄에 대한 마스터 플랜에 신뢰를 보낼 수 있겠는가. 정권이 바뀌면 또 바뀔 터인데.

시대마다 달라진 애국충정관

우리 나라의 정체성이 혼란을 거듭하고 있다는 것을 증명하고 있는 예는 다름 아닌 애국충정관이다. 이것도 정권마다 옷을 바꾸어 입었다. 우리 나라는 한국민의 정체성과 역사관을 상징하는, 어느 정권이 권력을 잡는다 하더라도 변함 없이 내세울 수 있는 역사의 모델들이 있다. 고구려의 기상, 화랑도, 김유신, 계백, 최영, 이순신, 임진왜란 때 의병정신, 개화기 실학정신, 일제하 독립운동 등등이 시대와 정권에 따라 취사선택되어졌다. 그러니 정권이 주장하는 정책과 이데올로기에 따라 정반대의 해석이 등장하고 때로는 그 가치가 매도되는 경우도 있었다. 어떤 정권 때는 단군신전을 한국인의 근본정신으로 숭상하려는 의도에서 전국에 신전설립을 추진했는가 하면 어떤 정권 때는 충효정신이란 캐치프레이즈를 내걸기도 했다. 심지어는 한 어린아이의 '나는 공산당이 싫어요' 하는 비극적 비명을 정치적 이데올로기로 응용한 경우도 있었다.

어쨌든 문민정권 이후 IMF가 지나가고 있는 지금, 모든 것은 경제논리, 경영논리, 외환논리로만 치닫지 애국충정을 논하지도 않고, 말하지도 않고, 눈감아버리는 시대가 된 것이다. 국가관이니 한국적 역사관이니 하는 역사의 방향과 지향의 좌표가 되는 개념과 질문은 사라져 버렸으니 개탄하지 않을 수 없다는 것이다. 또 다시 반복하지만 2천년대는 문화의 시대가 될 것이라고 예견하면서도 과연 어디에서 우리의 고유한 문화유산과 문화정신을 발굴하고 소개할 수 있단 말인가. 예를 들면 청소년에게 제시할 수 있는 역사적 인물이나 면모에 대한 준비가 너무 없다고 지적하고 싶다. 한 때는 화랑도, 한 때는 관창, 한 때는 태권도가 우리 나라의 청소년들을 가르쳐왔다. 그러나 현대사회로 접어들어 TV가 보급되던 시대에는 슈퍼맨, 배트맨 등과 같은 '초인간'이 그들의 가치, 윤리관을 지배하기 시작했고, 지금은 '에쵸티' 등으로 대표되는 젊은 가수들, 오빠부대들이 환호하는 스포츠스타들이, 조금 더 나아가 네티즌 시대에는 사이버 가수 아담 등이 그들의 모델이 되어가고 있는 것이다. 그것도 시대의 흐름이라고 인정하자. 그렇다면 기성세대는 이제 어떤 모델을 그들에게 2천년대에 너희들이 따를 수 있는 모델이라고 소개할 수 있겠는가 말이다. 준비가 아무 것도 없다. 기성세대 중에서 누구 하나 그 문제를 심각하게 고민하는 하는 자가 없다는 것이 더욱 심각한 문제인 것이다. 우리 청소년들이 지금도 L.A. 뒷골목에서 흐느적거리는 몸짓과 청바지를 수입하는데도 아무도 문제의식을 가지고 대응하지 않는다는 데에 더 큰 문제가 있다고 본다.

한국 기독교, 현상은 다르지 않았다

한국 기독교도 일반 사회에서 일어나고 있는 현상에서 멀지 않다. 위기의식은 교회로까지 전가되었다. 1990년대 들어와서 한국 기독교, 특히 개신교의 교세가 크게 위축되었다고 걱정들이었다. 1970년대 급성장한 꿈과 환상에 젖어있던 교계가 왜 이럴까 하는 반성을 하기 시작한 것인데 그 이유는 바로 역사성 정립에 문제가 있었다고 보는 것이다. 그동안 한국 기독교는 좋게 말하면 '순수복음적인' 말씀 전파에만 골몰하였다. 다르게 말하면 개인적인 구원에만 급급하였던 것이다. 그래서 자신과 가정이 복 받는다면 물불 안 가렸지만 이웃이야기, 사회이야기가 나오면 언제 그랬냐는 듯 몸을 도사리고 말았다.

한국 교회에 만연된 개인주의, 물량주의, 기복주의 등은 한국 기독교가 가지고 있었던 취약성을 그대로 보여준다. 바로 역사성의 결여였다. 한국 기독교는 역사를 말하지 않았다. 역사를 말하면 불순한 의도를 가진 자로 오인되기 십상이었고, 믿음이 없다거나 아직 연약하다는 편견에 떨어지기 일쑤였다. 과거 독재정권과 싸울 때 얻었던 아픔 때문이라고 할 수는 있다. 그러나 그러한 과거를 극복하지 못하고 한국 기독교는 지극히 개인주의적 신앙관, 개교회주의적 편파주의에 주저앉고 말았다. 너와 나, 나와 한국 역사는 외면한 채, 나와 내 구원이라는 유아병적인 범주에만 머물렀던 것이다. 그 한 예가 한국 기독교인들은 한국 교회사에 대하여 전적으로 무지하다는 것이다. 우리 나라에 기독교가 어떻게 전파되었으며, 어떠한 희생을 치렀으며, 어떻게 사회와 이웃에 봉사했으며, 그래서 성도 한 사람은 역사적 주체로서 어떠한 신앙을 가져야 하는가 하는 면은 무시되어 왔다는 것이다. 이제는 교회의 교육프로그램도 선회할 필요가 있다.

학생들의 경우도 성경 한 절 한 절은 잘 외우고, 기도는 할 줄 알아도, 기독교인으로서 사회에서, 국가에서 어떻게 생각하고 처신해야 하는지 생각도 안 한다. 어른 성도의 경우도 마찬가지라고 본다. 개인으로 봉사와 헌신은 잘 할지 몰라도 기독교 신앙을 가진 사회인으로, 역사적 주체로서 사고하고 행동하지 못하는 것이다. 그 면의 교육과 훈련이 전무하기 때문이다.

역사의식을 다시 재건해야

우리는 세계의 문명 중에서 많은 문명이 사라져 버린 것을 안다. 물론 인간의 역사가 유한하기 때문에 수백 년 수천 년 고유한 문명을 유지한다는 것은 어려운 일이다. 그러나 사라져 버린 문명이 공통적으로 가지고 있는 소멸요인이 있다면 그것은 각 문명에서 역사의식이 상실되었을 때였다. 이 점을 명심해야 할 것이다.

우리 나라가 겪고 있는 정체성의 위기 문제나, 교회가 안고 있는 문제는 거의 같은 맥락에서 문제를 해결할 수 있다. 한 국가가 살기 위해서는 역사의식이 투철한 젊은 동량들을 키우는 일이고, 한 교회가 살기 위해서는 복음과 역사를 관계지을 줄 아는 성숙한 신앙인을 키우는 일이다. 하루살이가 살아가는 식의 근시안적인 시간관을 가지고는 내일을 준비할 수 없고, 준비할 필요도 없다. 그러나 우리는 하루살이는 결코 아니다. 우리는 역사의식을 연마히고 生活할 수 있는 문화인들이다. 또한 우리에게 온고지신할 수 있는 역사가 없는 것도 아니다. 대한민국은 세계 여타 나라에 문화를 수출할 수 있는 문화대국이다.

문제는 우리에게 잠재된 그러한 능력에 무관심하다는 것이다. 그리고 외형적인 환란만이 모든 태풍의 핵이라고 보는 그 유치한 안목에 있다. 핫머니니 투기성 외국자본 때문에 문제가 발생했다고 보는 물질주의자들의 현혹에 있다. 벗어나야 한다. 우리 나라의 문제는 내적인 것이 더 크게 도사리고 있다. 교회도 예외는 아니다. 정신을 바로 차려야 한다. 우리는 지금 세계적 변동상황에 어퍼컷을 한 대 맞고 휘청거리고 있는 실정이다. 여기에서 정신을 잃으면 안 된다. 확고한 것을 잡아야 한다. 바로 역사의식이다. 우리가 서있는 여기는 어디이며, 앞으로 어디로 갈 것인가 심사숙고하고 스스로를 냉정하게 비판하는 역사의식, 그 성숙한 한국적, 시민적, 민주적 역사의식을 다시 재건해야 할 것이다.

기독교 민족주의로 진정한 휴머니즘을 이루자!

우리에게 미래가 있는가

작금의 한국 현실을 들여다보고 있으면 '모든 길은 로마로' 라는 구호가 무색하다. IMF가 상륙하고부터 우리에게 있어서 모든 길은 자본주의와 경제논리로 치닫고 있다고 느껴진다. 그래서 우리 나라의 역사와 미래가 불안하게 보인다. 외환위기에 따른 경제난국을 이겨내기 위해 유보할 수밖에 없었던 권리와 가치는 이제 아예 뒷전으로 내밀리고 오로지 경제논리와 자기 밥그릇 챙기기에 혈안이 되어 있는 듯한 것이다. 어제만 해도 우리는 노동자의 인권을 논하던 시대를 살아왔다. 하지만 이제는 언제 어떻게 '합법적' 으로 정리해고 될지 모르는 상황으로 역전되었고, 그나마 실업자들이 넘쳐나는 통에 일자리 구하기가 보통 어려운 일이 아니게 되었다. 어제까지만 해도 건강하게 활기차게 일하던 사회인들이 한 순간에 낙담한 소시민으로 전락하게 된 것은 그들만의 책임은 아니다.

구조개혁을 한다고 대기업의 빅딜을 서두르고, 여러 가지 정부적인 차원의 개혁이 시행되고 있지만 때로 이론과 실제간의 격차 때문에 실효를 거두지 못하고 있는 것이다. 국민연금 확대실시로 인한 물의가 그것이었고, 신중한 고려없이 강행되는 교육개혁으로 인해 교사와 학생은 모두 정신적 부담을 져야 했다. 한일 어업협상에서 보이는 것처럼 우리 나라의 해당공직자들은 어민과 어업현황의 현실이 어떤지 알지도 못하며 도장만 찍고 돌아왔다. 외교절차와 협상을 하려면 사전에 철저한 준비와 분석, 대비책이 있어야함에도 불구하고 무대책으로 협상에 응했다는 것이 국민의 한 사람으로 통탄할 일이 아닐 수 없다. 어느 공직자를 믿고 국민은 일을 위임하겠는가. 이러다가는 구한말처럼 나라도 팔아먹고 '잘 몰라서', '모르겠심더' 운운하지 않겠는가 말이다.

우리에게 미래를 걱정하도록 하는 사례의 대표적인 일이 바로 공직자들의 직무유기이다. 헌법이 규정하고 있는 국민주권은 어디 공염불인양 취급되고, 아직도 가부장적 관료주의가 판치고 있다. 친절과 봉사는 아직도 구호일 뿐이다. 공직자들의 복지부동, 안일무사가 도사리고 있는 한 국민은 국가의 주인 대우를 받을 수 없다. 국민이 무시를 당하고 있으니 경제, 사회, 문화, 교육, 이느 부분 지고 국민을 두려워하며 사회정의를 이루겠는가 말이다.

우리 곁에 찾아온 혼란문화

앞으로의 시대는 예견하기 힘든 혼란의 시대가 될 것이라 한다. 미래학자들이나 사회학자들은 미래는 불확실성의 시대라고 지적하고 있다. 위에서 언급한 것처럼 정치, 경제, 사회, 문화, 교육 등의 제 분야에서 '지금' 자리를 잡지 못하고 있는데 어떻게 미래에 안정과 복지를 약속하겠느냐 반문하지 않을 수 없다. 현재 우리 나라는 혼란스럽다. IMF로 인해 사회해체 현상이 두드러지고 있다. 가족의 해체가, 실업률이, 범죄율이 제 각각 그것을 말해주고 있다. 보험금을 타기 위해 자해, 또는 살해하는 사건들도 심심치않게 일어나고 있다. 실직자들이 쉽게 범죄의 유혹에 빠져들기도 한다.

한탕주의가 신성한 노동의 가치를 무색하게 하고 있는 현실이다. 우리 시대의 사회인들은 일종의 정신질환을 앓고 있다고 해도 과언이 아니다. 그것은 다름 아닌 성공주의이다. 과정이나 수단은 나중이고 먼저 가시적인 성공을 거두어야 한다는 중독증세가 발동하고 있다.

우리 나라를 책임질 학생들은 어떤가. 청소년들의 가치관에 문제가 있다는 것이 또한 심각한 일이다. 공부가 입시와 지식위주로 흐르다보니 창의성과 미래성은 관심 밖이다. 학교는 인성을 배우고, 사회를 이끌어가기 위한 재목을 양성하기보다는 학원과 같은 교습소로 전락해가고 있다. 교사와 학생간의 인격적인 만남이 점점 희박해져 간다. 상아탑이라는 대학조차도 그런 현상에서 자유롭지 못하다. 학생들의 손꼽는 장래 소망은 '쉽게 돈벌 수 있는 직업'이 제 1순위에 오른다. 역사며, 미래와 같은 단어는 이제 사라져 가는 꿈의 용어들이 되어버렸다. 청소년들은 우리 고전문화에 익숙하기 보다 미국의 도시 뒷골목에서 흥얼대는 노래와 몸놀림에 더 익숙해져 있다. 먹는 것도 김치와 깍두기보다는 피자와 햄버거를 더 좋아한다. 자연스런 일이라고 방치할 것인가.

기성세대가 일구어 놓은 무책임한 텃밭에서 후세가 옳게 자라나기를 바라는 것은 후안무치한 행위이다. 그들에게 강요할 수는 없다. 그들이 보고 배울 수 있도록 기성세대는 모범을 보여야 했다. 역사는 거짓말을 하지 않는다. 역사는 심은 대로 거두게 한다. 역사는 비약을 하지 않는다. 역사는 정확한 인과관계에 의해 움직인다. 문화는 더구나 그렇다. 현재 우리들의 걱정은 바로 우리들의 오류에서 기인한 것이라는 뼈아픈 반성을 하지 않는다면 미래에 대한 불안감을 극복할 수 없는 것이다. 우리 곁에는 엄청나게 혼란스런 문화현상들이 늘어서 있다. 한국이라는 주체성이 있는가 의심할 정도로 외색(外色)으로 물들어 있다. 내 것이 없다고 말하지 않을 수 없는 상황이다. 그런데도 그런 소비재―그것이 물질적이던, 정신적인 것이건 간에—수입은 늘어나고 있다.

기독교 민족주의를 생각한다

해방 50주년도 지났다. 구한말서부터 시작된 외세의 강점과 찬탈이 끝난 지 반세기가 지났다. 그 세월동안 민족혼이 떠나가고 있었다. 외세의 틈바구니에서 한국인의 혼과 정신을 지녀온 의병, 독립운동가, 민족운동가, 애국자들이 세상을 떠났거나 떠나가고 있다. 그들이 이 땅을 떠나갈 때 하나 둘 씩 그 정신도 빛을 잃어갔다. 50년이면 긴 세월이다. 그동안 우리는 그분들의 민족혼을 이어받은 단체도, 기념사업회도, 국민주권 운동강령도 제대로 하나 만들어 놓은 것이 없다. 그러니 이제는 '국민은 봉이다' 라는 말이 생길 정도로 주권이 우습게 밟히는 상황에 떨어진 것이다. 결국 국제사회에서 우리 나라의 위상도 그만큼 추락하게 된 것이다.

선열들이 학교를 세우고, 민족정신을 계몽하고, 정치적인 자주권을 회복하기 위해 뛰어다니던 그 열심과 정열이 식어버린 것이 안타깝다. 그들은 민족을 염려하다 집을 포기했고, 민족을 구하기 위해 가족을 버려야 했다. '우리' 를 구하기 위해 '나' 를 포기한 것이 바로 선열들의 혼이었다. 지금은 어떤가. '나' 를 구하기 위해 '우리' 를 팔아먹고, 배신하고 있지 않은가. '나' 하나 살기 위해 '우리' 를 떡 먹듯 배반하고 있지 않은가. 그러지 않았다면 우리 나라가 어찌 이런 지경까지 흘러왔을 수 있단 말인가.

교회도, 기독교인도 이 책임에서 자유로울 수 없다고 본다. 교회는 교회대로 개교회주의를 탈피하지 못했고, 개인은 개인대로 기복신앙에서 자유롭지 못했다. 성장과정에서 어쩔 수 없는 변명은 가능했으리라. 그러나 지금 그 변명은 궁색하다. 교회야말로 민족과 국가를 이끌고 나가야할 것이며, 기독교인이야말로 그 운동의 주체가 되어 역사적 책임을 다해야 할 것이다. 하나님께서는 우리에게 역사적인 과업을 주셨다. 바로 하나님 나라의 실현이다. 인본주의적 휴머니즘은 지금까지 이중적이었다. 휴머니즘은 사사건건 사람들에게 면죄부를 제공해왔다. 휴머니즘의 이름 아래 사람들은 살인까지도 자행했던 것이다. 휴머니즘의 기치 아래 인간의 모든 행동은 인정을 받았다. 결국 휴머니즘은 하나님 나라에 배치되는 자리에 이르게 된 것이다. 휴머니즘으로 다시 하나님 나라에 봉사하게 해야 한다. 진정한 휴머니즘은 예수 그리스도의 사랑으로 완성될 수 있기 때문이다. 그렇게 한다면 현재 우리 나라가 안고 있는 역사적 부담을 극복할 수 있다고 믿는다. 사랑으로 재충전된 휴머니즘이 한국이라는 공동체 안에서 살아날 때, 우리 나라의 미래와 역사는 모든 혼란과 불확실성을 해결할 수 있을 것이다. 민족주의는 이기적인 차원이 아니라 공동체적 차원에서 쓰인 말이다. 그것은 배타적인 의미가 아니라 상호협력이라는 차원에서 요구되는 개념이다. 앞으로는 민족주의가 다시 회생할 것이다. 현재도 민족주의가 되살아나고 있다. 착실한 공동체의 기초를 다지기 위하여 우리는 민족주의를 재정립해야 한다.

지금까지 기독교 민족주의는 분명히 한국 역사발전에 기여해 왔다. 앞으로도 기독교 민족주의는 한국 역사발전에 기여할 것이다. 기독교 민족주의는 이 땅에서 성경대로 살려고 애썼던 믿음의 조상들의 소망을 이어받아 '우리-공동체'를 이루어가는 데 밑거름이 되어야 하겠다.